脑海扬帆

威廉·M.费恩伯格卒中卓越贡献奖
背后的故事

刘丽萍　主编

科学出版社

北京

内 容 简 介

威廉·M.费恩伯格卒中卓越贡献奖由美国心脏协会与美国卒中协会主办的国际卒中大会设立，旨在表彰那些在卒中临床研究中做出卓越贡献的科学家。该奖项自1992年设立以来，已有33位科学家获奖。本书通过全面梳理历届获奖者的科学研究轨迹、核心贡献与思想精华，深入挖掘获奖者的学术发展及研究历程，向读者展现卒中研究的前沿动态，传递榜样的精彩片段。

本书语言生动、可读性强，适合热爱神经病学、富有科研精神的读者阅读。

图书在版编目（CIP）数据

脑海扬帆 ：威廉·M.费恩伯格卒中卓越贡献奖背后的故事 / 刘丽萍主编. -- 北京 ：科学出版社，2025. 7. -- ISBN 978-7-03-082656-5

Ⅰ．K816.2

中国国家版本馆CIP数据核字第2025BB5296号

责任编辑：沈红芬／责任校对：张小霞
责任印制：肖　兴／封面设计：吴朝洪　王秦润琪

科学出版社 出版

北京东黄城根北街16号
邮政编码：100717
http://www.sciencep.com

北京汇瑞嘉合文化发展有限公司印刷
科学出版社发行　各地新华书店经销
＊

2025年7月第　一　版　开本：720×1000 1/16
2025年7月第一次印刷　印张：15
字数：230 000

定价：128.00元
（如有印装质量问题，我社负责调换）

编 写 人 员

主　编　刘丽萍

编　者　（按姓氏笔画排序）

王庆华　　王春娟　　王秦润琪　勾　岚

刘凤琴　　李子孝　　李兰欣　　李祉馨

李姝雅　　杨　莹　　吴　娜　　吴颖星

何丹丹　　张　瑞　　张正慧　　张怡君

陈铭佳　　郑丽娜　　郑祎琳　　孟　霞

郝曼均　　荆　京　　胡新颜　　姜倩梅

贾佳静　　崔丽丽　　程　丝　　温家琦

谢雪微　　路正钊　　熊云云　　黎洁洁

戴丽叶

插　画　王秦润琪

序　言

怀着无比感激与谦卑之情，我应邀为这本威廉·M.费恩伯格卒中卓越贡献奖获得者的传记作品撰写序言。卒中卓越贡献奖由美国心脏协会与美国卒中协会设立，每年在国际卒中大会上颁发，旨在表彰那些贡献卓著，在脑血管疾病的认知、治疗或预防领域取得突破性进展的临床科学家。三十多年来，作为卒中诊疗领域所有革命性进展的亲历者，我认为没有什么比这部作品更值得称赞了，它向那些对现代临床血管神经病学的发展起到决定性作用的人们致敬。该奖项遴选标准极为严苛：候选人必须由美国心脏协会卒中委员会成员提名，并且要在卒中领域持续做出重大贡献、学术造诣精深，通常还要具备出色的领导才能、指导能力，以及致力于改善患者预后的坚定决心。

该奖项的遴选过程严谨周密且竞争激烈，足见其崇高地位。提名材料由代表脑血管病临床与学术最高水准的同行委员会严格评审。在众多成就斐然的候选人中，每年仅有一人被最终推荐获得该奖项，获奖者应当兼具临床洞察力、科学严谨性与创新影响力。

1992年首届获奖者菲利普·A.沃尔夫博士（Dr. Philip A. Wolf）为本奖项树立了典范。作为弗莱明翰心脏研究的首席科学家，沃尔夫博士在确立高血压与房颤作为卒中可干预风险因素方面居功至伟——这一开创性发现将脑血管病从无可避免的宿命改写为可预防的公共卫生挑战。2025年，王拥军教授成为首位来自亚洲的获奖者。他在卒中急性期治疗领域建树卓著，尤其以拓展静脉替奈普酶治疗时间窗及开创双联抗血小板治疗新方法为核心贡献；他在临床试验及卒中救治体系建设中的领导力，充分印证了该奖项真正的国际意义和本学科不断发展的崭新面貌。

细述每一位获奖者的个人成就固然令人神往，却仍难彰显这份杰出名单所凝聚的集体智慧。从开创溶栓与取栓疗法，到揭示最有效的卒中二级预防策略，再到定义卒中后康复路径，获奖者们推动了卒中诊疗的每一个维度。不仅拯救了无数生命，更深化了我们对人脑缺血损伤机制的理解。

此书精心编撰、考据翔实，讲述了每位获奖者的生平轨迹与专业历程，以严谨的态度、深刻的洞察力和精准的笔触记录了这些血管神经病学巨匠的成就，值得高度赞扬。他们的工作不但启迪智慧，更激励着我们在这些巨人的肩膀上不断迈进。我深信，这本著作将成为血管神经病学临床科研人员思考和动力的不竭源泉，成为从事脑血管病医疗工作者的案头珍藏——承前启后，勇毅前行。

托多尔·G.乔文 医学博士

库珀神经科学研究所　所长

库珀大学医疗保健集团　神经科主任

罗文大学库珀医学院　神经病学与神经外科教授

Foreword

It is with gratitude and humility that I accepted the invitation to write this foreword for a volume dedicated to the recipients of the William M. Feinberg Award of the American Heart Association/American Stroke Association for Excellence in Clinical Stroke. Bestowed annually at the International Stroke Conference, the award recognizes a clinician-scientist whose lifetime contributions have meaningfully advanced our understanding, treatment, or prevention of cerebrovascular disease. As a firsthand witness to all of the transformational advances in stroke care developed over the past three decades I can think of no greater tribute than this compilation, which honors those whose lives and work have most decisively shaped modern clinical vascular neuroscience.

The requisites for consideration are stringent: recipients must be nominated by members of the AHA Stroke Council and demonstrate a track record of meaningful contributions to the field and scholarly excellence typically combined with outstanding leadership, mentorship, and unwavering commitment to improving patient outcomes.

The selection process is meticulous and highly competitive, reflective of the award's lofty stature. Nominations undergo rigorous review by a panel of peers representing the highest echelons of academic cerebrovascular clinicians and researchers. From a field of accomplished candidates, only one individual is chosen each year—an embodiment of clinical insight, scientific rigor, and transformative impact.

The award's inaugural recipient in 1992, Dr. Philip A. Wolf, set a formidable precedent. As principal investigator of the Framingham Heart Study, Dr. Wolf was instrumental in identifying hypertension and atrial fibrillation as modifiable risk factors for stroke—revolutionary findings that recast cerebrovascular disease from an inevitable fate to a preventable public health challenge. More than three decades later, in 2025, the most recent awardee, Professor Yongjun Wang became the first recipient from Asia. His seminal contributions to acute stroke treatment, especially as it relates to intravenous tenecteplase administration in the extended time window, to thrombectomy for large core and to dual antiplatelet therapy, coupled with his leadership in clinical trials and stroke systems of care are a testament to the award's truly international relevance and the evolving face of excellence in our discipline.

While it would be tempting to recount the individual achievements of each Feinberg awardee, such an attempt would fail to capture the collective brilliance captured in this distinguished list. From pioneering thrombolysis and thrombectomy to uncovering the most effective secondary stroke prevention strategies to defining post-stroke recovery pathways, the awardees have advanced nearly every facet of stroke care. Their work has not only saved lives but has also deepened our understanding of the mechanisms underlying ischemic insults in the human brain.

This book is a remarkable scholarly achievement. It offers an extraordinary, meticulously researched compilation of the biographical and professional journeys of each recipient. The authors deserve high praise for the care, depth, and precision with which they have chronicled the accomplishments of these giants in vascular neurology on whose shoulders we stand. Their work is as inspiring as it is informative.

I am confident that this volume will serve as a source of reflection and motivation for vascular neurologists at every career stage. It belongs on the shelves of all medical professionals whose mission is the care of patients with cerebrovascular disease. In honoring the past, it lights the path forward.

Tudor G. Jovin, MD
Director, Cooper Neurological Institute
Chair, Department of Neurology
Cooper University Health Care
Professor of Neurology & Neurosurgery
Cooper Medical School of Rowan University

前　言

卒中作为全球致死与致残的主要疾病之一，长期挑战着医学界的智慧与努力。在这场持续的医学攻坚战中，全球大量杰出的科学家致力于卒中的病理机制探索，改进诊疗方案，通过大型人群研究，倡导公共健康策略，不断推动卒中防治的发展。1992年，美国心脏协会与美国卒中协会（AHA/ASA）在国际卒中大会上设立卒中卓越贡献奖，旨在表彰那些在卒中临床研究中做出卓越贡献的科学家，记录他们为人类健康做出努力的精彩瞬间。

首位获得这个奖项的是菲利普·A.沃尔夫（Philip A. Wolf），作为弗莱明翰心脏研究的首席研究员，因揭示高血压是卒中的主要风险因素于1992年获奖，弗莱明翰心脏研究也因利用大型社区队列并长期随访建立经典的卒中流行病学研究而全球闻名。

来自美国亚利桑那州医学院的威廉·M.费恩伯格（William M. Feinberg）教授是一位睿智且敬业的临床科学家，作为卒中研究实验室主任，他长期致力于卒中预防、流行病学及公共教育等领域，牵头完成了IST（the International Stroke Trial）和CAST（the Chinese Acute Stroke Trial）研究，奠定了阿司匹林抗血小板治疗在卒中预防中的作用，从此开启了卒中治疗循证医学之路。但遗憾的是，费恩伯格因突发心脏疾病于1997年去世，年仅45岁。为纪念他对卒中事业的不懈追求和深远影响，AHA/ASA自1998年起将这个奖项改成以他的名字命名，以表彰在临床卒中研究方面做出突出贡献的学者。

本书的诞生，是一次向卓越致敬的旅程。

我们试图全面梳理历届威廉·M.费恩伯格卒中卓越贡献奖获奖者的学术轨迹，追溯他们在卒中防治事业中的核心贡献与思想精华。他们不仅在科学研究的前沿留下坚实足迹，更以深厚的临床实践与无私的教育精神，引领卒中诊疗不断进步。正是这些科学家孜孜以求的探索，推动了全球卒中患者的预后改善，也深刻影响了整个医学体系对卒中的认知与应对方式。

阅读这些人物的故事，就像一次次生动的对话。他们从容讲述科研背后的坚持与思索，我们则在静静倾听中，走进一个又一个改变世界的瞬间。书中呈现的不仅是研究数据与成果，更是信念的传承、精神的共鸣、时代变革的印记。

在这些获奖者之中，有思维缜密、温文儒雅的杰弗里·L.萨维（Jeffrey L. Saver）教授；有睿智果敢、洞察力非凡的S.克莱本·约翰斯顿（S. Claiborne Johnston）教授；有举止优雅、富有远见的乔安娜·M.沃德洛（Joanna M. Wardlaw）教授；也有总是带着微笑、亲切如邻的斯蒂芬·戴维斯（Stephen Davis）和杰弗里·唐南（Geoffrey Donnan）教授。他们虽来自不同国度，专注于不同研究方向，却都有一个共同点——对科学与真理的执着追求，对人类健康的深切关怀。其中许多人已成为中国研究者的挚友与同行。一项项跨越国界的研究合作，不仅碰撞出了思想的火花，还共同书写了卒中研究史上一个又一个里程碑。

近十余年，中国在卒中防治与研究领域取得了令人瞩目的飞跃式发展，逐步迈入国际学术舞台的中心。这些成就的取得，离不开国家政策的大力支持、医疗体系的协作，凝聚着几代神经科学家孜孜不倦的努力，更少不了与国际同行的合作和交流。

在这一进程中，首都医科大学附属天坛医院王拥军教授作为引领者之一，为卒中治疗做出了卓越贡献。2025年，他荣获威廉·M.费恩伯格卒中卓越贡献奖，成为首位获奖的亚洲专家，这是中国卒中事业走向世界的重要里程碑。

二十年前，我在美国斯坦福大学医学院学习期间，有幸接触到一批国际神经病学领域的顶尖专家，也首次深切感受到国内外学者在科研模式、思维路径上的差异。回国后，我有幸成为国家神经系统疾病临床研究中心的成员之一。在这里，既有视野前瞻的学科带头人，也有团结协作、甘于奉献的学术骨干。我们一同披荆斩棘，从一座山峰攀向另一座更高的山峰。

永远记得2013年，CHANCE研究成果在《新英格兰医学杂志》上发表的那一刻——那是中国在该刊发表的第一篇神经病学领域的研究文章，凝结了团队七年的心血。从研究方案的起草，到严谨有序的组织实施，从海量数据的收集与分析，到最终的投稿，每一步都充满挑战。仅仅是回复编辑部提出的问题，就写了一百多页的说明。记得投稿后的那段时间，所有团队成员几乎每天工作到凌晨，只为不漏掉编辑部发来的任何一封邮件。12小时的时差在那时成了一道心理门槛。最终，还是王拥军教授第一个接到消息：论文被接收了。他的声音中带着抑制不住的兴奋，那一刻仿佛胜利的号角吹响，我们终于松了一口气，喜极而泣。

往事如昨，那些拼搏的夜晚、等待的清晨、欢呼的瞬间，都历历在目。每每回忆起这段历程，心中满是感激与感动。这不仅是一个团队的荣誉，更是中国卒中临床研究走向世界的坚定一步。

感谢王拥军教授给本书定名《脑海扬帆：威廉·M. 费恩伯格卒中卓越贡献奖背后的故事》，让编者从内心深处去重新审视对这门学科的初心。"脑海扬帆"不只是回顾历史，更是展望未来。感谢王秦润琪医生为本书所有获奖者绘制的精美画像，感谢所有参与本书编写的同事，感谢田德才教授对本书的文字审校，是大家的共同努力才在短时间内呈献了这部极具可读性的作品。

感谢来自美国罗文大学库珀医学院（Cooper Medical School of Rowan University）神经科主任、国际著名神经病学专家托多尔·G. 乔文（Tudor G. Jovin）教授为本书作序。

谨以本书献给所有在卒中防治路上不懈前行的科研者、临床医生与公共健康实践者。愿我们在先行者的引领下，携手守护生命的希望。

本书不只是对这些杰出科学家的致敬，更是一曲献给卒中医学精神的赞歌。我们希望，每一位读者都能在字里行间读懂坚持的力量、合作的价值，也能看见未来的光。

由于时间仓促，书中难免有不足之处，敬请读者理解并提出宝贵意见。

刘丽萍

2025 年 5 月

目　　录

序言

Foreword

前言

弗莱明翰心脏研究：70年的不朽丰碑 ·································· **001**

1992　菲利普·A.沃尔夫（Philip A. Wolf）

失之东隅，收之桑榆 ·· **008**

1993　小哈罗德·P.亚当斯（Harold P. Adams Jr.）

"卒"不及"房" ·· **014**

1994　大卫·G.谢尔曼（David G. Sherman）

卒中数据库的奠基者 ·· **020**

1996　杰伊·P.莫尔（Jay P. Mohr）

锁定"黄金3小时"，溶栓改写脑血管急救的生死时速 ············ **026**

1997　托马斯·G.布罗特（Thomas G. Brott）

从德国走向世界，神经重症为卒中治疗开辟新纪元 ················ **034**

1998　沃纳·哈克（Werner Hacke）

让移动卒中单元梦想成真 ··· **041**

1999　詹姆斯·C.格罗塔（James C. Grotta）

破茧与革新——血管内治疗的精准突围 ······························· **048**

2000　安东尼·J.弗兰（Anthony J. Furlan）

神经科学界斗士的卒中防治革命 ··· **055**

2001　J.唐纳德·伊斯顿（J. Donald Easton）

解码大脑的奥秘···060

2002　朱利恩·博戈斯拉夫斯基（Julien Bogousslavsky）

与时间赛跑的人···065

2003　约瑟夫·P.布罗德里克（Joseph P. Broderick）

卒中预防与脑健康革命的领航者·····················071

2004　菲利普·B.戈雷利克（Philip B. Gorelick）

溶栓疗法的开创者与卒中防治体系的构建者·········078

2005　约翰·R.马勒（John R. Marler）

从卒中流行病学到全球脑健康的跨界先驱···········085

2006　拉夫尔·L.萨科（Ralph L. Sacco）

从时间窗到组织窗的范式革新·····················092

2007　杰弗里·唐南（Geoffrey Donnan）

卒中预防机制突破与体系重构·····················099

2008　S.克莱本·约翰斯顿（S. Claiborne Johnston）

机制突破推动护理变革之路·······················106

2009　拉里·B.戈德斯坦（Larry B. Goldstein）

科学创新与全球卒中管理标准推动之路···········113

2010　马尔库·卡斯特（Markku Kaste）

科学发现与全球卒中倡导之旅·····················120

2011　斯蒂芬·戴维斯（Stephen Davis）

时间与生命的守护者·······························127

2012　杰弗里·L.萨维（Jeffrey L. Saver）

脑血管狭窄治疗策略的奠基之作···················134

2013　马克·I.奇莫维茨（Marc I. Chimowitz）

颈动脉闭塞治疗新路径的理念革新 ······························· **141**

2014 威廉·J. 鲍尔斯（William J. Powers）

卒中急救体系革新与卒中种族差异探索的奠基者 ··············· **148**

2015 刘易斯·摩根斯顿（Lewis Morgenstern）

ENOS 系列研究——卒中治疗的范式革命 ························· **154**

2016 菲利普·迈克尔·巴斯（Philip Michael Bath）

为沉默之地命名，为迷失者点灯 ······························· **160**

2017 史蒂文·M. 格林伯格（Steven M. Greenberg）

以影像之光，照亮脑血管的隐秘世界 ··························· **167**

2018 乔安娜·M. 沃德洛（Joanna M. Wardlaw）

在时间裂隙中追光 ··· **173**

2019 帕特里克·D. 莱登（Patrick D. Lyden）

颈动脉斑块成像技术开启卒中预防精准评估的新纪元 ··········· **179**

2020 J. 大卫·斯宾斯（J. David Spence）

世界卒中事业的引擎与守望者 ·································· **187**

2021 布鲁斯·奥比亚盖尔（Bruce Ovbiagele）

跨越大脑里的甜蜜陷阱 ·· **191**

2022 卡伦·C. 约翰斯顿（Karen C. Johnston）

脑力盛宴上的传奇 ··· **195**

2023 何塞·比勒（José Biller）

卒中遗传学拓荒者 ··· **200**

2024 詹姆斯·F. 梅希亚（James F. Meschia）

中国临床研究的开拓者：从病历本上的泪水到国际领奖台上的光芒···· **204**

2025 王拥军（Yongjun Wang）

缩略词表 ··· **219**

1992

菲利普·A.沃尔夫（Philip A. Wolf）

弗莱明翰心脏研究：70年的不朽丰碑

菲利普·A.沃尔夫作为弗莱明翰心脏研究的首席研究员，因揭示高血压是卒中的主要风险因素于1992年获卒中卓越贡献奖。

Philip A. Wolf
R.V.

从布朗克斯区走出的医学天才到改写卒中防治史的学术巨擘，沃尔夫用毕生探索诠释了跨界创新的永恒价值。这位16岁考入医学院的少年，在纽约州立大学半工半读的岁月里打磨出临床与科研的双重锋芒，更在弗莱明翰心脏研究中实现了医学认知的范式革命——当整个医学界还将心血管疾病视为"命运诅咒"时，沃尔夫已将高血压、房颤等危险因素从混沌中剥离，使卒中从不可知的神秘杀手转变为可预防的慢性病。

一、从布朗克斯到医学圣殿：天才少年的破茧之路

沃尔夫的传奇人生始于美国纽约布朗克斯区的一个普通家庭。作为家中第一个接受高等教育的成员，他自幼便展现出过人的学术天赋，16岁时便完成了高中学业，随后进入纽约州立大学上州医科大学（Upstate Medical University）攻读医学学位。在这所著名医科大学求学期间，沃尔夫遇到了两位对他职业生涯产生深远影响的导师——神经解剖学教授

戴维·惠特洛克（David Whitlock）和神经病理学家彼得·达菲（Peter Duffy）。在他们的引导下，沃尔夫对神经系统的复杂结构和疾病机制产生了浓厚兴趣。然而，医学教育的高昂费用迫使他不得不半工半读。他在圣约瑟夫医院（St. Joseph's Hospital）担任实习医师，同时在克劳斯·欧文纪念医院（Crouse Irving Memorial Hospital）兼职夜班接生员。这段经历不仅磨炼了他的临床技能，也让他深刻理解了基层医疗的挑战。凭借卓越的学术表现，沃尔夫以最优等成绩获得医学博士学位，并荣膺Alpha Omega Alpha荣誉医学学会会员资格——这个成立于1902年的荣誉医学学会，拥有多名诺贝尔奖得主。

二、跨界者的蜕变：在顶尖实验室锻造双重视野

完成波士顿市立医院的住院医师培训后，沃尔夫的学术足迹遍布美国顶尖医学殿堂：在宾夕法尼亚大学（University of Pennsylvania）精研流行病学，于彼得·本特·布里格姆医院（Peter Bent Brigham Hospital）接受严格的内科训练，最终在麻省总医院（Massachusetts General Hospital）完成神经病学专科深造（图一）。这段经历使他成为同时精通临床神经病

△ 图一　麻省总医院神经内科1965年合照，沃尔夫位于第五排左二

学与流行病学的少数专家之一，为他日后在卒中和痴呆领域的突破性研究奠定了基础。1969 年，这位冉冉升起的学术新星正式加入波士顿大学（Boston University），同时在医学院担任神经病学与医学研究教授，在公共卫生学院兼任流行病学和生物统计学教授。

三、弗莱明翰心脏密码：在小镇解码卒中风险

沃尔夫毕生致力于卒中和痴呆的流行病学研究，他的科研生涯与弗莱明翰心脏研究（Framingham Heart Study，FHS）密不可分。FHS 始于 1948 年，是美国医学史上最具影响力的长期队列研究之一，旨在探索心血管疾病的危险因素。沃尔夫于 1989 年成为该研究的首席研究员，并在此后的 25 年里领导了多项关键发现的研究。作为该项目历史上首位（也是长期唯一的）神经病学家，沃尔夫将这项原本聚焦心脏病的研究拓展到神经系统疾病领域，其影响远远超出了心血管病学的范畴，重塑了现代医学对慢性病的认知范式。然而鲜为人知的是，这项改变医学史的研究背后，蕴藏着一个充满戏剧性的时代故事。

当第二次世界大战的硝烟刚刚散去时，美国社会面临着一场悄然而至的健康危机。曾经肆虐的传染病在抗生素和疫苗的"围剿"下逐渐退场，但另一种无形的威胁正悄然蔓延——心血管疾病如同潜伏的暗流，以每年 40% 冠心病患者首发即猝死的残酷方式，成为笼罩在民众心头的阴云。那个年代的医学界仿佛置身迷雾：医生们能精准诊断肺炎链球菌肺炎，却对夺走罗斯福总统生命的脑血管破裂束手无策；人们可以预防小儿麻痹症，却将心肌梗死视为"命运随机抽取的厄运"，就像无法预测的车祸或雷击。

正是在这样的背景下，美国公共卫生署（U.S. Public Health Service，USPHS）做出了划时代的战略转向。其下属的国立卫生研究院（National Institutes of Health，NIH）这个原本专注于传染病的机构，毅然将研究重心转向慢性病，于 1948 年成立国家心肺血液研究所（National Heart, Lung and Blood Institute，NHLBI）。更具革命性的是，研究者们决定将当时仅用于追踪霍乱、疟疾等传染病的流行病学方法，大胆移植到心血管疾病研究领域——这无异于在未知海域抛下第一只锚。如今被全球学者视

为常识的慢性病研究范式，在当时却遭到学界强烈质疑：顶尖医学期刊充斥着反对声浪，权威专家讥讽这种尝试就像"用渔网捕捉空气"。

在这场医学范式革命的浪潮中，一群具有远见卓识的科学家成为破冰者。经过周密考察，他们最终将目光锁定在麻省的弗莱明翰小镇，这个选择堪称医学史上的神来之笔：30年前当地居民抗击结核病时形成的医研合作传统，造就了独特的社区信任基础；稳定的人口结构如同活体标本库，完整保留着20世纪40年代美国中产阶级的生活图谱；距波士顿医学中心恰到好处的距离，既保障了顶尖医疗资源的支持，又避免了都市化对研究对象的干扰——这片方圆不过数十公里的土地，就这样被锻造成观察人类心血管命运的"天然实验室"。

1948年研究启动时，首任主任托马斯·R.道伯（Thomas R. Dawber）面临的挑战堪比科学拓荒。面对医学界的冷眼、经费的掣肘和民众的疑虑，他以约翰·F.肯尼迪（John F. Kennedy）的名言自嘲："Victory has a hundred fathers and defeat is an orphan."（成功有千百个父亲，失败却是个孤儿。）但这位执着的科学家选择成为"孤儿"的守护者，带领团队在晨雾中叩响居民的门扉，在油灯下整理数千份体检档案。他们的坚持最终撕开了慢性病研究的天幕：当全球学者还在争论冠心病病因时，弗莱明翰已经建立起追踪数十年的人群健康数据库；当其他国家将心血管病视作个人命运时，这里的数据正在揭示吸烟、血压与疾病间的隐秘联系。

1968年，当这项原计划持续20年的研究面临关键节点时，美国社会正经历着剧烈动荡——马丁·路德·金（Martin Luther King Jr.）遇刺引发的民权运动、越南战争引发的社会撕裂，都让FHS的未来充满变数。NHLBI召开特别委员会审议后，认为FHS已经积累了关于心脏病的大量数据，达成了预期目标，建议终止项目。就在这个关键时刻，已转任波士顿大学预防医学系主任的道伯挺身而出，多方奔走筹集资金，在全美医学界的共同呼吁下，最终不仅延续了研究，更将其拓展至第二代（原队列参与者的成年子女及其配偶）、第三代人群（原队列参与者的孙子和孙女），使FHS得以在21世纪跨入分子流行病学新时代，探索基因与环境之间的复杂作用及相互影响。一项成功的高质量科学研究需要诸多关键要素的完美配合：研究人员严谨求实的科学态度、工作人员精益求精的专业精神，以及受试者无私忘我的奉献精神。在这一点上，FHS堪称科研典范。这项跨越三代人、持续70余年的追踪研究，创造了令人惊叹的随访记录——第一代参与者的失访率低于4%，这在同类研究中实属罕见。迄今为止，已有超过15 000名志愿者加入这项意义深远的研究，他们展现出的志愿精神和利他情怀令人敬佩。值得一提的是，第一代参与者中最年轻的成员如今已99岁高龄，而仍在世的第一代参与者中最高龄者更达到了110岁，这些数据生动诠释了这项研究的持久生命力。

　　在此回望，这座小镇播下的种子已在全球医学土壤中生根发芽。曾经被视为离经叛道的流行病学方法，如今已成为慢性病研究的金标准；当年备受争议的"危险因素"概念，现在连社区医生都能娓娓道来。更令人感慨的是，这项诞生于冷战初期的研究，其影响早已超越医学范畴。当我们今天看着智能手表上的心率监测时，当我们看到超市食品标注着胆固醇含量时，当健身教练强调每周运动时长时，我们未曾想到，这些现代生活的健康密码都源自美国那个小镇上科学家与普通居民共同书写的生命史诗。

　　作为FHS的中流砥柱，沃尔夫有多项里程碑式发现。他利用FHS积累的宝贵数据，首次科学证实了高血压与卒中的关系，这一突破性成果于1970年发表在《美国医学会杂志》（*The Journal of the American Medical Association，JAMA*），彻底改变了临床实践。更令人瞩目的是，他系统论证了房颤、高血压、肥胖、吸烟、糖尿病和缺乏运动等均为卒中的风险因素。

　　除了主导FHS的神经病学研究外，沃尔夫还主持了多项具有全球影响力的卒中临床研究项目：美国国家神经疾病与卒中研究所（National Institute of Neurological Disorders and Stroke，NINDS）卒中数据库（Stroke Data Bank）、噻氯匹定-阿司匹林卒中研究（Ticlopidine-Aspirin Stroke Study）、波士顿房颤抗凝试验（Boston Area Anticoagulation Trial in Atrial Fibrillation）、北美症状性颈动脉内膜切除术试验（North American Symptomatic Carotid Endarterectomy Trial），以及氯吡格雷-阿司匹林预防缺血事件研究（Clopidogrel-Aspirin Prevention of Ischemic Events Study）。1981年，他成为NIH资助项目——卒中发生及预后的预测因子（Precursors of Stroke Incidence and Prognosis）的首席研究员，这一课题持续获得资助直至其退休。在痴呆研究领域，他还主导了阿尔茨海默病磁共振成像、遗传与认知

前兆研究（MRI，Genetics and Cognitive Precursors of Alzheimer's Disease Study）及美国国家老龄化研究所（National Institute on Aging，NIA）支持的痴呆流行病学研究（Epidemiology of Dementia Study），为神经退行性疾病的早期诊断和干预奠定了科学基础。

四、桂冠与火炬：荣誉殿堂里的传承者

沃尔夫的卓越贡献为他赢得了无数荣誉。1992年，美国国家神经疾病与卒中咨询委员会（National Advisory Neurological Disorders and Stroke Council）授予他极具声望的雅文·A.贾维茨神经科学研究者奖（Jacob A. Javits Neuroscience Investigator Award），同年他成为首位获得美国心脏协会（American Heart Association，AHA）与美国卒中协会（American Stroke Association，ASA）颁发的卒中卓越贡献奖的学者。1996年，国际卒中协会（International Stroke Society）将三原脑血管疾病研究基金奖（Mihara Cerebrovascular Disorder Research Fund Mihara Award）授予这位开拓者；2017年，美国心脏协会向他颁发了象征最高荣誉的保罗·达德利·怀特奖（Paul Dudley White Award）。2010年，沃尔夫的母校纽约州立大学上州医科大学授予他荣誉理学博士学位，至此他完成了学术生涯的圆满循环。作为AHA、美国神经病学协会（American Neurological Association）、美国流行病学会（American Epidemiological Society）等权威机构的会士，沃尔夫在1992年受邀发表著名的康纳讲座，2006年获颁杰出科学家奖（Distinguished Scientist Award）。他发表了350余篇经同行评审的高影响力论文，参与编写多部权威专著，其学术成果持续影响着神经病学与心血管流行病学领域。

这位学术巨匠同样以培养后进闻名，他指导的多位学生已成为神经病学领域的领军人物。其中，最为人称道的是2006年威廉·M.费恩伯格卒中卓越贡献奖得主拉尔夫·L.萨科（Ralph L. Sacco），这位美国神经病学学会前主席在获奖演讲中曾动情地说："正是通过弗莱明翰心脏研究，沃尔夫首次将我引入了卒中流行病学这一领域。直至今日，沃尔夫依然是我学术道路上至关重要的引路人。"

五、九次马拉松与永恒航程：学术生命的运动隐喻

在个人生活方面，沃尔夫与妻子芭芭拉（Barbara）自1968年结婚以来相濡以沫，共同养育了两名子女和七名孙辈（图二）。夫妇长期保持着规律的生活节奏：冬季在佛罗里达享受温暖阳光，夏季则前往科德角避暑。沃尔夫终身保持着对运动的热爱，尤其钟情于帆船与长跑，曾完成九次马拉松比赛，包括两届纽约马拉松与五届波士顿马拉松，这种坚韧不拔的体育精神恰似他学术生涯的生动写照。

△　图二　2019年3月，沃尔夫在双胞胎孙子伊桑（Ethan）和萨姆（Sam）的犹太成人礼上与全家合影留念。这张照片被他视若珍宝，成为家庭传承的温馨见证

沃尔夫的研究不仅重塑了神经病学领域，更推动了现代医学从"治疗疾病"向"预防疾病"的转变。他的工作证明：慢性病并非"命运"，而是可干预的；流行病学方法可以揭示疾病的深层规律；跨学科合作能带来革命性突破。今天，当我们测量血压、服用他汀类药物或进行健康体检时，这些预防医学的实践都部分归功于沃尔夫等科学家的开创性工作。他的故事不仅是医学进步的缩影，更激励着新一代研究者探索人类健康的未知领域。

小哈罗德·P. 亚当斯（Harold P. Adams Jr.）

失之东隅，收之桑榆

小哈罗德·P. 亚当斯因提出TOAST分型于1993年获卒中卓越贡献奖。

Harold P. Adams Jr.

在神经病学发展史上，鲜有学者能像亚当斯这般，将标准化理念深深刻入临床实践。这位艾奥瓦大学（University of Iowa）神经病学名誉教授用半个世纪的坚守，完成了卒中医学从经验判断到循证诊疗的范式转变。其创建的ORG 10172治疗急性卒中的临床试验（Trial of ORG 10172 in Acute Stroke Treatment，TOAST）分型与美国国立卫生研究院卒中量表（National Institute of Health Stroke Scale，NIHSS），如同医学界的"度量衡革命"，为全球脑血管病研究奠定了对话基础。

一、跨学科的天才，从文学少年到神经病学泰斗

亚当斯的学术生涯始于一场跨界探索。他在德雷克大学（Drake University）获得文学学士学位，随后在南达科他大学（University of South Dakota）转向理学，这培养了他文理兼备的思维模式，为他后来的医学研究独特的视角奠定了基础。1970年，他在西北大学（Northwestern

University）获得医学博士学位，随后在艾奥瓦大学医院完成神经病学培训，并于1976年正式入职该院神经内科。

在艾奥瓦大学，亚当斯迅速崭露头角，成为脑血管病领域的领军人物。他不仅是艾奥瓦大学神经病学教授、脑血管病学部主任，还担任美国神经病学学会（American Academy of Neurology）脑血管病分会主席，以及美国精神病学与神经病学委员会（American Board of Psychiatry and Neurology）神经血管医学亚专科认证委员会主席。尽管曾收到其他顶级机构的邀请，他始终选择留在艾奥瓦大学，因为这里为他提供了合作的资源，让其职业生涯得以向前发展。正如他所说："我们产出了优质的科学信息，在某些方面，我们推动了整个卒中研究领域的发展。"

二、一场"失败"的试验，一个划时代的发现

20世纪80年代，一种名为达那肝素（danaparoid，ORG 10172）的新型抗凝药物进入医学界视野。为研究ORG 10172在急性卒中治疗中的效果，美国艾奥瓦大学生物统计学系临床试验统计与数据管理中心（Clinical Trials Statistical & Data Management Center，CTSDMC）第一任主任罗伯特·"斯基普"·伍尔森（Robert 'Skip' Woolson）与神经内科的亚当斯合作开展了这项名为TOAST（Trial of ORG 10172 in Acute Stroke Treatment）的大型临床试验。这项覆盖美国34个中心、招募1234名患者、历时8年的研究最终却迎来令人失望的结果——1998年《美国医学会杂志》（JAMA）的论文明确指出，达那肝素未能改善患者预后。然而，"失之东隅，收之桑榆"，这场"失败"的研究却在医学史上留下了深刻印记，因其过程中诞生的TOAST分型彻底改变了卒中诊疗的格局。

1993年，他们在《卒中》（Stroke）杂志正式提出这一分型，创新性地将急性脑梗死划分为五大类型：大动脉粥样硬化需通过血管影像证实≥50%狭窄，并排除心源性栓塞；心源性栓塞要求明确心脏栓子来源（如房颤、瓣膜病），分为高风险与中风险两类；小动脉闭塞对应传统腔隙性梗死，需满足特定临床综合征且病灶＜1.5cm；其他病因涵盖血管炎、高凝状态等罕见情况；不明原因型则用于无法明确或存在多因素的复杂病例。这套系统首次将临床表现、影像特征与实验室证据系统整合，为病因

诊断提供了可操作的标准化流程。其最显著的突破在于动态诊断框架：医生既可在急诊室基于初步检查做出"可能"判断，也能在后续完善检查后升级为"很可能"诊断。研究显示，当结合辅助检查时，不同医生的诊断一致性高达95%，极大减少了临床实践中的主观偏差。

尽管达那肝素早已退出历史舞台，TOAST分型却成为卒中领域的基石。它使治疗策略从"广谱应对"转向精准干预——大动脉狭窄患者优先考虑血管介入，心源性栓塞患者启动抗凝治疗，而小血管病变患者则聚焦危险因素管理。更重要的是，该分型为临床研究提供了"通用语言"，使得不同试验的数据可比性显著提升，是国际公认对缺血性脑卒中病因学诊断的首选标准，广泛用于临床研究和流行病学研究。然而，TOAST分型仍存在一定的问题。例如，大动脉粥样硬化界定过严：现行标准要求血管狭窄≥50%，导致存在易损斑块但狭窄程度不足50%的病例无法归入此类，可能低估该亚型的真实比例；不明原因型卒中占比过高：将影像学与临床表现不符或存在多种潜在病因的病例均归为不明原因型，既影响精准治疗决策，也不利于二级预防措施的制定；可能存在临床误判：当患者合并多种病因时易导致分型错误，如椎动脉夹层合并卵圆孔未闭的病例，若评估不充分可能被误归为心源性栓塞型，进而引发治疗策略偏差。为此，后续的研究者也以TOAST为基础提出了新的缺血性脑卒中分型，如基于停止卒中研究（Stop Stroke Study，SSS）-TOAST分型、ASCO分型、中国缺血性卒中分型（Chinese Ischemic Stroke Subclassification，CISS）等。

三、NIHSS——卒中评估的"黄金标准"

除了达那肝素的临床试验，亚当斯团队在20世纪80年代中期也因为评估纳洛酮在动物试验中的疗效而开展了一项剂量递增纳洛酮治疗急性缺血性卒中患者的临床研究，但最终未能证实其疗效。"正是在这项研究中，我们意识到需要建立标准化的患者评估体系。"亚当斯回忆道。NIHSS由此诞生，该量表从多伦多卒中量表（Toronto Stroke Scale）、牛津初始严重程度量表（Oxford Initial Severity Scale）及辛辛那提卒中量表（Cincinnati Stroke Scale）中提取了与主要脑动脉病变相关的核心神经系统检查条目，并引入爱丁堡-2昏迷量表（Edinburgh-2 Coma Scale）中的两项指标，以完善对患者意识状态的评估，最终通过与美国国家神经疾病与卒中研究所（NINDS）研究团队的深入探讨，进一步纳入感觉功能、瞳孔反射及足底反射等关键检查项目，形成包含15个条目的标准化评估体系。相关内容由亚当斯与托马斯·布罗特（Thomas Brott）共同发表于1989年《卒中》杂志。NIHSS评分内容包括意识水平、凝视、视野、面瘫、上肢运动、下肢运动、肢体共济运动、感觉、语言、构音障碍、忽视。评分范围为0～42分，分数越高表示神经受损越严重。分级如下：1～4分，轻度卒中/小卒中；5～15分，中度卒中；16～20分，中重度卒中；21～42分，重度卒中。该评估量表通过检测患者理解和完成预设简单任务的能力，使临床医生能够准确描述和监测卒中后病情变化。迄今为止，它仍是评估急性缺血性卒中患者的标准工具。

四、推动rt-PA革命——"时间就是大脑"

重组组织型纤溶酶原激活剂（recombinant tissue plasminogen activator，rt-PA）在急性脑梗死治疗史上的突破性地位，堪称现代医学对抗卒中进程中最为璀璨的里程碑之一。这一历史性突破的缔造者当属被誉为"rt-PA之父"的贾斯汀·A. 齐文（Justin A. Zivin）。这位生于1946年的神经学家，在1985年《科学》（Science）杂志发表的突破性研究，彻底改写了卒中治疗史。他创新性地建立兔栓塞模型，首次证实静脉注射rt-PA不仅能溶解血栓，更能显著改善神经功能缺损。齐文团队通过体外实验揭示了rt-PA的溶栓机制，将基础研究与临床转化完美衔接，为后续人类研究奠定了理论基础。这一惊人发现推动了rt-PA在缺血性卒中患者临床试验中的探索。1996年，《新英格兰医学杂志》（The New England Journal of Medicine，NEJM）发表了NINDS rt-PA治疗卒中研究结果，表明尽管症状性脑出血的发生率增加，但在缺血性卒中发病后3小时内静脉注射rt-PA可改善3个月时的临床结局。

然而，这项突破却遭到了医学界空前的质疑。当时权威专家固守"卒中不可干预"的传统观念，认为溶栓治疗会增加出血风险，甚至断言"卒中治疗领域不需要这种危险的创新"。面对学术权威的集体质疑，美国食品药品监督管理局（Food and Drug Administration，FDA）基于确凿证据，于1996年批准rt-PA临床应用，这一决定展现出监管机构突破传统的勇气。这一临床应用的批准与亚当斯的努力密不可分。1996年，亚当斯担任了FDA评审小组成员，推动了rt-PA在美国缺血性卒中患者中的使用。"事实上，美国是世界上第一个批准使用rt-PA的国家，现在它已成为卒中治疗的标准。"亚当斯说，"1996年，我还主持了美国心脏协会的专家组，撰写了缺血性卒中治疗指南，包括rt-PA的使用。"然而，FDA获批后的rt-PA并未立即获得广泛认可，其推广过程堪称现代医学史上最具启示意义的范式变革案例。早期临床实践中，治疗时间窗限制、严格适应证筛选、溶栓后出血转化等问题持续引发争议。但随着欧洲急性卒中协作研究Ⅲ（European Cooperative Acute Stroke Study Ⅲ，ECASS-Ⅲ）等研究将时间窗扩展至4.5小时，影像学技术进步实现精准患者筛选，rt-PA的疗效优势逐渐显现。

由于rt-PA的治疗时间窗窄，在实际应用中仍需要优化患者的入院及诊治流程，让更多的卒中患者能得到有效的治疗。如今的患者可能会在艾奥瓦州的一家小型社区医院接受治疗。该医院在与艾奥瓦大学医院协商后，将在当地启动rt-PA静脉治疗，然后将患者转运至艾奥瓦大学医院进行后续护理。"我们仍然需要更多的疗法来最大限度地促进卒中后的恢复，"亚当斯说，"我认为这将是未来研究的一个重要领域。如今，我们发现卒中是可以治愈的，过去患者因卒中死亡或残疾，而现在可以恢复正常生活。"rt-PA给药的最佳时间窗是卒中症状出现后4.5小时，时间至关重要。在卒中护理中，亚当斯说："时间就是大脑。"

五、超越"失败"的科学成果

尽管在1993年获卒中卓越贡献奖、2017年荣获美国神经病学学会A. B. 贝克神经病学教育终身成就奖（A. B. Baker Award for Lifetime Achievement in Neurologic Education）及艾奥瓦大学2023年杰出校友等殊荣，亚当斯最大的乐趣始终是教学。他于2010年获欧内斯特·O. 蒂伦临床教学服务奖（Ernest O. Thielen Clinical Teaching and Service Award），14次当选年度最佳教师。即使退休后，他仍在指导医学生。"只要热爱事业、关爱患者、善待同事、珍惜家庭，你自然会拥有成功人生。"这位医学大家如是说。

科学史往往由两种力量推动：一种是对成功的执着追求；另一种则是从"失败"中淬炼真理的智慧。亚当斯的职业生涯完美诠释了后者。TOAST试验虽未实现最初目标，却意外催生了现代卒中诊疗的"通用语言"；NIHSS的诞生源于一次药物研究的挫败，却为全球卒中评估树立了黄金标准；rt-PA的推广更是在争议与质疑中开辟了溶栓治疗的新纪元。这些案例共同揭示了一个深刻的科学哲学命题：医学进步的真正价值，往往不在于试验数据的完美呈现，而在于研究者如何以开放思维重构"失败"的遗产。

如今，全球的缺血性卒中患者可以基于TOAST分型明确病因，通过NIHSS评分进行病情评估，利用静脉溶栓为闭塞的血管重启生命之流。这些场景构成了一幅跨越半个世纪的医学图景，而亚当斯的身影始终矗立其中，如同一位持炬者，用标准化的光芒驱散卒中诊疗的迷雾。他的故事告诉我们：在科学的疆域里，真正的"失败"从不存在，有的只是真理以另一种形式悄然绽放。

1994

大卫·G. 谢尔曼（David G. Sherman）

"卒"不及"房"

David G. Sherman
RW.

大卫·G. 谢尔曼因发现阿司匹林及华法林可用于房颤患者的卒中预防，于1994年获卒中卓越贡献奖。

在20世纪末至21世纪初的神经病学与心血管病学领域，谢尔曼的名字如同一座灯塔，照亮了房颤患者卒中预防的研究之路。他因发现华法林与阿司匹林在房颤患者卒中预防中的关键作用，成为改写临床实践的重要人物。然而，谢尔曼的成就远不止于此——他是一位卓越的科学家、教育家，更是无数年轻医师心中的楷模。他的故事，既是一部个人奋斗史，也是一段现代医学突破的缩影。

一、早年生活与教育：从农场到医学殿堂

谢尔曼1942年3月11日出生于俄克拉荷马州珀塞尔市，在俄克拉荷马州莱克星敦的家族农场长大。这片由祖父于1898年购置的土地，见证了他少年时期在烈日下搬运干草的艰辛劳作。正是这段经历点燃了他从医的决心。凭借自律与进取心，他成为高中毕业班致告别辞的优秀学生代表，以俄克拉荷马大学（University of Oklahoma）本科第二名的成绩毕业，

并入选美国大学优等生荣誉学会（Phi Beta Kappa）。在俄克拉荷马大学医学院求学期间，他加入 Alpha Omega Alpha 荣誉医学学会，之后便在得克萨斯州休斯敦贝勒医学院的附属医院实习，后被评为休斯敦贝勒医学院杰出实习医师。

1969～1971年，谢尔曼服役于美国海军，随后进入加州大学圣迭戈分校接受神经病学住院医师培训。在圣迭戈，他与挚友兼同事 J. 唐纳德·伊斯顿（J. Donald Easton）结下终身友谊。这段友谊引领他开启了医学学术生涯——1974年，他加入南伊利诺伊大学斯普林菲尔德分校教职团队；1977年转至密苏里大学哥伦比亚分校后，与罗伯特·哈特（Robert Hart）和杰克·卡特（Jack Carter）建立了紧密的专业合作关系。1983年，伊斯顿、谢尔曼、哈特与卡特共同迁至圣安东尼奥，加入得克萨斯大学健康科学中心。他于1986年成为该校神经病学主任，并担任罗斯·J. 西伯特研究基金（Ross J. Sibert Research Fund）主席。此外，他还于1984～1996年担任奥迪·L. 墨菲退伍军人纪念医院（Audie L. Murphy Memorial Veterans Administration Hospital）神经病学主任。

二、SPAF 系列研究：改写房颤抗栓治疗指南

自古代起，房颤被医生描述为"叛逆性心悸""心脏谵妄""持续性不规则脉搏"。1906年，荷兰生理学家威廉·艾因特霍芬（Willem Einthoven）首次通过心电图记录到房颤。弗莱明翰心脏研究显示，房颤患者的卒中风险是窦性心律者的5.6倍；合并风湿性二尖瓣狭窄时风险增至17倍。谢尔曼的职业生涯始终与"房颤的卒中预防"紧密相连。他深知，房颤作为最常见的心律失常之一，是导致缺血性卒中的重要原因。然而，在20世纪80年代，房颤患者的抗栓治疗仍以经验性治疗为主，缺乏循证依据。1983年，谢尔曼主导发起了具有里程碑意义的卒中预防与房颤（the Stroke Prevention and Atrial Fibrillation，SPAF）研究，这项研究分为三个阶段，系统地评估了阿司匹林、华法林在房颤患者卒中预防中的疗效与安全性。

SPAF研究纳入1330例房颤患者，随机分为华法林组、阿司匹林组和安慰剂组。结果显示，华法林组卒中风险较安慰剂组降低67%，而阿司匹

林组仅降低42%，说明华法林与阿司匹林均可有效降低房颤患者脑梗死和系统性栓塞的风险。但该研究因华法林作用显著优于阿司匹林而提前终止。此外，由于符合华法林治疗条件的患者是阿司匹林适用人群的子集，二者直接比较需等待SPAF Ⅱ研究结果。

SPAF Ⅱ研究共计纳入1100例房颤患者，比较使用华法林和阿司匹林治疗的有效性和安全性。结果表明，华法林较阿司匹林更能有效预防缺血性卒中，但是华法林引起的颅内出血率较高，特别是＞75岁的老年人，颅内出血的年发生率高达1.8%，此外，发生颅内出血患者的国际标准化比值（international normalized ratio，INR）多数＞3.0。针对老年患者（＞75岁）的后续研究显示，尽管使用华法林（INR 2.0～4.5）与阿司匹林（325 mg/d）后的卒中风险无显著差异（1.3%/a *vs.* 1.9%/a），但华法林组的颅内出血发生率高达1.8%/a，建议INR上限≤3.0。

SPAF Ⅲ研究纳入1044例房颤患者，探索联合疗法的效果，比较固定剂量华法林（INR 1.2～1.5）联合阿司匹林与调整剂量华法林（INR 2.0～3.0）的疗效。结果显示，联合疗法组的卒中风险高达7.9%/a，显著高于调整剂量华法林组的1.9%/a（$P<0.001$），说明剂量调整的华法林（INR 2.0～3.0）预防非瓣膜性房颤高危患者卒中的效果最佳。

SPAF系列研究不仅确立了华法林的金标准地位，更推动了抗凝治疗的个体化监测。此外，SPAF研究总结了预测口服阿司匹林的房颤患者发生缺血性卒中风险的分层方法。SPAF将房颤患者分为高危、中危和低危。高危患者具有以下任意一项危险因素：既往卒中史或短暂性脑缺血发作（TIA）史；＞75岁的女性；＞75岁且有高血压史，收缩压＞160mmHg。中危患者为＜75岁，有高血压史或糖尿病史。低危患者无任何危险因素。根据SPAF分层方法，房颤高危人群卒中发生率为5.7%/a（95%置信区间4.4%～7.0%）；中危人群卒中发生率为3.3%/a（95%置信区间1.7%～5.2%）；低危人群卒中发生率为1.5%/a（95%置信区间0.5%～2.8%）。

三、AFFIRM研究：控制心律与控制心率之争

房颤的临床管理策略主要包括控制心律和控制心率两种模式。对于永

久性房颤患者，由于心房电重构已不可逆，临床通常以调控心室率作为核心目标；而阵发性房颤及持续性房颤的治疗原则则包括控制心律（维持窦性心律）与控制心率（仅调整心室率）两种，二者何者更优并不明确。因此，临床上开展了多项大规模前瞻性临床试验。

谢尔曼参与设计的AFFIRM（Atrial Fibrillation Follow-up Investigation of Rhythm Management）研究试图回答这一问题。该研究纳入4060例高危房颤患者（平均年龄69.7岁），随机分为控制心律组和控制心率组。经过5年随访，结果显示：两组全因死亡率无差异（控制心律组24% vs. 控制心率组21%），脑卒中发生率无差异（控制心律组7.1% vs. 控制心率组5.5%）。控制心律组的药物不良反应（如尖端扭转型室速）显著增加，住院率更高（80.1% vs. 73%）。该项研究发表于2002年的《新英格兰医学杂志》（NEJM）。其他团队后续发表的永久性房颤的心率控制效果（Rate Control Efficacy in Permanent Atrial Fibrillation，RACE）研究及房颤和充血性心力衰竭（Atrial Fibrillation and Congestive Heart Failure，AF-CHF）研究也均支持相应观点。尽管基于生理机制，从理论上而言控制心律应更优于控制心率，但彼时由于缺乏足够的证据，且上述三项研究结果均表明主要终点未见显著差异，因此临床医生更多选择控制心率，而非控制心律。

AFFIRM研究结果引发了广泛讨论。批评者指出，该研究纳入的患者年龄大，多为无症状的持续性房颤患者，结论不适用于阵发性房颤患者；且抗心律失常药物的选择集中于胺碘酮（使用率达2/3），该药毒副作用大，应该多使用Ⅰ类抗心律失常药物。时至2020年，仍然发表在NEJM上的早期治疗房颤预防脑卒中试验4（Early Treatment of Atrial Fibrillation for Stroke Prevention Trial 4，EAST-AFNET4）却有了不同的发现：相比于控制心率，早期控制心律治疗（包括抗心律失常药物和/或射频消融术）可显著降低早期房颤患者的主要心血管不良结局风险，包括心血管性死亡、卒中或心衰恶化/急性冠脉综合征所致的住院。EAST-AFNET4之所以得出不同的结果，一方面在于控制心律的时机：AFFIRM研究纳入患者存在较多的持续性房颤，而EAST-AFNET4纳入的患者均为早期房颤；另一方面在于控制心律策略的改变：AFFIRM研究常用胺碘酮和索他洛尔进行治疗，窦性心律维持效果不佳，而EAST-AFNET4则随着科技的进步更多地选择了决奈达隆和房颤消融，有效维持了患者的窦性心律。基于此，该研究重新确立了控制心律在房颤患者治疗中的主导地位，也进一步证明了抗心律失常药物的合理应用和导管消融作为节律控制策略对房颤带来的获益。

AFFIRM研究与EAST-AFNET4的差异凸显了房颤治疗的个体化需求：前者为高风险老年患者提供了安全性框架；后者则为早期干预和技术革新指明了方向。两项研究共同推动房颤管理从"一刀切"向分层精准治疗演进，体现了循证医学的动态发展。

四、PREVAIL研究：优化急性期抗凝策略

21世纪初，谢尔曼将目光转向急性缺血性卒中后的抗凝管理。卒中患者极易发生静脉血栓栓塞，如果不预防，将有高达75%的卒中后偏瘫患者病情恶化，继而出现深静脉血栓，而有20%则可能发展成肺动脉栓塞。谢尔曼主导的在急性缺血性卒中后通过低分子量肝素依诺肝素预防静脉血栓栓塞（Prevention of VTE after Acute Ischemic Stroke with Low-Molecular-Weight Heparin Enoxaparin，PREVAIL）研究纳入15个国家的1762例患者，比较依诺肝素与普通肝素在卒中后48小时内的疗效，该项结果于2007年发表于《柳叶刀》（Lancet）杂志。结果显示：依诺肝素组静脉血栓栓塞风险降低43%，且在不同时间窗（＜24小时 vs. 24～48小时）均表现稳定。两组出血风险无显著差异，3个月后的神经功能恢复率也无差异。

谢尔曼表示：平衡最小化出血风险与降低静脉血栓栓塞风险之间的获益，是为这些尤其虚弱的患病群体选择预防措施时的重要考虑因素。PREVAIL研究显示，与普通肝素相比，依诺肝素具有更好的疗效，且临床严重出血率没有明显提高。这些数据提供的新证据表明，依诺肝素可以预防这类高风险人群出现静脉血栓栓塞。

五、学术传承：从国际舞台到医学教育

谢尔曼曾任职于国际卒中协会、美国心脏协会卒中委员会和得克萨斯神经学会，并担任国际卒中与脑循环联合会议项目委员会主席。他的众多奖项包括美国心脏协会与美国卒中协会颁发的卒中卓越贡献奖（1994年）

和得克萨斯神经学会2006年颁发的终身成就奖。作为一名广受尊敬的医生，谢尔曼还获得了由医学生和曾受他指导的执业神经病学家评选的教学奖项。他撰写了30多部书籍和100多篇有影响力的科学论文，曾担任《卒中》杂志（1995～2008年）和《脑血管疾病》（*Cerebrovascular Diseases*）杂志（1990～1995年）的编委，并担任多家杂志的审稿人。

遗憾的是，谢尔曼于2007年11月29日因胰腺癌去世，享年65岁。为了纪念这一伟大的临床医学家，目前设立了以其名字命名的谢尔曼奖，该奖从2010年开始评选，由美国心脏协会与美国卒中协会卒中理事会提名，旨在表彰全球在卒中研究及对青年研究者的培养教育中做出突出贡献的学者。

休斯敦得克萨斯大学医学院神经病学系主任兼卒中项目主任詹姆斯·格罗塔（James Grotta）赞扬了他朋友的热情、慷慨和善良。"他能够在取得学术成功并承担多项行政职责的同时，保持幽默和冷静。他最喜欢的就是与家人和朋友分享美食与欢乐。"格罗塔继续说道，"他将俄克拉荷马州的谦逊出身与世界旅行者的优雅、意大利美食家的精致及对活泼而忠诚的妻子卡拉（Carla）的深情结合在了一起。"

1996

杰伊·P. 莫尔（Jay P. Mohr）

卒中数据库的奠基者

杰伊·P. 莫尔因建立哈佛合作卒中登记系统、试点卒中数据库及卒中数据库于1996年获卒中卓越贡献奖。

莫尔是现代卒中医学的数据先知，他创立了首个计算机化卒中数据库，将症状转化为可计算的代码，他证明医学真理深藏于数据之海。这场静默革命，让卒中诊疗冲破经验迷雾，在循证坐标中锚定千万生命的轨迹。

一、学术积淀与临床实践的交融：跨学科视野的奠基

莫尔曾就读于弗吉尼亚圣公会学校（Virginia Episcopal School）、哈弗福德学院（Haverford College）及弗吉尼亚大学（University of Virginia），其间作为美国公共卫生署五年计划成员，并获得了理学硕士（药理学）和医学博士学位。他先后在玛丽·伊莫金·巴塞特医院（Mary Imogene Bassett Hospital）接受内科培训，在纽约神经研究所（New York Neurological Institute）接受神经病学专科培训，并在麻省总医院（Massachusetts General Hospital）完成神经病理学与卒中领域的深造，师从查尔斯·米勒·费舍尔（Charles Miller Fisher）。费舍尔系统阐述了腔

隙性脑梗死、脑出血及颈动脉闭塞相关的动脉病理学机制，并精准描述了不同部位颈动脉病变、腔隙性脑梗死及脑出血患者的临床特征，被誉为现代卒中神经病学之父。越南战争期间，他于沃尔特·里德陆军研究所（Walter Reed Army Institute of Research）服役三年，于1971年重返麻省总医院，创立并领导该院卒中服务部、神经重症监护室及麻省康复医院（Massachusetts Rehabilitation Hospital）神经内科。他曾担任南阿拉巴马大学（University of South Alabama）神经病学系创始主席，并于1983年返回纽约神经研究所，成为首位希亚拉神经病学冠名教授（Sciarra Professor of Neurology）。目前他是新成立的多丽丝与斯坦利·塔南鲍姆卒中中心（Doris and Stanley Tananbaum Stroke Center）的负责人。

二、技术困局中的破冰之举：从纸质表格到国家数据库

目前，卒中登记系统已成为临床卒中研究的重要工具。卒中登记系统通常分为三类：基于人群、基于队列和基于病例。

基于人群的登记系统记录特定人群中所有卒中病例，能收集具有流行病学效力的卒中发病率数据，并可计算不同年龄、性别或种族的发病率。设计得当的系统还能识别卒中发病率的长期趋势，支持不同地理区域间的发病率比较。但此类登记系统的数据采集工具通常较为简略，缺乏细节，且常缺少神经影像学对卒中类型的验证。1971年，世界卫生组织（WHO）与非洲、亚洲和欧洲的10个国家的15个中心合作建立了试点性人群卒中登记系统，该研究为卒中发病率提供了重要数据，并推动了后续人群研究。

基于队列的登记系统需要对特定患者队列进行前瞻性观察，通常通过定期复查来监测卒中发生。此类研究纳入的受试者数量通常少于人群研究，且难以识别或描述罕见卒中类型。与人群研究不同，队列研究中的患者需按计划接受复查，不仅能提供具有流行病学效力的卒中发病率数据，还可精确量化卒中发生、致残和复发的风险因素。典型代表包括梅奥诊所队列（Mayo Clinic Cohort）研究、弗莱明翰心脏研究（FHS）和哥本哈根心脏研究（Copenhagen Heart Study）。

基于病例的登记系统无法提供具有流行病学效力的卒中发病率数据。

这类系统通常以医院为基础，旨在收录特定医院收治的所有卒中病例，例如哈佛卒中登记系统（Harvard Stroke Registry）、试点卒中数据库（Pilot Stroke Data Bank）和卒中数据库（Stroke Data Bank）。此类系统通常对每个病例进行详细数据采集，并实施全面的临床和影像学评估，部分系统还会对患者进行长期纵向随访。基于病例的登记系统能提供关于卒中临床表现、病程和预后的重要信息。其中所涉及的三个卒中相关数据库均由莫尔团队建立。

计算机技术的应用促进了脑血管病例的系统收集。首个公开发表的前瞻性登记研究是哈佛卒中登记系统。该系统由莫尔团队与哈佛大学医学院的路易斯·R.卡普兰（Louis R. Caplan）团队合作，收集了麻省总医院及贝斯以色列医院的卒中患者信息，并将数据记录在非常长的纸质表格上，数据输入到一台大型PDP-11计算机中。布莱希（Bleich）医生、华纳·斯莱克（Warner Slack）医生和约翰·梅尔斯基（John Melski）医生负责指导他们如何积累数据及如何输入和分析数据。由于当时还没有个人计算机，他们曾向美国国立卫生研究院（NIH）申请资助，但被一个没有卒中临床医生的权威委员会拒绝了。莫尔最初将手稿提交给《新英格兰医学杂志》（*NEJM*），但被退回，理由是计算机在医学中没有作用，读者无法理解这篇论文。随后，他们将缩短后的版本提交给《神经病学》（*Neurology*）杂志并得以发表。

哈佛卒中登记系统始于计算机断层扫描（computed tomography，CT）应用于医疗之前。尽管血管造影检查已经可用，但通常通过直接动脉穿刺进行。在1969年，麻省总医院的血管造影检查由卒中研究者操作，神经放射科医生很少参与。卒中研究者需要分别研究每条动脉（颈动脉和椎动脉），并直接穿刺每条动脉。没有双平面胶片，因此需要分别拍摄前后位和侧位；造影剂是手动注射的，胶片也是手动拉取的。注射后，操作者需要跑到大型胶片盒旁，根据预期的颅内循环时间决定拉片的速度。这时的血管造影检查是一种令人胆战心惊的体验，对患者也很危险。并且，血管造影检查无法直接观察脑实质。气脑造影检查可以显示脑室和脑池，但也看不到脑组织本身。20世纪70年代和80年代，CT和后来的磁共振成像（magnetic resonance imaging，MRI）的出现使得定义脑部病变及其定位、区分缺血与出血及确定非卒中性脑病理成为可能。后来的血管超声、磁共振血管造影（magnetic resonance angiography，MRA）和CT血管造影（CT angiography，CTA）使得定义可能导致卒中的颅内动脉病变成为可能。超声心动图使得定义心脏和主动脉病变成为可能。这些技术的进步使得现在研究非致命性，甚至轻微卒中及卒中前血管病变的临床和实验室特征成为可能。

随着CT技术的革命性突破，莫尔意识到神经影像将彻底改变卒中诊断范式，遂终止该登记系统并转向基于影像学的新一代数据采集研究。尽管美国国家神经疾病与卒中研究所（NINDS）曾拒绝资助哈佛卒中登记系统的初始申请，但其后意识到政府主导的前瞻性卒中数据库的价值，遂启动多中心卒中登记项目招标。哈佛卒中登记系统的病例均来自单一机构且以白种人为主，而新项目需覆盖更广泛的地理区域及种族群体。在此背景下，由NIH资助的试点卒中数据库及其后续项目卒中数据库应运而生，在这个项目中97%的患者接受了脑部CT检查，这一突破为后续卒中影像-临床关联研究奠定了方法论基础。20世纪70年代、80年代及20世纪末，许多其他国家和国际卒中登记系统与数据库提供了关于临床和实验室现象及诊断的定量信息。法国的洛桑登记系统（Lausanne Registry）、贝桑松登记系统（Besancon Registry）和德国卒中登记系统（German Stroke Registry）积累了数千名卒中患者的详细信息，成为该领域的领导者。这些登记系统还生成了重要的流行病学数据。基于计算机的登记系统和数据库无疑对收集与分析各种临床、放射学、病理学和流行病学信息起到了极大的促进作用。

三、卒中分型系统的范式重构：从经验分类到证据驱动

莫尔团队所建立的卒中数据库也推动了卒中亚型的标准化定义。目前，在临床试验和临床实践中应用最为广泛的卒中分型系统是TOAST分型，而该分型中沿用的标准主要来源于哈佛卒中登记分型和NINDS卒中数据库的分型。哈佛卒中登记系统提出了被广泛采用的大动脉血栓形成、腔隙性脑梗死、栓塞、脑出血和蛛网膜下腔出血的定义。试点卒中数据库则制定了动脉粥样硬化、栓塞、病因未明梗死、腔隙性脑梗死、脑出血和蛛网膜下腔出血的诊断标准。这些定义在卒中数据库中进一步细化为九

类：动脉粥样硬化、心源性栓塞、血管造影正常型梗死、不明原因梗死、腔隙性脑梗死、串联动脉病变所致梗死（动脉–动脉栓塞）、脑出血、蛛网膜下腔出血及其他类型。然而，该分型存在一些问题，如动脉粥样硬化型脑梗死的定义为相关脑动脉90%以上狭窄，比例非常有限。因此，诊断为动脉粥样硬化型脑梗死的患者比例被低估，进而病因不明的卒中病例增加，约占所有卒中病例的40%。也就是说，在这种分型中，约有一半的卒中患者无法确定其病因。此外，腔隙性卒中的定义过于宽泛，仅根据临床症状和体征就可以诊断，这是不可避免的，因为在建立这种分类方法时还没有CTA或MRA等可以确定颅内动脉病变的脑成像技术。

此外，相关研究也推动了数据采集工具的改进，卒中数据库开发了包含52页内容的18种数据采集表格，每位患者的特定表格（如神经系统检查或CT扫描）具有唯一性，所有1805名患者的表格通过专属标识关联，形成大型关系数据库，支持使用SAS等商业统计软件进行分析。

四、数据治理的淬炼：从矛盾混沌到共识真理

卒中数据库最初以回顾性方式整理个人、机构或人群数据，表面相似的研究常得出矛盾结论，突显人群和方法论的细微差异对结果的深远影响。即使是最耐心的读者，核查变量处理方式也可能倍感压力。尽管烦琐，审阅方法部分仍至关重要，因为一旦数据被编码为结果表格，便自带权威性。现实中，建立理想数据库常需妥协。许多机构研究仅关注易获取的指标（如人口学特征、卒中发病率）。聚焦特定临床综合征则是另一常见策略。少数研究通过限制样本规模追求细节，但亚组病例稀少。文献中也不乏仅报道罕见病例以回避问题的研究。

莫尔认为真正的数据库数据点应定义清晰、价值明确、用途可靠且开放共享。跨中心数据在年龄、性别、入院日期等基础指标上通常可比，但深层次问题需参与者就术语达成共识。作者对临床特征和诊断的定义越细致，越能减少实践中常被忽视的模糊性。最终诊断的可靠性则取决于支持性实验室数据的完整度。

莫尔因其在卒中数据库建立中的重大贡献获得了1996年的卒中卓越贡献奖，而与他一起构建相关数据库拉尔夫·L.萨科（Ralph L. Sacco），

也在2006年获得了该项荣誉。萨科在主题发言中特意感谢了莫尔，"自我加入纽约神经病学研究所以来，有幸与莫尔共事。他始终是我学术生涯中非凡的激励源泉——不断叮嘱我怀疑一切、不盲从任何既有结论，并始终如一地支持我的独立学术发展"。

　　莫尔的学术生涯是一部现代卒中医学的进化史诗。他如同一位执着的考古学家，在数据的岩层中挖掘疾病的本质；又似一位先锋的工程师，用技术工具重构临床认知的框架。从哈佛卒中登记系统的破冰启航，到国家卒中数据库的宏大架构，莫尔用半个世纪证明：医学革命的真正动力，不在于技术的炫目，而在于将碎片化经验转化为系统性认知的勇气。他创建的三大数据库不仅是数据容器，更是卒中研究的时空胶囊——封存着20世纪70年代医生在影像室奔跑拉片的焦虑，记录着早期程序员在打孔卡片上编码症状的执着，映射出全球学者在开放数据中碰撞思想的火花。这些数据库催生的卒中分型系统，尽管受限于时代技术，却为精准医学埋下了火种。莫尔的伟大之处，在于始终平衡着两种身份：作为科学家的他，以近乎严苛的标准定义每个数据点；作为临床医者的他，从未忘记数据背后鲜活的生命故事。

1997

托马斯·G.布罗特（Thomas G. Brott）

锁定"黄金3小时"，溶栓改写脑血管急救的生死时速

托马斯·G.布罗特因提出血管开通新概念、牵头设计美国国立卫生研究院卒中量表（NIHSS）于1997年获卒中卓越贡献奖。

Thomas G. Brott
RN2.

一、医学启蒙与早期愿景：哈佛与芝加哥的学术洗礼

回顾布罗特的职业生涯，会发现他与卒中这一紧急医学疾病似乎有着天然的联系。在他最初接受医学教育的阶段，种种机缘就已将他带向神经科学的研究之路。布罗特自幼对生物学和人体解剖学表现出浓厚兴趣，大学时期进入芝加哥大学普利兹克医学院（University of Chicago Pritzker School of Medicine）深造。该校因将基础科研与临床实践并重的教学风格，素有"孕育未来医学家摇篮"之称。

在这里，他系统掌握了现代医学的解剖学、病理学、药理学等核心知识，并在导师的指导下接触了神经系统疾病的初步课题研究。对当时年轻的布罗特而言，神经科学及脑血管病的高致残率、高死亡率，以及对急救与预防的迫切需求，都在无声地召唤着他。

完成医学院学业后，他得到了进入哈佛医学院进行住院医师与临床研究员培训的宝贵机会。在这座全世界知名学府，他不仅沿袭了哈佛严谨的临床与科研作风，也培养了系统化思考与批判性分析的能力。白天，他奔波于病房与急诊室，见到了急性卒中患者生死攸关的瞬间；夜晚，他在图书馆或实验室里翻阅最新文献、记录病例数据，思考脑血管病急救与长期管理间的关系。正是这种"临床–科研–思考"三者交织的经历，为他日后开创多项重大卒中研究项目奠定了重要的基础。

二、初入临床一线：从哈佛到贝斯以色列医院的蜕变

在哈佛完成住院医师培训后，布罗特的第一份正式工作始于哈佛医学院附属贝斯以色列医院（Beth Israel Hospital），担任实习医师。在这里，他近距离接触了无数与卒中相关的病例，包括颅内出血、重症缺血性卒中、神经外科术后并发症等。这些"实战"场景让他对脑血管病的复杂性和多变性有了更直观、更深刻的体悟。

当时的医学界对卒中的整体认识仍相对局限，尤其在急性期治疗上可用的手段有限，对大多数患者的处理仍停留在保守干预或对症治疗层面。目睹一个个因为"治疗延误"而导致严重后遗症的患者，布罗特在临床中越发觉得：如果能将病因机制研究、精准诊断与规范化急救更好地结合起来，或许能够挽救更多人的生命。这一时期，他也开始思考如何从学术研究层面，为颈动脉狭窄、急性缺血性卒中等高危患者提供更具循证价值的诊疗策略。

三、哈佛朗伍德神经学项目与转折：锁定脑血管病研究

随后，布罗特通过哈佛朗伍德神经学项目（Harvard Longwood Neurology Program）进一步深造，磨炼临床技能，同时也借助哈佛广阔的资源网络，参与了更多跨学科的科研合作。正是在此阶段，他对急性卒中诊治中的"短板"有了系统理解，并得以在学术环境中接触到当时极具争议但充满潜力的治疗方法——例如，将组织型纤溶酶原激活剂（tissue type plasminogen activator，t-PA）应用于脑血管溶栓，以及颈动脉内膜切除术

（ carotid endarterectomy，CEA ）用于治疗颈动脉狭窄。

当时，医学界对溶栓治疗能否真正应用于卒中仍存疑问，担心脑出血风险过高，且缺少大规模临床试验证据支持。而对颈动脉内膜切除术等血管外科操作，更是争议重重。布罗特在教授们的启发下，深刻意识到：若想推动这些新疗法走向临床，必须先打好坚实的循证基础，以大规模、多中心临床试验为核心，为医疗体系和监管部门提供无可辩驳的数据。

在哈佛朗伍德神经学项目中积累的资源、建立的国际化人脉网络，让他后来在领导美国国立卫生研究院（NIH）大型卒中课题与国际多中心协作时，更具协调力与号召力。这为他在日后发起和主持多项颈动脉相关及卒中急性期治疗的里程碑式试验建立了管理与学术威望。

四、加盟梅奥诊所：从研究院长到神经病学教授的多重身份

2008年，布罗特迎来了职业生涯的一次重要转折——加入美国梅奥诊所（佛罗里达州杰克逊维尔院区），担任研究院长（2008～2009年）及神经病学教授（自2009年至今）。梅奥诊所被誉为世界医学殿堂之一，拥有规模宏大、学科交叉丰富的医学与科研体系，这为布罗特继续深入颈动脉与卒中领域研究创造了绝佳环境。

在担任研究院长期间，他着力推动了基因组学与神经再生治疗等交叉领域的规划，并加大了医院在神经病学及脑血管病方面的科研基金与技术投入。对他而言，临床与科研始终是互相促进的统一体，而一个强大、稳定的研究平台正是不断攻克医学难题的关键。

与此同时，梅奥诊所高强度的临床需求，也让他得以接触各类疑难或复杂卒中病例。从常见的急性缺血性卒中，到罕见的脑动脉瘤、先天性血管畸形，他都能与不同专科的专家深入探讨，发现新的诊断和治疗思路。这种"以实际患者需求为驱动"的科研模式，成为他持续推动卒中诊疗标准升级的重要动力。

除在梅奥诊所承担管理和科研职责外，布罗特还常年担任美国心脏协会（AHA）卒中委员会主席、美国食品药品监督管理局（FDA）神经设

备专家咨询委员会主席等职务。他的意见对相关药物和器械的审评、审批及临床应用推广具有重大影响，也是众多临床试验设计、伦理审查与监管指导的关键决策者。

五、颈动脉血运重建研究：从安全性争议到全球标准

进入梅奥诊所后，布罗特正式将研究重心放在颈动脉狭窄与血运重建治疗领域。事实上，这一领域在20世纪80年代末至90年代初就已经是神经外科与血管外科的共同焦点，却因手术风险高、并发症多等问题，迟迟未能形成临床共识。

布罗特曾率先开展基于人群的CEA并发症研究，对手术的安全性进行系统评估。结果表明，在严格的适应证与操作规范下，CEA在卒中预防方面获益明显优于单纯药物保守治疗。此后，美国NIH也在此数据基础上为北美症状性颈动脉内膜切除术试验（NASCET）和无症状性颈动脉硬化试验（ACAS）提供大量资助，进一步确立了CEA的价值与地位。

然而，随着颈动脉支架（carotid artery stenting，CAS）植入术的出现，对"手术与支架孰优孰劣"的讨论再次在全球范围内展开。2000～2010年，布罗特领衔主持了CREST（Carotid Revascularization Endarterectomy Versus Stenting Trial）——这是一项跨越数十国、历时10年的庞大多中心临床研究，旨在比较CEA与CAS植入术在预防卒中、降低心肌梗死与术后30天死亡率等方面的疗效和安全性。最终结果显示，两种方式总体有效性相当，虽各有不同的术中风险侧重，但在特定人群中都可大幅降低卒中发病率。FDA据此批准了更多支架器械投入临床，让颈动脉重度狭窄患者有更多的治疗选择。

这项研究的重大意义不仅在于解决一道悬而未决的国际难题，更为术中风险评估、围手术期处理、长期随访策略提供了高度精细的循证依据，最终写入多国的神经外科和血管外科指南。当前，布罗特继续领导规模更大的CREST-2，针对无症状重度颈动脉狭窄人群，探索"最佳内科治疗＋介入（或手术）"的理想组合方式，进一步指引今后20年的临床实践。

六、急性缺血性卒中治疗的革命：t-PA与"桥接治疗"理念

除了在颈动脉病变领域的深耕，布罗特还对急性缺血性卒中治疗做出了先驱性贡献。在20世纪90年代之前，医学界尚无真正有效的溶栓药物用于卒中紧急救治，而他是最早将t-PA应用于急性缺血性卒中的科学家之一。

为验证t-PA在脑血管溶栓中的可行性与安全性，他带领团队进行了多轮初步研究，并为美国国家神经疾病与卒中研究所Ⅲ期大规模t-PA试验提供了重要数据。正是这些严格的前期研究，让FDA在1996年终于批准t-PA用于急性缺血性卒中治疗，开创了现代溶栓时代。因其在这一进程中的贡献，他也被《新英格兰医学杂志》（*NEJM*）誉为"改变临床实践的里程碑式人物之一"。

此外，面对大血管闭塞（large vessel occlusion，LVO）患者单纯静脉溶栓成功率低的局限，布罗特也敏锐地意识到机械取栓的重要前景。他是"桥接治疗"理念的重要开拓者之一，通过将静脉溶栓与血管内机械取栓结合，可大幅提升LVO患者的再通率。该模式被后续的全球多项"桥接治疗"研究纳入，使更多LVO患者从早期介入治疗中获益，降低了致残率及死亡率。

七、NIHSS设计与国际推广：卒中评估的"金标准"

谈及布罗特的学术成就，不能不提到NIHSS的诞生。由布罗特与多位专家共同设计完善的NIHSS，被广泛认为是全球卒中神经功能缺损评估最重要、最普及的量化工具之一。该量表涵盖多个维度，包括意识水平、语言功能、视野、肢体运动与感觉、注意力与空间定向等，通过系统评分快速判断卒中的严重程度。

NIHSS的问世极大提升了卒中诊断和疗效评价的标准化与客观性。如今，几乎所有脑血管病大型随机对照试验都会使用NIHSS评估结果作为入组和疗效判定指标，而医院急诊科、神经内科也普遍应用此量表对患者进行初始评估与随访。信息化时代的来临，更让NIHSS可直接内置于电子病历系统中，由医生或护士在急诊接诊时迅速完成打分，为是否启动溶

栓、机械取栓等决策提供可靠参考。毫不夸张地说，NIHSS 已成为全球脑卒中临床研究与实际治疗场景中的必备工具，惠及了数以百万计的患者。

八、学术影响与全球组织：从 AHA 到 FDA 的多面角色

随着在颈动脉疾病与急性缺血性卒中领域贡献的日益凸显，布罗特的学术影响力已超越梅奥诊所。作为 AHA 卒中委员会主席，他在科研项目立项、指南编纂及临床培训方面都发挥了不可或缺的作用；作为 FDA 神经设备专家咨询委员会主席，他参与了针对新型颈动脉支架、机械取栓设备及颅内植入物等的评审与监管。他在相关领域的意见常被视为评估安全性和有效性的重要标尺。

除美国本土机构外，他也活跃于世界卒中组织（World Stroke Organization，WSO）和 NIH 国际合作项目中，经常率领国际专家团队共同制定多中心临床试验协议。他始终强调："只有严格遵守循证医学原则，保持透明与独立，才能让这些跨国协作项目为全球患者真正带来益处。"在他的带动下，卒中研究的国际合作面不断扩大，从欧美主流医学中心到亚洲、非洲、中南美洲的新兴区域，越来越多的医院和研究者加入大规模随机对照试验的行列，共同推动全球卒中诊治技术与理念的进步。

九、荣誉加身：卒中卓越贡献奖与持续的科学旅程

由于在颈动脉狭窄干预、急性缺血性卒中溶栓等研究领域的突出贡献，布罗特先后获得包括 AHA 研究成就奖、梅奥杰出研究者奖在内的多项重量级荣誉。而在他崭露头角的早期阶段，最具标志性的认可之一正是 1997 年荣膺的卒中卓越贡献奖。该奖项主要授予在缺血性卒中防治和临床实践创新方面取得突破的学者，布罗特凭借对 t-PA 溶栓和 CEA 安全性的先锋性研究，成为当年公认的获奖人选。

卒中卓越贡献奖成为他职业生涯持续向前的一块里程碑，随后，更多大型试验与多学科协作项目在他的主导下不断走向成功：CREST 系列奠定了颈动脉血运重建治疗的新标准，机械取栓和静脉溶栓结合的桥接模式在越来越多的国家与地区普及；NIHSS 则成为不可或缺的卒中评估工具。

在科研管理和社会责任层面，他在AHA和FDA等重要组织中反复呼吁"以最严谨的科学理论和最合理的流程来保护患者安全"，推动了无数新药和新器械的评审、上市与使用规范制定。学界对他的评价可谓高度统一："他让多年来的争议终结于扎实的证据，让空洞的口号变成行之有效的临床实践。"

十、面向未来：正在续写的新篇章

如今，布罗特依旧活跃在卒中研究的最前沿。由他领导的CREST-2团队涉及美国、加拿大、澳大利亚等多个国家的143个中心，旨在进一步验证对无症状重度颈动脉狭窄患者实施"最佳内科治疗＋介入（或手术）"的方案能否显著降低远期卒中风险。该试验的结果预计于2026年发布，被认为将成为未来20年颈动脉治疗策略的新基准。

与此同时，他也在不断探索缺血性卒中与出血性卒中的交叉课题，比如出血性卒中在溶栓窗口之外是否有潜在的新型药物干预手段，是否可借助基因组学筛选出出血高风险人群，从而更精准地进行早期预防和干预，以及类似的前沿问题，引领着脑血管病研究的走向。

环顾全球，卒中依旧是致残与致死的主要疾病之一，医疗资源不平衡、急救体系建设薄弱等问题在许多欠发达地区仍十分严重。布罗特多次在国际上呼吁，为了让更多患者受益，必须与时俱进地完善院前急救网络，拓宽移动卒中单元的覆盖面，并结合信息技术和远程医疗，提高基层医务人员对卒中早期识别与干预的能力。

十一、结语：与卒中相伴的终身使命

纵观布罗特近半个世纪的医学旅程，从哈佛医学院的住院医师到梅奥诊所的研究院长、首席教授，再到AHA和FDA的要职，从最初对t-PA溶栓的前瞻研究，到如今在颈动脉血运重建、机械取栓、量表评估等多领域的引领，他一直在卒中防治的最前沿不懈耕耘。

他用坚实的循证医学成果和大规模多中心试验，为全球医学界提供了宝贵的诊疗依据；用科学的理念与周全的管理，推动了多个国家和地区的卒中中心与院前急救体系建设。他所开创的研究路径和制定的临床指南,不仅挽救了无数患者的生命,还显著降低了卒中的致残率,赢得了国际同行发自内心的尊敬。

回顾他荣获卒中卓越贡献奖的时刻,这只是他众多荣耀中的一个闪光点,却也象征了他早期开创性研究的先驱意义。此后数十年,他始终保持初心,用专注与执着、用创新与合作继续推动卒中医学走向"早期诊断、精准治疗、多方联动"的新时代。随着CREST-2和更多研究项目的推进,我们有理由期待,布罗特的科研与临床传奇仍将继续书写——而全球数以百万计的卒中患者,也将在这一传奇里找到生之希望与更高质量的生活。

1998

沃纳·哈克（Werner Hacke）

从德国走向世界，神经重症为卒中治疗开辟新纪元

沃纳·哈克因证实溶栓在缺血性卒中患者中的有效性、主导推动卒中国际合作，于1998年获威廉·M.费恩伯格卒中卓越贡献奖。

Werner Hacke
RvL.

一、起点与多学科背景：医学与心理学的交融

1948年，哈克出生于德国杜伊斯堡。纵观他早年的求学经历，可以看到多学科交融的影子：他不仅攻读了德国亚琛工业大学的医学学位，还在同一时期取得了心理学硕士学位。对于一名立志投身神经病学与重症医学的青年而言，心理学与医学的结合让他在患者沟通、病情评估和科研思路等方面都具备了宽广的视野，这在当时的医学教育体系中并不多见。

这份多学科背景为哈克日后在神经病学领域崭露头角奠定了基础。年轻的他对大脑功能与疾病的复杂性充满了兴趣，既想深入探究病理机制，也想更好地关注患者的心理状态。在学习阶段，他展现出对急性卒中、神经重症领域的天然敏锐度，常常在医院见习时主动跟随重症团队观察危重症患者的监护流程。正是这种从基础理论到临床实践的系统训练，为他日

后的"大范围急性卒中外科干预"等一系列突破性研究奠定了基础。

二、初入临床：从亚琛工业大学到瑞士伯尔尼大学的学术磨炼

完成医学与心理学学位后，哈克开启了正式的临床和科研训练。他先在德国亚琛工业大学的神经内科病房工作过一段时间，并接受了早期的神经病学和神经重症监护培训。在此期间，他接触了大量重症卒中患者，目睹了无数突发大面积脑梗死或严重颅内出血的患者因抢救不及时而深受后遗症折磨的场面。这样的临床经历让他提出疑问：急性卒中虽然来势凶猛，但如果能够在黄金时间内采取干预手段，是否能降低致残率或死亡率？

为进一步提高专业水平，他还在瑞士伯尔尼大学跟随当地知名神经病学专家学习。得益于瑞士伯尔尼大学对医学科研与临床质量的高要求，哈克得以接触到更先进的监护理念与国际合作渠道。两种不同的学术环境让他更加意识到跨国合作的重要性，越早开展多中心试验，越能为卒中患者提供有效治疗。

除了神经病学常规培训，他还对神经放射学展开了系统学习。这不仅使他理解影像学诊断在卒中评估中的关键作用，也为后来推动动脉内溶栓及血管干预等跨学科治疗模式打下了扎实基础。要知道，那个年代卒中介入治疗尚未普及，大多数神经科医生都仅聚焦保守疗法或基础药物治疗。而哈克的多重专科背景，为他推动溶栓和外科减压术奠定了足以说服同行的学术基础。

三、海德堡大学的青年教授：重症监护与溶栓治疗的先驱

1987年，对于哈克而言，是一个重要的时间节点。这一年，他以不到40岁的年龄获得德国海德堡大学神经科教授及主任职位，成为当时德国神经学领域最年轻的教授之一。海德堡大学历史悠久，医学实力雄厚，为他开展更多大规模临床研究提供了理想的平台。他接手的科室拥有60张床位，其中30张为重症或半重症床位，并配备了20张卒中监护床位，这在当时世界范围内都是少见的。

凭借对重症监护的深入实践，他迅速在科室中推行多模态监测与个体化诊疗的新理念，从生命体征监测、血压管理到神经功能评分都实现了更高程度的规范化。对于严重卒中或恶性脑水肿患者，时间与监测精度至关重要，多一步检测，患者就可能多一分生还机会。

更值得一提的是他在溶栓治疗领域的早期探索。20世纪70年代末，他就参与过德国首例动脉内溶栓治疗，并担任重症监护医生。此后，他持续思考如何在更广泛的人群中推广溶栓技术。随着研究团队的扩大，他逐渐将研究焦点从小规模个案过渡到大规模临床试验，并提出一系列针对溶栓安全性和时间窗的关键问题，如最佳用药时间、患者选择标准、出血风险管理等。可以说，哈克的这些探索为后来的ECASS（European Cooperative Acute Stroke Study）系列打下了重要基础，也让海德堡大学在欧洲卒中医学界的地位日益显赫。

四、国际视野的扩展：从美国到欧洲卒中组织的建立

虽然哈克多年来主要在德国开展临床与科研工作，但他的足迹早已遍布多个国家。还在青年阶段，他就曾赴美国加州拉霍亚的斯克里普斯研究所（Scripps Clinic and Research Foundation）开展神经病学研究。这一经历让他接触到了美国在医药临床试验设计、监管审核及跨学科协作方面的先进经验，更结识了不少美国卒中专家。与国外同行的学术互动让他意识到：卒中的急救和预防，绝非某一国家或某一机构能单独解决，必须依赖广泛的国际合作和多中心大数据支持。

回到德国后，他在国内学术团体中积极推动国际化改革，并成为欧洲卒中组织（European Stroke Organization，ESO）的创始主席。ESO的诞生，旨在整合欧洲各国在卒中诊疗与研究领域的资源和经验，推动更统一和高质量的卒中临床试验与指南制定。同时，他也深度参与了世界卒中组织（WSO）的相关事务，并担任主席。任职期间，他推动循环健康联盟在纽约市哈佛俱乐部发起了"推动循环健康的可持续行动"。正是在这些国际舞台上，他把欧洲的研究成果推向世界，也将北美乃至全球最新动向带回德国，使海德堡大学成为欧洲卒中研究网络的核心节点。

△ 循环健康白皮书发布现场合影。从左至右：欧盟卫生专员维特尼斯·安德里凯蒂斯（Vytenis Andriukaitis），世界卫生组织主席大卫·伍德（David Wood），牙买加卫生部长克里斯托弗·塔夫顿（Christopher Tufton），世界卒中组织主席沃纳·哈克（Werner Hacke）

五、里程碑研究与重大学术贡献：溶栓、外科干预与预防并重

在从事神经重症工作的漫长岁月里，哈克始终以临床需求为出发点，牵头或深度参与了多项在国际上极具影响力的卒中研究。无论是延长溶栓时间窗、验证外科减压术的可行性，还是评估颈动脉干预与药物预防的效果，他都带领团队一步步将医学假设转化为扎实的临床证据，逐渐改变了全球卒中诊疗模式。以下几项研究正是他科研历程中的鲜明印记。

最先在欧洲引发广泛关注的是ECASS。哈克所在的团队与多国专家合作，通过对阿替普酶在急性缺血性卒中中的应用展开研究，试图摸清溶栓药物在不同时间窗内的安全性和有效性。尤其在ECASS Ⅲ项目中，研究人员纳入了数百名在发病3～4.5小时才抵达医院的患者，结果显示仍有显著比例的患者能够从溶栓中获益。此后，国际医学界纷纷将溶栓时间窗从3小时延长至4.5小时，让更多错过"最初3小时"的患者依然有机会得到干预。

在预防领域，他也曾参与CHARISMA（Clopidogrel for High Athero-thrombotic Risk and Ischemic Stabilization, Management and Avoidance）研究，以明确抗血小板药物联合使用在高危人群中的作用。研究对象包括既往有卒中或其他动脉硬化疾病的患者，观察联合治疗与单药治疗的风险和收益。结果虽未显示联合治疗在长期预防方面全面胜过单药治疗，但仍在某些亚组中显现出潜在优势。研究团队最终认为，在慢性预防环境下需更加谨慎地评估患者个体情况，再决定是否采用"双联"方案。这个发现引导临床医师更灵活地选择抗血小板策略，也为世界各地的卒中指南提供了更细致的用药建议。

至于严重卒中引起的大面积脑梗死，哈克在DESTINY（Decompressive Surgery for the Treatment of Malignant Infarction of the Middle Cerebral Artery）试验中见证了外科干预的潜力。面对那些因大脑中动脉闭塞而出现脑水肿、生命体征迅速恶化的患者，研究者们尝试进行半颅骨切除术来缓解颅内压。当初，医学界对于如此激进的手术方案仍有顾虑，可DESTINY试验的多轮对照数据提示，经过严格筛选的患者能通过减压显著降低死亡率。即便部分生存患者日后需要较多照护，但他们起码摆脱了脑疝带来的即刻威胁。这样一组研究结果迅速引发各国外科和神经重症团队的热烈讨论，最终也促使多个版本的国际指南将半颅骨切除术纳入了恶性脑梗死的救治流程。

与此同时，关于颈动脉狭窄的处理方式，也在SPACE系列试验的进展中逐步明朗。哈克的团队与多家医院共同招募了大批颈动脉高度狭窄患者，将颈动脉内膜切除术（CEA）与颈动脉支架（CAS）植入术进行对比。早期数据虽未否定支架的可行性，但明确提示其替代手术的疗效仍需更大规模的研究来证实。在此背景下，不少临床一线的医生开始更灵活地使用CAS植入术或CEA方案，并且对不同患者的血管情况与风险因素进行综合考量。这个曾经备受争议的话题，如今在个体化治疗时代取得了更平衡的共识。

纵观哈克参与的这些研究，可以看到他始终围绕"急救"与"预防"两大支点，将静脉或动脉内溶栓、外科减压术和颈动脉干预等多种治疗手段融为一体。在这个过程中，他尊重每一项新技术的潜力，也谨慎审视其中的风险，努力通过大规模多中心试验让更多患者受益。通过系统梳理这些成果的发展脉络，既能体会到哈克当年的探索勇气，也能感受到他对循证医学的执着——一切观点和结论只有建立在真实的临床数据基础上，才能无惧时间的考验。

六、荣誉与影响：从威廉·M.费恩伯格卒中卓越贡献奖到全球卒中权威

正因为在神经重症领域的划时代贡献，哈克于1998年成为首位获得美国心脏协会与美国卒中协会颁发的威廉·M.费恩伯格卒中卓越贡献奖的非美籍学者。这一荣誉象征了国际神经病学界对其早期创新性研究成果的最高肯定，也在欧美乃至全球医学领域引起了轰动。此外，他还拥有包括德国内科重症医学会主席、德国神经学会主席、ESO及WSO前任主席等在内的荣誉头衔。

除了学会任职，他也在多家国际知名医学期刊担任主编或编委，如德文期刊《神经科医生》（*Der Nervenarzt*）、英文期刊《神经病学研究与实践》（*Neurological Research and Practice*）等，他还是多部神经学专著和德文权威教材《神经病学》（*Neurologie*）的主要编撰者。哈克在国际数据库中累计发表500多篇学术论文，引用量与H指数在全球神经病学领域均名列前茅。海德堡大学在他任神经科主任的27年里，也一跃成为欧洲脑血管病研究的中坚力量，每年收治大量疑难卒中病例，吸引了大批优秀青年学者前往进修学习。

七、承前启后：神经重症与神经保护药物的未来展望

2014年，哈克卸任海德堡大学的临床主任职务后，继续以高级教授身份投身学术研究与人才培养。急性溶栓与外科干预已经拯救了无数生命，但从恢复神经功能、提高生活质量来看，仍有漫长的路要走。基于此，他将更多的精力投入到神经保护药物及脑组织修复等前沿研究中，尤其关注基于外泌体的神经再生疗法研究。

他带领的跨国研究团队正在探索，通过外泌体携带特定蛋白或RNA是否能促进受损脑组织的修复、减少神经细胞凋亡。虽然距离临床广泛应

用尚远，但哈克相信，结合现代分子生物学与医学工程技术，未来或将出现一批能在急性期乃至亚急性期"救脑"并"修复脑"的崭新手段。

与此同时，他仍为国际神经病学界培育大量后备人才。他指导的博士生及访问学者分布在全球数十个国家，不少人已成为当地神经科或卒中中心的骨干。他鼓励学生从多角度审视临床难题，不断发现新的可能性。

八、推动卒中医学从"不治之症"迈向可干预的里程碑

哈克的医学旅程，几乎浓缩了现代卒中医学从"束手无策"到"积极干预"的历史进程。从最初在亚琛工业大学神经重症监护病房的执着思考，到海德堡大学大规模推动溶栓试验和外科减压术的成功实践，再到后期参与全球多中心研究和国际组织的领导，他所倡导的"精细监护＋循证研究＋国际合作"理念，使无数脑卒中患者赢得第二次生命的机会。

1998年的威廉·M.费恩伯格卒中卓越贡献奖的授予，标志着哈克在早期动脉内溶栓、神经重症管理及卒中外科干预等方面的卓越成就得到了世界范围的高度认可。正如英国卒中专家桑德科克所评价的那样："他不仅是科学家，更是变革者。他让卒中从'不治之症'变为可紧急干预的疾病。"诚然，在当今医学环境中，溶栓和减压术远非终点，神经功能修复依然是重大挑战。但哈克的跨学科背景与坚实的临床积累，正持续赋能新一代卒中及神经重症研究。正如他自己所言："医学的进步始于对现状的质疑。"凭借这种质疑与执着精神，他为全球卒中诊疗体系的革新提供了持续推动力。

1999

詹姆斯·C. 格罗塔（James C. Grotta）

让移动卒中单元梦想成真

詹姆斯·C. 格罗塔因提出移动卒中单元概念、推动 FDA 批准 t-PA 应用于缺血性卒中于 1999 年获威廉·M. 费恩伯格卒中卓越贡献奖。

James C. Grotta
RW.

一、启蒙与奠基：早年经历与学术萌芽

在美国当代卒中医学领域，格罗塔已成为公认的"时间就是大脑"理念主要倡导者与实践者之一。然而，在成为得克萨斯大学健康科学中心（UTHealth）神经内科的领军人物，并开创"移动卒中单元"（mobile stroke unit，MSU）之前，他的职业生涯并非一帆风顺。与许多一毕业便进入大医院或科研机构的医生相比，格罗塔最初的工作岗位更贴近基层与真实的公共卫生体系，也正是在这个时期，他敏锐地捕捉到急性卒中患者在"黄金时间窗"内接受治疗的重要性。

格罗塔自幼对生物学与人体科学充满好奇，他在大学阶段毅然选择投身医学研究。求学过程中，他对神经系统尤其是与脑血管相关疾病表现出浓厚兴趣。正是这份从学生时代就已萌芽的使命感，为他后来在卒中救治领域的突破埋下了伏笔。

毕业后，他在美国公共卫生署下属机构工作，主要负责偏远地区公共卫生服务，协助当地医务工作者诊治内科疾病。对他而言，这段"人少事多、条件有限"的经历不只是个人能力的锻炼，更让他切身体会到毕业后医学理想与实际资源匮乏之间的冲突。也正因此，他后来在构建卒中救治网络与推动院前医疗创新时，总能快速地联想到偏远与基层地区的难题，为此形成了他始终坚持的一个理念——医疗创新必须让更多患者"用得上、用得起"，而不应仅局限于大型中心或发达地区。

二、基层历练：社区卫生服务的多重挑战

如果说大学与医学院的阶段还相对"安全"，那么在公共卫生服务部与印第安卫生服务机构工作的那两年，则让格罗塔真正地理解了医疗救助中"时间与距离"的双重阻碍。在这些偏远地区，信息的传递效率远落后于城市，患者往往在耽误了宝贵的救治时机后才匆匆赶到简陋的诊所。卒中作为一种高致残率、高致死率的疾病，一旦错过最佳治疗时间，后果几乎不可逆转。

一次次延误诊治的痛心经历，使格罗塔越发坚定：要破解卒中救治中的"延误"难题，就必须在医疗制度和技术手段上双管齐下。一方面，需要建立高效的分级诊疗与快速转运体系；另一方面，必须研究如何将诊断与治疗的"门槛"不断降低，让更多基层医疗单位具备基础的溶栓筛选和判断能力。这些想法在当时或许还显得颇为超前，但正是这份"把急救服务送到患者身边"的愿景，为他后来的MSU模式打下了思想基础。

三、在UTHealth崭露头角：NINDS t-PA卒中研究的里程碑

1979年，机会终于到来。格罗塔加入UTHealth神经内科，迈出了从基层医生向研究型临床专家转型的关键一步。UTHealth兼具顶尖的科研条件与临床实践环境，也为他提供了更大的舞台去验证自己在溶栓及卒中救治方面的诸多设想。

这一阶段，他迅速展现出惊人的学术潜质与领导力。在UTHealth，他召集了一个多学科交叉的科研团队，其中包括神经放射学、血管外科学及重症医学等领域的专家，并在医院管理层的支持下积极推进急性卒中溶栓的早期试验。最广为人知的成果便是与美国国家神经疾病与卒中研究所

（NINDS）及其他顶尖中心合作完成的t-PA卒中研究。

当时，溶栓治疗在心肌梗死中已被部分应用，但对卒中而言依旧存在巨大争议。许多医生担心静脉溶栓会增加颅内出血风险，也不清楚最佳用药时机。格罗塔及其团队承担了此项攻坚研究的核心任务：如何建立标准化的CT排查流程，确定溶栓用药时机和剂量，并评估用药后出血率。最终，NINDS t-PA卒中研究结果于1995年在《新英格兰医学杂志》（*NEJM*）上发表，证实了发病3小时内使用t-PA可显著提高患者的功能独立率、降低致残率，而在可控的医疗流程中并未导致过高的出血风险。一时间，医学界对脑卒中溶栓的认识被彻底改写，1996年FDA正式批准t-PA在急性缺血性卒中治疗中的应用，也由此跨出了历史性的一步。

对于格罗塔而言，这场研究并不只是一份耀眼的成果，更让他意识到："时间窗"在脑卒中救治中扮演着决定性角色。然而，如何在真实临床环境中确保大批患者能"赶上3小时甚至4.5小时"的时限，依旧是一个难题。他开始将精力投向急救体系设计、院前与院内的无缝衔接、移动医疗技术等更具实践性的领域，为后续的一系列革新埋下伏笔。

四、学术领导与人才培养：从临床到制度创新

有了NINDS t-PA卒中研究的奠基，UTHealth很快成为全美乃至全球卒中研究的中心之一。格罗塔也于2006年被任命为UTHealth神经内科主任，肩负起管理与人才培养的双重责任。在此之前，他已经为学院建立了良好的多中心协作氛围，鼓励内科、急诊科、神经影像科、康复科等开展跨学科研究与教学活动。上任后，他在人才培养方面投入了大量精力。

为了让更多年轻医生既能掌握前沿的科研方法，又能在急诊室和病房独当一面，他推动设立了由NIH持续资助的卒中研究培训项目。入选的住院医师与研究生不仅要参与临床轮转，还需承担一定的科研课题，形成"临床与科研齐头并进"的培养模式。格罗塔相信，只有当医生在一线深刻体验到患者的危急状况，他们才能在实验室提出更有针对性的问题并寻求解决方案。

为了让更多地区，甚至是国际同行了解最新的卒中诊疗理念，他定期组织线上线下的学术沙龙和研讨会。他因目睹过不少偏远地区医疗资源短缺的困难，特别注重将这些培训课程以免费或极低收费的方式向基层医务

工作者开放。

在UTHealth形成了浓厚的"以患者需求为导向"的氛围后，格罗塔开始尝试推动地方医疗体系的变革，包括与当地政府、紧急医疗服务管理部门的合作，商讨如何优化卒中患者的院前转运路径，如何在救护车配备基础CT或远程评估功能等。他无数次在会上发言时强调："研究再成功，如果不能实现临床转化，终将失去意义。"

在他的带领下，UTHealth神经内科先后承担了多项国家级研究课题，从急性溶栓到机械取栓、从卒中后康复到二级预防，为越来越多的患者带去福音。值得一提的是，他本人也多次荣获得克萨斯大学医疗体系的"年度杰出贡献奖"，并被视为重塑UTHealth神经科声誉的"奠基者"之一。

五、转战赫尔曼纪念医院："移动卒中单元"新纪元的诞生

2013年，带着对院前急救模式进一步改革的强烈愿望，格罗塔选择卸任UTHealth神经内科主任，并赴赫尔曼纪念医院（Memorial Hermann Hospital）担任卒中研究主任。在不少人看来，这是他事业发展的又一次重大转折，却也开启了他人生中最具创新意义的阶段——MSU项目。

一直以来，"时间延误"被视作卒中治疗面临的难题。即使医院具备24小时CT和溶栓团队，传统的院内流程仍可能因转运或排队检查而延误关键时间。格罗塔在总结既往成功经验的基础上，大胆提出一个想法："能否让溶栓决策发生在患者家门口？"于是，他带领团队对传统救护车进行大幅度改装：在车内安装便携式CT扫描仪和相关监护设备，并配备熟练掌握神经疾病诊断和卒中用药流程的专业医护人员。如此一来，一旦患者倒地，MSU就可第一时间赶到现场，进行影像学评估、排除脑出血，并在远程会诊平台的指导下迅速实施溶栓或启动其他紧急救治措施。

这一看似带有科幻色彩的构思很快在赫尔曼纪念医院落地，并率先在休斯敦地区投入试点使用。团队以BEST-MSU多中心试验为依托，进行了严谨的临床数据搜集与统计分析。结果显示，与传统救护车送到医院后才进行CT扫描和诊断相比，MSU模式能将平均溶栓启动时间从约105分钟缩短到50分钟，显著提升了发病3小时内接受t-PA治疗的患者比例。更为惊喜的是，这种抢救提速为患者赢得了更宝贵的脑细胞"存活时间"，从而

在90天和180天的功能预后上均出现明显改善，致残率和再发率显著降低。

MSU项目的成功瞬间登上各大医学期刊及媒体头条，并逐渐推广到美国其他大城市和地区，甚至推广到欧洲和亚洲的多个国家。对于格罗塔来说，MSU不仅是一次技术创新，更是一种"医疗理念的升级"：急诊室正在被重新定义，它不再是医院的一张床或一间诊室，而是一种可被移动、可被复制的分级救治单元，让优质医疗资源去主动"追赶"患者的需求。

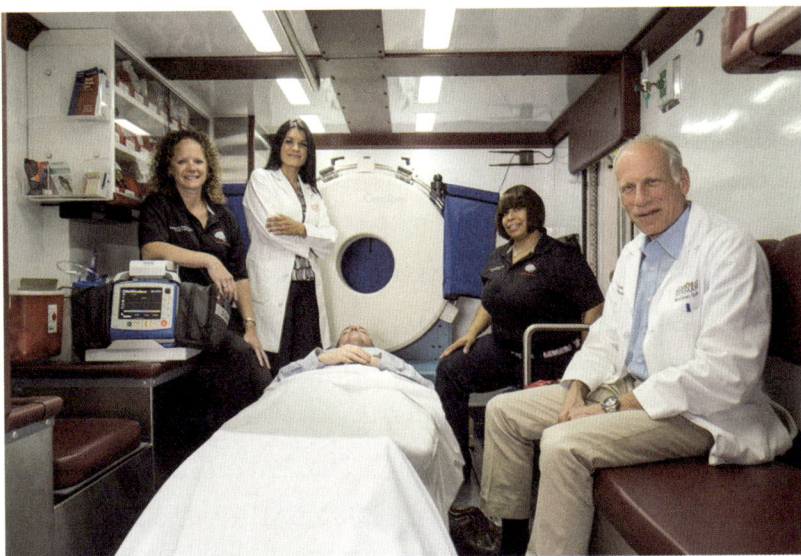

△ 詹姆斯·C.格罗塔教授及其团队在MSU出诊

六、前瞻探索：AI与远程医疗在卒中防治中的融合

除了MSU，格罗塔还对人工智能（artificial intelligence，AI）和远程医疗保持着极高的关注。他曾在多个国际神经病学会议上指出，新一代AI算法有潜力提升卒中诊断的速度与准确性，比如通过自动识别CT或MR图像中的缺血半暗带、检测微小斑块或侧支循环状态，帮助医生快速判定是否适合溶栓或取栓。

在他看来，"AI + 远程医疗"并非附加选项，而是可能彻底改变基层卒中急救格局的关键技术。正如他早年在偏远社区的深刻体会：医疗资源最缺乏的地区往往最需要快速决策的支援。借助高速网络与云端影像处理，偏远地区的医院或卫生所可将患者脑影像实时传输至大城市的神经专家团队，AI算法在几秒内完成初步筛查，专家再根据结果进行会诊并给出治疗建议。格罗塔相信，这类技术在未来10年将迎来爆发式发展，从而进一步解决地域限制带来的救治难题。目前，他在积极推动赫尔曼纪念医院与各大科技公司合作，不断优化在院前及院内应用AI辅助诊断的路径，进一步提升医疗效率。

七、学术成就与国际荣誉：从"年度医师"到导师奖

在科研产出方面，格罗塔可谓硕果累累。他主编的《卒中：病理生理学、诊断和治疗》（*Stroke*：*Pathophysiology*，*Diagnosis*，*and Management*）自问世以来被誉为"卒中医学圣经"，对全球众多临床医生、研究者及医学生产生了深远影响。与此同时，他的论文与研究报告有500多篇，涵盖溶栓治疗、机械取栓、MSU实践、AI辅助诊断等多个前沿方向，多次刊载于*NEJM*、《美国医学会杂志》（*JAMA*）等顶尖期刊。其开创性的研究思路与实践成果，为行业标准的制定及临床指南的更新提供了宝贵证据。

在国际毕业生医学教育组织的讲座中，多位专家评价他为"一位能把研究成果转化到真实世界的最佳导师"。除此之外，格罗塔还数次获得重量级学术与教育奖项：1999年美国心脏协会（AHA）的威廉·M.费恩伯格卒中卓越贡献奖；2006年AHA的"年度医师"荣誉，以表彰他对卒中医学的杰出贡献；2010年尤金·布劳恩瓦尔德（Eugene Braunwald）学术导师奖，肯定他在培育后备人才、推动科研多学科协作方面的非凡成就。

这些荣誉的背后，凸显的不仅仅是他个人的学术地位，更体现出他在卒中治疗领域身兼数职：既是一位精准高效的临床专家，又是一位勤勉多产的科学家，还是一位注重传承和教育的"领路人"。

八、面向未来：持续创新与社会影响

对格罗塔而言，医学从来都不是"坐在实验室里敲论文"的纯学术工作，而是一场与时间竞速、与死亡抗衡的实践过程。他之所以成功，不仅因为敏锐地捕捉到溶栓、取栓的突破口，更源于他能将这些研究转化成行之有效的临床操作与制度设计。

如今，MSU模式已经在世界范围内获得验证，多个国家引进或改良了该模式，让更多急性卒中患者在院前就能得到初步确诊并启动溶栓治疗。而AI辅助诊断也日渐走向成熟，为基层医院提供远程专家指导的梦想正逐步成真。可以预见，在格罗塔及无数后继者的共同努力下，卒中急救"跑赢时间"的愿景将不再只是口号，而会真正渗透到各级医疗单位的日常运转中。

在谈及个人规划时，格罗塔常强调，自己并未停止对新技术与新趋势的追踪。他既保持对前沿科技的热情，也时刻提醒同行要注意安全性和伦理合规。"技术是工具，最终要服务于患者，如果不能真正提高救治效率、减少患者痛苦，再先进的设备也没有意义。"在这一点上，他的态度与他早年在基层奔波时的理念一脉相承，即医学创新永远要考虑可及性与实用性。

九、致力于跑赢时间的人生

回顾格罗塔的职业与学术轨迹，不难发现，"跑赢时间"是他最重要的信念与目标。从公共卫生基层的一线医者到UTHealth神经内科主任、再到赫尔曼纪念医院开启MSU的先河，他在不同的岗位上始终聚焦一件事：如何最大限度地缩短救治延误时间，让急性卒中患者在最宝贵的时间窗得到合理诊断与干预。

他开创并推动的NINDS t-PA卒中研究，是现代溶栓治疗落地临床的转折点；他带来的MSU模式，则让"把急救车开到患者面前"真正变为现实；他在远程医疗与AI方面的探索，为全球卒中抢救网络的进一步优化奠定了基础。无论哪一项成就，都足以改写无数患者的命运，而他却在几十年如一日的不断进取中，从科研到制度、从医院到社会，构筑起一座座让卒中患者得以重生的"桥梁"。

在格罗塔看来，医学是永无止境的事业，需要接力与传承。他在新生代医生身上倾注了大量心血，让他们既保持对科研的严谨态度，又始终不忘临床的温度与紧迫感。可以说，格罗塔用毕生的努力诠释了什么是对医学最炽热的爱和对患者最执着的守护。他的旅程仍在继续，时代也将不断涌现新的技术与挑战。可以确信的是，在这场与时间的赛跑里，只要有更多像格罗塔一样的创新者与坚守者，急性卒中的救治效率就能持续提升，让每一个患者都能得到更快、更精准的救治，并获得更多的生存机会。

2000

安东尼·J. 弗兰（Anthony J. Furlan）

破茧与革新——血管内治疗的精准突围

安东尼·J. 弗兰因探索缺血性卒中动脉内溶栓治疗、研究心脑共患疾病，于2000年获威廉·M. 费恩伯格卒中卓越贡献奖。

Anthony J. Furlan
RW.

一、启蒙与起步：早年求学之路

弗兰的医学之路始于他对神经科学的浓厚兴趣与对患者人文关怀精神的早期觉悟。他在芝加哥洛约拉大学（Loyola University）攻读理学学士学位时，便展现出对大脑结构与神经功能的强烈好奇。在本科阶段，他频繁出入图书馆研读文献，参与牵头多项课题讨论，每一堂与神经或生物学相关的课都能让他兴奋不已。由于当时洛约拉大学在医学教育领域享有盛名，他很快就了解到神经内科在临床医学与科研前沿的重要地位，从而萌生了投身脑血管病预防和治疗事业的想法。

在进入洛约拉大学医学院攻读医学博士学位时，弗兰的专业兴趣日益聚焦于脑血管病、神经退行性疾病与心脑相互关联的复杂机制。弗兰的导师很快注意到，除了课堂成绩优异，他还经常到临床科室观摩问诊流程，为病房里焦虑不安的卒中患者带去言语安慰。这一举动在当时并不常见，但他深信，即便是一句真诚的问候，也可能成为患者心理支柱的一部分。可以说，他在学生时代就打下了扎实而广博的医学理论基础，也展露出了领导脑血管病研究和临床实践的潜力。

二、住院医师培训：在克利夫兰诊所的实践磨砺

从医学院毕业后，弗兰迎来了职业生涯转折点——前往克利夫兰诊所（Cleveland Clinic）接受内科实习和神经内科住院医师培训。克利夫兰诊所以其高质量的临床与科研并重的作风而享誉全球，这里拥有先进的医疗设备、浓厚的学术氛围及多学科协作机制，正是年轻医生施展才华、汲取经验的绝佳舞台。

在繁忙的急诊和住院病房工作期间，弗兰第一次深刻感受到卒中救治的紧迫感：当患者出现突然偏瘫、语言障碍或意识模糊等症状时，医护人员往往需要在极短的时间内判断是否能采用溶栓治疗并快速实施。这种"与时间赛跑"的紧张氛围给他留下了难以磨灭的印象。正因如此，他开始将更多的精力投向脑血管病的临床决策流程研究，试图探寻如何在最短的时间内识别可溶栓患者、如何减少并发症和误诊的发生。克利夫兰诊所对急性卒中患者的救治策略、严格的质控管理，为他后续学术研究奠定了不可或缺的临床实践基础。

三、在梅奥诊所的深造：专注于卒中机制的深入探索

完成住院医师培训后，弗兰又前往梅奥诊所进行脑血管病专科训练。梅奥诊所历来以高水准的临床研究与多学科协作模式而著称，在卒中与其他神经系统疾病的诊断和治疗领域也有深厚的积淀。

在梅奥诊所的日子里，弗兰沉浸在紧凑的科研氛围中，围绕卒中的分子与病理机制展开了更具前沿性的探索。他与来自血管外科、心内科、影像科等的学者合作，通过实验研究与临床试验并行的方式，积累了大量卒中病例与影像学数据。正是在这一阶段，他开始明确聚焦于急性缺血性卒中的再通治疗，尤其是静脉溶栓的安全性与有效性。此后，他更关注如何利用影像学参数筛选合适的患者，为个体化治疗打下坚实的理论基础。

在梅奥诊所的经历也让他接触到高水平多中心临床试验的设计与实施。一系列随机对照试验的严谨性和循证特质，让他深刻认识到，医学进步必须建立在科学证据之上。毕业后，他回到克利夫兰地区，带着对脑血管病学科建设与科研转化的热忱，开始在多个知名医疗机构任职，为推进卒中医学进一步发展贡献力量。

四、迈向领军地位：获得2000年威廉·M.费恩伯格卒中卓越贡献奖

在20世纪末至21世纪初的全球卒中医学舞台上，弗兰已逐渐崭露头角。1996年，美国食品药品监督管理局（FDA）批准阿替普酶（alteplase）用于急性缺血性卒中（acute ischemic stroke，AIS）发病3小时内的静脉溶栓治疗，燃起了行业对挽救卒中患者功能预后的新希望。然而，随后有多项大型试验尝试延长静脉溶栓时间窗至6小时，却并未取得理想结果。一时间，对扩展静脉溶栓适用范围的可行性与安全性，学界争议不断。

在此背景下，弗兰并没有因早期研究的阴性结果而裹足不前。他敏锐地意识到，问题或许并非溶栓本身无效，而在于如何更加精细、准确地找到真正能从此疗法获益的患者群体。同样让学界印象深刻的是他对心脑共患疾病研究的深入关注：心脏疾病（尤其是房颤与缺血性心肌病变）与脑血管事件之间的关系错综复杂，而这正是预防和治疗策略提升的关键。

也正是基于在动脉溶栓治疗和心脑共患疾病方面的杰出贡献，弗兰于2000年获得了美国心脏协会（AHA）与美国卒中协会颁发的威廉·M.费恩伯格卒中卓越贡献奖。此奖项旨在表彰在缺血性卒中、脑血管病相关诊治上做出重大贡献的临床医生和研究者。对弗兰而言，这是学界对其早期创新研究成果的权威认可，也彰显了他的国际影响力。

五、PROACT试验与动脉内溶栓的开创：奠定精准治疗理念基石

如果说早期对溶栓治疗个体化的思考只是一个火花，那么PROACT

（Prolyse in Acute Cerebral Thromboembolism）Ⅰ和PROACT Ⅱ试验则让这把火真正燃烧起来。1996年，弗兰带领团队基于PROACT Ⅰ试验数据，进一步发起了规模更大、设计更严谨的多中心随机对照试验——PROACT Ⅱ试验。他们聚焦于大脑中动脉（MCA）闭塞的中重度卒中患者，在发病6小时内直接给予动脉内重组人尿激酶原治疗，并与对照组的常规抗凝策略进行对比。

1999年，PROACT Ⅱ试验结果在《美国医学会杂志》（*JAMA*）上发表：在符合特定病灶条件的AIS患者中，动脉内溶栓能显著提高血管再通率并改善90天的功能预后。这一发现向世界证明，治疗窗口并非绝对的3小时或6小时，核心在于如何利用更精准的影像学及评估指标遴选适合血管再通治疗的人群。由此，卒中的个体化治疗概念越发深入人心，为日后机械取栓与高级影像学筛选的兴起奠定了基础。弗兰也因此被誉为推动"血管内治疗元年"到来的重要先驱之一。

六、机械取栓时代的崛起：多中心大规模试验与行业共识

随着支架取栓装置和高级影像学技术的迭代升级，卒中血管内治疗进入了快速发展阶段。尽管在2013年前后仍有一些试验未能证明机械取栓治疗能使AIS患者显著获益，但这些负面结果并没有阻挡学界的进一步探索。弗兰长期以来的坚持和预见在此时越发凸显——他认为那些试验之所以无果，多与设备和技术水平、患者选择标准和急诊流程不够优化等因素相关，并不是取栓疗法本身失效。

终于，在2015年，MR CLEAN、EXTEND-IA、ESCAPE、SWIFT PRIME、REVASCAT五大随机对照试验的成功结果轰动了神经病学领域。研究数据表明，在6小时内接受机械取栓，可使相当比例的患者在90天时达到功能独立，且出血风险并未显著增加。正如弗兰所强调的那样，"时间仍然关键，但并不能决定一切；完善的卒中影像学评估和对适宜患者的准确识别才是成功的前提"。

此后，欧洲国家和美国的多家医疗机构迅速调整卒中救治流程，建立并完善了从社区医院到综合卒中中心的分级转运网络。在这一浪潮中，弗兰继续发挥了领军作用，倡导将现代影像学［如CT灌注成像、磁共振

灌注－弥散加权成像（MRI PWI-DWI）模式］纳入决策路径，为那些错过传统时间窗但仍有可救缺血半暗带的患者带来曙光。随着DEFUSE 3（Endovascular Therapy Following Imaging Evaluation for Ischemic Stroke 3）、DAWN（Clinical Mismatch in the Triage of Wake Up and Late Presenting Strokes Undergoing Neurointervention with Trevo）等研究的进一步证实，卒中治疗的时间窗已拓展到24小时，机械取栓真正成为塑造未来卒中救治体系的基石。

七、围绕隐源性卒中的争议与坚持：卵圆孔未闭封堵的探索

在急性期治疗取得突破的同时，弗兰对卒中预防也始终保持高度关注，其中一大焦点即是隐源性卒中患者的二级预防策略。在这一人群中，卵圆孔未闭（patent foramen ovale，PFO）的检出率明显偏高，有学者提出PFO可能是导致"反常栓塞"的主要通道。若能封堵未闭合的卵圆孔，是否就能显著降低脑卒中的复发率？当时这一问题在临床争议极大。

弗兰带领团队开展了一项关键随机对照试验，将合并PFO的隐源性卒中或短暂性脑缺血发作（transient ischemic attack，TIA）患者随机分配至介入封堵组和单纯药物治疗组，以评估介入封堵是否优于单纯抗栓或抗凝治疗。然而，试验结果并没有像有些人期待的那样呈现明显获益，封堵并未显著降低复发率。这一结果一度引发了广泛争辩，许多专家在《新英格兰医学杂志》（NEJM）等期刊上发表述评，对研究设计和结果展开不同视角的解读。

弗兰始终以严谨的科学态度面对质疑，他反复强调，研究的意义不在于证明"PFO封堵无用"，而是提示医学界必须更加精细地甄别哪些患者真正存在"反常栓塞"路径，以及在何种情况下封堵手术的获益才足以抵消手术风险。正是这一求真的信念，使他不断推动隐源性卒中病因学的精细研究，引导学界从"单一因素论"转向更广阔的多学科综合视角。

八、国际学术影响与荣誉：兼顾教育与人才培养

除了在临床与科研领域的杰出表现，弗兰在学术组织与人才培养

方面也发挥了不容忽视的影响力。他先在克利夫兰大学医院医疗中心（University Hospitals Cleveland Medical Center）担任神经病学主席，后在美国凯斯西储大学医学院（Case Western Reserve University School of Medicine）出任教授，为脑血管病学科搭建高水平的临床与科研平台。

他深度参与了美国国立卫生研究院急性卒中医院护理特别工作组的政策制定和方案推广，为急性期卒中照护标准的统一提供了重要的循证依据。同时，他还是美国卒中协会（ASA）和大脑卒中联合会（Brain Attack Coalition）的创始成员之一，多次参与卒中临床指南的编制。作为国际级专家，他在世界各地的学术论坛上做主旨报告或专题演讲，将卒中最新研究成果与临床应用前景带给更多同行。

弗兰在NEJM、JAMA、《柳叶刀》、《卒中》、《神经病学》等期刊上发表了150多篇高质量论文。他的研究不仅注重前沿思维，更致力于成果在临床的转化，为全球脑血管病诊疗标准的更新贡献了至关重要的力量。作为一位富有感染力的教育者，他积极指导年轻医生和科研人员，强调临床与科研兼顾的重要性，鼓励后辈在追求学术卓越的同时，不要忘记对患者的人文关怀。

九、展望与结语：持续书写卒中救治的传奇

从20世纪90年代的静脉溶栓试验，到21世纪机械取栓的普及，再到超时间窗精准评估和对隐源性卒中的深入研究，弗兰始终走在卒中医学的前沿。他一次又一次用里程碑式的研究，为全球卒中治疗提供了关键决策依据，带动了无数临床实践的革新。回顾他所取得的成就，无不体现出他对"时间就是大脑"这一理念的执着追求。他常说："当脑卒中发生时，我们要做的不是等待奇迹，而是去创造奇迹。"

在未来，卒中预防和治疗的新问题仍将层出不穷。随着个体化医疗和人工智能技术的迅猛发展，如何利用更先进的影像学、基因组学、神经调控技术来进一步细分患者群体、优化治疗流程，是弗兰及全球卒中学界共同面临的挑战。可以预见，他必将继续走在前端，为更多患者争取宝贵的康复机会。

"医学永远不是封闭的知识体系，而是一场不断前行的长跑。每一次

失败的试验都意味着对真理更深一层的探寻，每一个意想不到的发现都可能为临床救治带来新突破。"他的学术生涯正是对此箴言的最佳注解。今日的弗兰既是世界卒中研究的领路人，也是年轻一代医学人才心目中的榜样，他以坚韧不拔、执着、专业与爱心，连续不断地书写着当代卒中救治的新篇章。

2001

J. 唐纳德·伊斯顿（J. Donald Easton）

神经科学界斗士的卒中防治革命

J. 唐纳德·伊斯顿长期致力于卒中的临床研究与防治工作，在卒中预防、抗血小板治疗和短暂性脑缺血发作管理等领域做出了开创性贡献，改写了全球卒中诊疗指南，于2001年获得威廉·M. 费恩伯格卒中卓越贡献奖。

J. Donald Easton
RW.

20世纪40年代的加拿大萨斯喀彻温省萨斯卡通市，冬季总是格外漫长。在这片被皑皑白雪覆盖的土地上，一个名叫伊斯顿的男孩正在茁壮成长。萨斯卡通市严寒的环境，培养了伊斯顿坚韧不拔的性格。这种品质，在他日后漫长的科研生涯中发挥了至关重要的作用。

1960年的春天，华盛顿大学医学院（University of Washington School of Medicine）的毕业典礼上，年轻的伊斯顿迎来了人生的第一个高光时刻：Phi Beta Kappa和Alpha Omega Alpha两大顶级荣誉医学学会同时向他抛来了橄榄枝。这种"双料"荣誉在当时的医学院学生中相当少见。伊斯顿对医学的执着热爱，为他日后辉煌的学术生涯埋下了伏笔。

一、八年磨一剑的医学修炼

从1960年到1968年，伊斯顿在纽约医院-康奈尔医学中心（New York Hospital - Cornell Medical Center）完成了严苛的内科实习和神经科住院医师培训。这段"医学特种兵训练营"一般的岁月让他积累了丰富的临床经验。在著名神经病学专家威廉·兰多（William Landau）的指导下，伊斯顿逐渐展现出非凡的临床洞察力，他逐步学习如何像侦探一样，从细微的线索中找出疾病的真相。这段时期，伊斯顿对脑血管病产生了浓厚兴趣。当时卒中被称为"沉默的杀手"，很多患者来医院时已经错过了最佳治疗时机，这让伊斯顿下定决心要改变这种状况。

二、西海岸的学术启航

1968年，完成学业的伊斯顿面临人生的重要抉择。最终，他选择了阳光明媚的加州，在加州大学圣迭戈分校，这个被称为具有全美最好的神经科学研究氛围的地方开始了他的教职生涯。当时的神经病学还是个新兴领域，就像一片等待开垦的处女地。在圣迭戈的日子里，伊斯顿白天忙于教学和临床工作，晚上则沉浸在实验中。虽然那时的设备很简陋，但创意可以弥补设备的不足。就是在这种条件下，他开始了对抗血小板药物的研究。

20世纪70年代初，伊斯顿发表了第一篇关于阿司匹林预防卒中的研究论文。当时这个观点还很前卫，很多同行都持怀疑态度，但正是这篇论文，奠定了他日后在抗血小板治疗领域的权威地位。

三、罗德岛的学术飞跃：一场颠覆对短暂性脑缺血发作认知的医学革命

1. 命运的转折点：布朗大学的召唤

1986年，伊斯顿迎来了职业生涯的重要转折点。他被任命为罗德岛医院临床神经科学系主任，同时担任布朗大学阿尔珀特医学院教授。这个任命让他有了更大的舞台来施展抱负。在这里，他组建了一个精干的脑血管病研究团队，包括神经科医生、流行病学家、统计学家等各类人才。

2. 挑战传统：短暂性脑缺血发作的重新定义

1965年第四届普林斯顿会议及1975年美国国立卫生研究院确定了传统的基于"时间-症状"的短暂性脑缺血发作（TIA）定义："突然出现的

局灶性或全脑的神经功能障碍，持续时间不超过24小时，且除外非血管源性原因。"这个"24小时规则"主导临床实践30多年，但伊斯顿基于临床接触患者的经验一直对此持怀疑态度：试想一位左侧肢体无力1小时和另一位同样是左侧肢体无力，但持续时间达23小时的患者，虽然症状都没有超过24小时，但脑缺血损伤的程度是一样的吗？伊斯顿对传统的TIA定义提出怀疑：这一过度关注症状持续时间的标准可能忽略了更重要的脑损伤实质。

转折出现在21世纪初，随着磁共振成像（MRI）技术的普及，医生震惊地发现：约1/3的"传统TIA"患者，大脑其实已经出现梗死灶！2009年，伊斯顿领衔的专家团队终于破解了这个医学难题，推出了全新的TIA定义。这个定义有三大革命性突破：首先，废除了武断的24小时界限，改为以头颅MRI检查结果为准——只要影像学显示脑梗死，哪怕症状只持续5分钟也要按卒中处理；其次，将脊髓缺血导致的急性短暂性神经功能缺损也归入TIA范畴，这些曾被忽视的"小症状"其实是重要预警；最后，确立了影像学检查的金标准地位。

这场定义革命彻底改变了临床实践。现在急诊遇到疑似TIA患者，医生第一反应不再是问"症状持续多久"，而是立即行头颅MRI检查。伊斯顿感慨："我们终于学会用生物学证据代替人为假设。"这场静悄悄的定义变革证明，医学进步往往始于对固有认知的勇敢突破，而最终受益的是千千万万的患者。

3. 从ABCD到ABCD²：风险评估工具的进化

对TIA的重新定义改变了医学界对TIA的认知，推动了急诊TIA评估单元的建立。既往包含四个要素［年龄（age）、血压（blood pressure）、临床表现（clinical features）和症状持续时间（duration）］的ABCD评分系统显示出优秀的预测TIA患者发生卒中的能力［曲线下面积（area under the curve，AUC）0.80］。而伊斯顿教授团队基于新的流行病学证据，又将糖尿病（diabetes）指标纳入，升级为ABCD²评分系统。升级后的评分系统预测准确性提高到AUC 0.85，能够有效识别需要紧急干预的高危患者。由于这个评分简单实用，医生在急诊室花1分钟就能完成评估，如今ABCD²评分已经成为全球100多个国家TIA诊疗的标准工具。

四、抗血小板战争的"将军"

1995年的春天，波士顿的樱花刚刚绽放，伊斯顿的办公室却像极了"战情室"。墙上并排贴着两张分子结构图：左边是百年"老将"阿司匹林，右边是"新贵"氯吡格雷。一场关乎数十万生命的医药"革命战争"即将打响。

CAPRIE（氯吡格雷与阿司匹林在缺血性事件风险患者中的应用）试验的设计堪称临床研究的教科书典范。19 185名患者被随机分配到两个"军团"，就像古代战争中两支出征的大军。研究团队创造性地采用了"双盲双模拟"设计——每位患者同时服用1片有效药和1片安慰剂，连主治医生都不知道谁在服用哪种组合药物。经过近两年的时间，最终数据让整个团队振奋：氯吡格雷以8.7%的相对优势胜出。这个数字看似不大，但换算成全美卒中患者群体，相当于每年少发生4.2万例卒中，这一研究结果足以让学界震撼。

但伊斯顿的"军事家"思维并未止步于此。基于前期研究基础，他提出了更大胆的"双枪理论"——既然单药各有优势，何不让高危患者同时"装备两种武器"？ POINT（新发TIA和轻型缺血性卒中患者血小板抑制治疗）试验由此诞生，纳入了4881名近期TIA或轻型卒中患者。试验设计充满智慧：研究采用"饱和攻击"策略（阿司匹林＋氯吡格雷）。结果令人振奋：双抗组90天内卒中复发率降低25%，相当于每治疗37例患者就能避免1例卒中。然而真正的科学精神体现在对不良反应的坦诚。伊斯顿团队敏锐地发现：双抗治疗超过90天，消化道出血风险曲线开始陡峭上升。"医学没有银弹，"他在《柳叶刀》的评论中写道，"就像精明的将军要知道何时进攻，更要知道何时收兵。"这一发现催生了著名的"21～90天时间窗"疗法，如今已被写入全球37个国家的卒中指南。

走进伊斯顿的办公室，首先映入眼帘的是墙上密密麻麻的荣誉证书和奖章。其中最引人注目的是美国心脏协会与美国卒中协会颁授的威廉·M.费恩伯格卒中卓越贡献奖，美国心脏协会颁发的杰出科学家奖和世界卒中组织授予的终身成就奖。作为美国卒中学会主席，他还主导制定了多项卒中防治政策与指南。在美国国立卫生研究院任职期间，他推动了数项重大神经疾病研究项目的立项。更令人瞩目的是，澳大利亚、奥地利、比利时、巴西和墨西哥等国的卒中学会都授予他荣誉会员称号。

如今，已进入职业生涯第六个十年的伊斯顿依然活跃在科研一线。他正带领团队进行两项开创性研究：首先是"卒中精准预防计划"，旨在通过基因检测和生物标志物分析，实现个体化的卒中预防策略；其次是"人工智能辅助卒中诊疗系统"，利用深度学习算法分析数百万份病例资料，帮助医生做出更准确的诊断和治疗决策。

回望伊斯顿的学术人生，就像阅读一部医学进步的编年史。从最初对TIA的全新认知，到抗血小板治疗方案的优化，再到风险评估系统的建立，他的每一项贡献都在实实在在地改变着临床实践。据估计，他参与制定的治疗指南和风险评估系统，每年在全球范围内预防了超过50万例卒中事件。更可贵的是，他培养了300多名脑血管病专家，这些"伊斯顿学派"的弟子正在世界各地继续着他的事业。

在这个科技日新月异的时代，伊斯顿用他60年的坚守证明：真正的医学突破，来自对患者需求的深刻理解，对科学真理的不懈追求，以及将研究成果转化为临床实践的坚定决心。这或许就是这位医学巨匠留给世界最宝贵的财富。

朱利恩·博戈斯拉夫斯基（Julien Bogousslavsky）

解码大脑的奥秘

朱利恩·博戈斯拉夫斯基由于在卒中综合征的临床–影像学关联、卒中后情感及行为障碍、神经心理学的深入探索，获得了2002年威廉·M.费恩伯格卒中卓越贡献奖。他的工作显著推动了卒中神经病学的发展，并为临床实践提供了重要指导。

一、阿尔卑斯山麓走出的神经学奇才

在瑞士日内瓦湖畔的蒙特勒小镇，法尔曼诊所（Clinique Valmont）的走廊里，总能看到一位精神矍铄的老者快步穿行。他就是享誉世界的神经学家博戈斯拉夫斯基。自2006年担任法尔曼诊所神经病学和神经康复服务主管以来，他带领团队开创了卒中诊疗的多个新纪元，将这家原本普通的山区医院打造成欧洲顶尖的神经科学研究中心。

二、学术之路的启蒙岁月

时光倒流到20世纪60年代，年轻的博戈斯拉夫斯基在日内瓦大学医学院（University of Geneva Faculty of Medicine）开始了他的医学之旅。那时的教室还保留着中世纪建筑的厚重石墙，阳光透过彩绘玻璃在解剖图谱上投下斑驳的光影。当时连电子计算机断层扫描（CT）都没有，疾病诊断全靠临床观察和推理。一个简单的脑出血病例，可能要花3天时间才能确诊。

在巴黎萨尔佩特里埃医院（Salpetrier Hospital）进修期间，这位来自瑞士的年轻医学生第一次见到了著名的神经病学家让-马丁·夏科特（Jean-Martin Charcot）留下的解剖标本。那些藏着整个人类喜怒哀乐的大脑沟回，就像阿尔卑斯山脉的褶皱一样神秘而壮美，深深吸引了博戈斯拉夫斯基。

三、开创卒中研究新纪元

1990年的一个雪夜，在洛桑的一家小咖啡馆里，博戈斯拉夫斯基和几位志同道合的神经学家围坐在壁炉旁，试图打破学科的藩篱——让临床医生听到基础研究者的声音，让影像学家能和康复专家对话——欧洲卒中会议的雏形在此酝酿。

这个诞生于咖啡馆的构想，最终发展成全球最重要的卒中学术盛会之一。2002年，博戈斯拉夫斯基获得美国心脏协会与美国卒中协会颁发的威廉·M.费恩伯格卒中卓越贡献奖，他的获奖感言让全场动容："这个奖属于那些在凌晨3点被卒中惊醒的患者，属于那些努力重新学习说话和走路的康复者，是他们用亲身经历给我们讲述大脑的奥秘。"

四、革命性的临床-影像学突破

推开博戈斯拉夫斯基办公室厚重的橡木门，来访者的目光会立即被一幅巨大的手绘血管图所吸引。这张占据了整面北墙的杰作，在柔和的射灯下泛着智慧的光芒。"这张图是我30年来的'大脑航海图'，"博戈斯拉夫斯基手持激光笔，光束停在大脑中动脉（MCA）区域，"看这些精细的分支，就像河流三角洲一样错综复杂。"他的笔尖沿着上干走行："这个区域支配初级运动皮层，一旦梗死，患者会出现典型的'钢琴家手'。"他突然将右手悬在半空，手指做出弹奏姿势却僵住不动，"明明想弹奏肖邦，手指却像被冻住了。"光束移向下干分支时，博戈斯拉夫斯基的声音变得低沉："这里的梗死更隐秘。我曾诊治过一位语言学家，他能完美复述听到的话，却无法组织自己的语言。"博戈斯拉夫斯基模仿着患者的困惑表情："就像被困在玻璃罩里，看得见世界却无法交流。这种分离性失语正是下干梗死的特征性表现。"办公室角落的展示柜里，陈列着改变卒中诊断史的珍贵资料。1987年3月15日记录了首个基底动脉尖综合征病例的原始资料：患者是位48岁的会计师，表现为垂直性凝视麻痹和波动性意识障碍，具有特有的"玩偶眼征"——眼球只能水平运动，垂直运动完全丧失。

随着CT和MRI技术的进步，博戈斯拉夫斯基团队将这些临床观察转化为精确的影像学标志。这些发现被写入《卒中综合征》（*Stroke Syndromes*）教科书，成为全球神经科医师的必读内容。博戈斯拉夫斯基特别强调临床与影像的结合艺术，如通过患者特殊的共济失调步态和旋转性眼震，准确预测小脑上动脉闭塞。这些年来，博戈斯拉夫斯基团队建立了超过200个临床-影像关联模型，最新的机器学习算法甚至能自动匹配症状与病灶位置，准确率达92%。

五、揭开情感障碍的神经密码

1983年的一个雨天，博戈斯拉夫斯基接诊了一位特殊的患者。这位曾经叱咤商界的企业家，在卒中后变得异常脆弱。只要护士轻轻碰一下他的手臂，他就会像孩子一样号啕大哭，这种反应与抑郁症完全不同。随后的五年里，博戈斯拉夫斯基团队对这位患者进行了系统的追踪研究，同时收集了数十例类似病例。他们发现，这些患者的卒中病灶大多集中在边缘系统，尤其是前额叶皮层与丘脑、杏仁核之间的神经连接区域。通过神经影像学与认知测试，一个惊人的模式逐渐浮现：这些患者的情绪调节机制出现了"刹车失灵"。轻微的情绪刺激——比如一句关怀的话或一个悲伤的画面——会引发过度的情绪反应，这不是抑郁症患者那种持续性的心境低落，而是一种对情绪强度的失控放大。团队进一步研究发现，这种症状与神经递质γ-氨基丁酸（GABA）的代谢异常密切相关，边缘系统的损伤导致抑制性神经通路失效，情绪如同脱缰野马般失去控制。

1992年，博戈斯拉夫斯基在《大脑》（*Brain*）杂志上发表了里程碑式的论文，首次提出了"器质性情绪失禁"（organic emotional incontinence）的概念。这篇论文如同一块投入平静湖面的巨石，在神经学界掀起了波澜。过去，这类患者常被误诊为抑郁症或焦虑症，接受抗抑郁药物治疗却收效甚微。而博戈斯拉夫斯基的研究明确指出，这是一种独立的神经系统疾病，需要针对性地修复情绪调节通路的平衡。论文发表后，全球多家医疗机构开始重新审视类似病例。博戈斯拉夫斯基的这一发现，不仅改写了教科书中关于情绪障碍的章节，更让无数人摆脱了"心理问题"的污名，重获尊严与希望。

六、多学科交叉的创新实践

法尔曼诊所的"卒中全周期管理"模式，是博戈斯拉夫斯基最骄傲的成就。在这个占地2000m²的康复中心，神经科医生、精神科医生、语言治疗师和物理治疗师共同工作，形成了一个独特的医疗生态系统。传统的卒中治疗像接力赛，一个科室完成自己的赛段就把接力棒交给下一个。而博戈斯拉夫斯基要打造的是"交响乐团"，每个专家都要知道其他人在演奏什么。神经心理评估、物理治疗、语言康复、功能影像等各个学科评估的数据会即时共享给神经科团队，帮助他们调整药物治疗方案。这种全方位的协同诊疗带来了惊人效果。临床数据显示，接受该模式治疗的患者，6个月内的功能恢复程度比传统治疗组高出42%，抑郁症发生率降低67%。博戈斯拉夫斯基试图打破学科间的无形壁垒，让医学真正回归"以患者为中心"的本质。如今，法尔曼诊所模式已被欧盟卒中学会列为示范标准，每天都有来自世界各地的医疗团队到此学习，而中心的专家们仍在不断完善这个系统。

回顾博戈斯拉夫斯基跨越半个世纪的学术生涯，就像阅读一部神经科学的进化史。从最初依靠叩诊锤和眼底镜的时代，到现在的多模态影像和基因检测，他始终站在领域的最前沿。"我最自豪的时刻不是获得某个奖项，"博戈斯拉夫斯基在一次访谈中说，目光扫过书架上排列的专著，"而是一位患者在康复五年后回来告诉我，他终于能读懂小孙女的睡前故事了。那一刻，所有的通宵实验都值得了。"据世界卒中组织统计，博戈斯拉夫斯基建立的诊断标准和治疗方案，每年让全球超过50万患者得到更精准的诊治。在法尔曼诊所入口处的铜牌上，刻着一句拉丁文格言："Cognoscere cerebrum est cognoscere humanitatem."（理解大脑，就是理解人性。）这或许就是对这位神经学大师毕生追求的最好诠释。

2003

约瑟夫·P. 布罗德里克（Joseph P. Broderick）

与时间赛跑的人

约瑟夫·P. 布罗德里克因在急性缺血性卒中治疗领域的重大贡献，特别是作为关键研究者推动静脉溶栓疗法（如t-PA）的临床应用，获得了2003年威廉·M. 费恩伯格卒中卓越贡献奖。他的研究帮助确立了现代卒中急性期治疗的标准，显著改善了患者预后。

Joseph P. Broderick
M.D.

一、俄亥俄河畔的医学新星

在20世纪70年代的梅奥诊所里，年轻的布罗德里克正在完成他的住院医师培训，这段经历成为他职业生涯的转折点。回到辛辛那提后，布罗德里克毅然选择了当时鲜有人问津的卒中研究领域。在卒中领域，"时间就是大脑"，每秒钟都有数百万脑细胞处于生死边缘。这位身材高大的神经学家，抱着与时间赛跑的态度，用30年的坚守，改写了全球卒中治疗的历史。

二、改写历史的组织型纤溶酶原激活剂革命

1995年12月，《新英格兰医学杂志》（NEJM）刊登的美国国家神经疾病与卒中研究所研究"组织型纤溶酶原激活剂（t-PA）治疗急性缺血性卒中"结果犹如投了一枚学术炸弹，震撼了整个神经学界。作为这项具有里程碑意义研究的核心研究者之一，布罗德里克至今仍能清晰回忆起那

个改变卒中治疗史的关键时刻。"第一位接受阿替普酶（alteplase）静脉溶栓治疗的患者是位62岁的退休教师，他的美国国立卫生研究院卒中量表（NIHSS）评分高达18分，完全性失语伴右侧偏瘫。在药物输注67分钟后，他的右手示指突然抽动了一下——那一刻，整个监护室鸦雀无声。当他在24小时后完整说出'谢谢'两个字时，在场的人都忍不住哭了。"这项划时代的研究采用了严谨的双盲随机对照设计，患者在卒中发作3小时内被随机分配接受t-PA或安慰剂治疗。研究发现，t-PA组患者3个月时获得良好功能预后[改良Rankin量表（Modified Rankin Scale，mRS）评分0~1分]的比例达到39%，而对照组仅26%。这意味着每治疗8例患者，就有1例能避免严重残疾。

1996年6月18日，美国食品药品监督管理局（FDA）正式批准t-PA用于急性缺血性卒中治疗，创造了从临床试验到临床应用的惊人速度。通常新药审批需要7~10年，但t-PA只用了3年——因为卒中治疗的迫切性不容等待。在随后的临床推广中，布罗德里克团队又进一步完善了治疗规范，包括发现体重调整剂量（0.9mg/kg，最大90mg）的10%弹丸式推注+90%静脉滴注给药方案，能在溶栓效果和安全性间取得最佳平衡，以及建立了严格的血压控制标准（<185/110mmHg），将出血风险进一步降低。如今，这套被称为"辛辛那提方案"的静脉溶栓标准已在全球5000多家医院推广应用，让"时间就是大脑"从口号变成了现实。

三、机械取栓的艰难突破

2013年3月，*NEJM*刊登的IMS Ⅲ（脑卒中Ⅲ期介入治疗临床试验）结果给整个卒中学界投下了阴影。0.25的P值让研究团队遭遇了极大挫折——434例接受血管内治疗的患者，90天良好功能预后率仅40.8%，与单纯静脉溶栓组的38.7%相比，差异无统计学意义。但黑暗中总有一线曙光：布罗德里克团队发现前循环大血管闭塞（LVO）患者中颈内动脉或大脑中动脉M1段闭塞的亚组，血管内治疗组mRS评分≤2分的比例达到47.9%，比对照组高出9.2个百分点。特别是NIHSS评分≥20分的重症患者，取栓组的绝对获益率达到15.3%。

2014年11月，来自荷兰的MR CLEAN（荷兰急性缺血性卒中血管内治疗的多中心随机临床试验）研究结果犹如一道闪电划破夜空。取栓组90天功能独立率（mRS 0～2分）达到32.6%，比单纯药物组的19.1%高出近70%。这项研究的关键突破在于：所有患者均采用CT血管造影（CTA）确认LVO，并使用新一代可回收支架取栓装置。布罗德里克迅速调整研究方向，在辛辛那提卒中中心建立了24/7（每周7天，每天24小时）的机械取栓绿色通道。优化了患者筛选流程，要求必须同时满足三个关键指标：CTA证实前循环LVO、ASPECTS评分（Alberta Stroke Program Early Computed Tomographic Score，阿尔伯塔卒中项目早期CT评分）≥6分、发病至股动脉穿刺时间≤6小时。这套标准后来被称为"辛辛那提三联征"。

　　真正的革命发生在2017～2018年。DAWN（DWI或CTP联合临床不匹配对醒后卒中患者和晚就诊卒中患者使用Trevo装置行神经介入治疗）和DEFUSE 3（影像评估筛选缺血性卒中患者血管内治疗）两项研究相继发表，彻底改写了卒中治疗的时间窗概念。DAWN研究采用临床-影像不匹配标准（NIHSS评分≥10分且梗死核心＜50mL），证明在6～24小时时间窗内取栓仍能使46%的患者获得功能独立。DEFUSE 3则进一步验证了灌注成像筛选的价值，将取栓获益人群扩大到缺血半暗带/核心梗死体积比＞1.8的患者。最令人振奋的是长期随访数据发现，取栓组患者不仅死亡率降低38%，保持生活自理能力（mRS评分≤2分）的比例是药物组的2.5倍。更重要的一个里程碑式的发现是每2.8例接受取栓治疗的患者中，就有1例能避免严重残疾——这个需治疗人数（number needed to treat，NNT）值是卒中治疗史上最优异的。

　　如今，由布罗德里克参与制定的机械取栓指南已被全球采纳。他正在领导一项更前沿的CHRONOS（Chronic Recanalization of Non-Acute Subacute and Chronic Large Vessel Occlusion with Mechanical Thrombectomy）研究，探索超24小时时间窗患者的取栓价值。失败不是终点，而是下一次突破的起点。在卒中治疗领域，布罗德里克永远在挑战不可能。

四、影像学的魔法时刻

　　布罗德里克开创的"组织窗"理念彻底颠覆了传统的时间依赖模式。

RAPID软件的引入让这场影像评估革命如虎添翼，就像给每个卒中团队配备了智能导航仪，30秒内就能完成过去需要30分钟的手工测量，自动标记缺血半暗带（绿色）和核心梗死（红色），并精确计算二者体积比。RAPID软件让这种评估变得像测血糖一样简单快捷，协助医生读懂每幅影像背后的大脑求救信号，并通过把CT灌注成像（CT perfusion imaging，CTP）的定量参数与临床NIHSS评分、血栓特性分析相结合，为每个患者绘制出独一无二的治疗地形图。这些量化指标如今已被写入美国心脏协会与美国卒中协会指南，成为筛选血管内治疗患者的核心标准。

"时间就是大脑"的卒中标语，在布罗德里克的手中被赋予了新的维度——不是所有的大脑都在同一时间轴上凋亡，而精准的影像评估，正是解开这个生命密码的关键。

五、生物标志物的侦探游戏

布罗德里克研究团队建立了全球最大的卒中血栓生物库，目前已收集3200例完整血栓样本。通过质谱分析，帮助研究团队制定个体化治疗方案，比如发现心源性血栓富含纤维蛋白原，而动脉源性血栓则含有更多的血管性血友病因子（von Willebrand factor，vWF），解释了为什么某些血栓对t-PA反应更好。此外，研究团队于2019年还发现了血清胶质纤维酸性蛋白（glial fibrillary acidic protein，GFAP）这一黄金指标。当卒中发生，血脑屏障受损时，星形胶质细胞会大量释放这种蛋白质。研究团队发现，GFAP＞0.3ng/mL的患者，溶栓后出血风险增加4.7倍。随后开发的GFAP快速检测试剂盒仅需15分钟就能出结果。这相当于给每位溶栓患者安装了生物"安全气囊"，当GFAP警报响起时，医生可据此调整治疗方案，比如降低t-PA剂量或直接选择机械取栓。此外，布罗德里克正在建立多参数预警系统，比如基质金属蛋白酶-9（matrix metalloproteinase-9，MMP-9）预测出血转化，抗N-甲基-D-天冬氨酸受体NR2亚基抗体反映缺血损伤程度，而microRNA-124则可能预示神经功能恢复潜力。就像气象预报综合多项指标一样，未来有望通过这些研究结果实现卒中风险的精准预警。

布罗德里克的最新突破还包括血栓基因组学研究。通过RNA测序，发现某些microRNA特征能预测血栓复发风险，比如microRNA-223高表达的血栓，3个月内再闭塞风险降低67%。这为个体化抗栓方案提供了分子依据。通过蛋白质组学分析，找到12种与临床预后显著相关的蛋白标志物，特别是中枢神经特异性蛋白β（S100β）的动态变化曲线，能准确预测90天神经功能的恢复程度。

"生物标志物研究就像侦探破案，"布罗德里克总结道，"每个分子线索都在揭示卒中不同的侧面。当这些线索串联起来时，我们就能为每位患者绘制出精准的'治疗导航图'。"伴随着实验室自动化分析仪的嗡鸣声，卒中治疗正迈入个体化治疗的新纪元。

六、构建全国卒中网络（StrokeNet）

在辛辛那提大学卒中研究中心的"指挥大厅"里，一块巨大的电子显示屏实时跳动着全美25个卒中中心的数据流。这就是美国国立卫生研究院（NIH）StrokeNet的神经中枢，每个节点都代表着一个卒中中心，就像大脑中的神经元一样紧密连接。2013年，NIH投入2700万美元启动了这个革命性的卒中临床试验网络。作为创始核心专家之一，布罗德里克参与了整个系统的架构设计。传统卒中研究最大的瓶颈是患者招募，而该系统通过采用标准化的"即插即用"研究平台，所有中心采用统一的电子数据采集系统、相同的影像评估流程和协调的伦理审批机制，广大的地域覆盖（从阿拉斯加的费尔班克斯到佛罗里达的基韦斯特，85%的美国人口都在StrokeNet覆盖的60分钟车程范围内），以及核心的"适应性临床试验设计"创新平台，就像智能交通系统能动态调整信号灯，系统可以实时分析入组数据，自动调整各中心的招募配额，StrokeNet将患者招募时间缩短了70%。培训体系是网络的另一个亮点。网络每年培训超过1200名研究人员，确保数据采集的均一性。质量控制方面，每月团队都会进行"闪电审计"，从病例报告表填写到影像资料上传，每个环节都有严格的质控指标。这种精益管理使网络的数据完整率达到99.3%，远超行业标准。

布罗德里克正领导团队开发人工智能辅助的患者匹配系统。通过这个算法实时扫描全网络的患者特征，在患者到达急诊室的瞬间，就能自动提示可能符合的临床试验。系统预计将使招募效率再提升40%。StrokeNet这个覆盖全美的卒中研究"高速公路"，正以前所未有的速度推动着治疗革命的进程。

从首尔（Seoul）到圣保罗（Saint Paul），布罗德里克的足迹遍布全球。"卒中不分国界，"他在世界卒中大会上说，"但医疗资源却有天壤之别。"他主导的"全球取栓计划"，正在帮助发展中国家建立卒中急救系统。在中国农村，他推广的"卒中识别三步法"被编成朗朗上口的民谣。"我们要让每个普通人都能成为卒中侦探，"布罗德里克用不熟练的中文示范着，"笑一笑，抬抬手，说说话。"

30年来，布罗德里克参与的治疗方案已拯救超过百万生命。但对他而言，最重要的数字是"零"——零分钟延误，零患者被放弃。"我最大的骄傲，不是发表了多少论文，"布罗德里克看着病房里康复的患者说，"而是看到他们重新拥抱生活的样子。"在辛辛那提卒中中心的入口处，刻着他的座右铭："Every second, every neuron, every life counts."（每一秒，每个神经元，每条生命都至关重要。）这或许就是这位卒中斗士留给世界最宝贵的财富——不仅开创了革命性的治疗方法，更重塑了"永不言弃"的医学精神。

2004

菲利普·B. 戈雷利克（Philip B. Gorelick）

卒中预防与脑健康革命的领航者

菲利普·B.戈雷利克因在脑血管病领域的杰出贡献，特别是在卒中预防、治疗及血管性认知障碍方面的开创性研究，获得了2004年威廉·M.费恩伯格卒中卓越贡献奖。

Philip B Gorelick

一、从医学生到卒中预防的变革者

1977年，年轻的戈雷利克从芝加哥洛约拉大学斯特里奇医学院（Loyola University Stritch School of Medicine）毕业，怀揣着对神经科学的浓厚兴趣，踏上了医学探索之路。那时的卒中治疗仍处于相对初级的阶段——医生们能做的往往只是急性期的抢救，而预防和长期管理仍是一片模糊的领域。戈雷利克的临床训练经历塑造了他独特的视角。在伊利诺伊大学医学中心实习期间，他遇到了一位50多岁的企业家，这位患者因高血压未得到控制而突发脑出血，尽管抢救成功，却遗留了严重的认知障碍。如果早点控制血压，是不是就能避免这一切？这个问题深深触动了戈雷利克，让他意识到卒中不仅仅是急性事件，更是长期健康管理的失败。于是，他决定投身于卒中预防研究，并在1988年攻读了公共卫生硕士学位，以更系统地理解疾病预防策略。这一决定，最终让他成为全球卒中预防领域的标杆人物。

二、卒中预防：从"亡羊补牢"到"未雨绸缪"

1. 危险因素管控的革命：从单一指标到整体管理

2008年，在芝加哥举行的美国卒中协会年会上，戈雷利克向神经学界投下了一枚"概念炸弹"——他开发的"卒中风险积分卡"（Stroke Risk Scorecard）彻底颠覆了传统风险评估模式。这个看似简单的工具，背后却凝聚着十年的临床洞察与数据挖掘，它的诞生源于一个让戈雷利克辗转难眠的真实病例。

那是一个春寒料峭的早晨，一位神经科医生拿着自己的体检报告向戈雷利克求助："我的血压122/78mmHg，空腹血糖5.2mmol/L，低密度脂蛋白胆固醇2.8mmol/L，所有指标都在教科书定义的'正常范围'内。但3个月前，我却在晨跑时突发脑梗。最讽刺的是，我每天都在告诫患者控制'三高'，为什么灾难还是找上了我？"这个问题像锥子般扎进戈雷利克的思绪。他调出患者病历：体重指数23.4kg/m^2，不吸烟，每周跑步50km。但细查之下，两个异常指标引起了他的注意：睡眠监测显示每小时呼吸暂停18次（中度阻塞性睡眠呼吸暂停），高敏C反应蛋白达4.1mg/L（提示慢性炎症）。戈雷利克意识到传统的治疗可能遗漏了"沉默的杀手"，当传统危险因素达标时，那些未被纳入评估体系的"非传统因素"正在悄悄"作案"。这促使戈雷利克团队启动了里程碑式的REGARDS（Reasons for Geographic and Racial Differences in Stroke）研究。他们系统分析了30 239名45岁以上参与者的137项潜在风险指标，通过机器学习算法发现：在传统危险因素（高血压、糖尿病等）之外，睡眠呼吸暂停使卒中风险增加2.9倍（即使没有典型日间嗜睡症状），而慢性炎症标志物［如白细胞介素-6（IL-6）、C反应蛋白（CRP）］每升高一个标准差，卒中概率上升27%。更惊人的是，这些因素存在协同效应——同时存在睡眠呼吸暂停和炎症的患者，风险呈指数级升高而非简单相加。基于这些发现，戈雷利克设计的积分卡采用多维评分体系：除了传统项目外，首次纳入夜间血氧饱和度<90%的时长、血清炎症标志物谱（而非单一CRP），甚至心理压力评分（通过标准化的感知压力量表）。在验证阶段，该工具对5年内卒中发生的预测准确率达82%，比沿

用多年的弗莱明翰风险模型高出 23 个百分点。尤其值得注意的是，它在"健康指标人群"中成功识别出 31% 的隐匿高风险者。这就像给卒中预防装上了高精度雷达，过去神经科医生只能看到海面上的冰山（典型危险因素），现在却能探测到水下 90% 的体积（隐匿风险）。积分卡的临床价值很快得到验证：在密歇根卒中预防项目中，使用该工具筛查的人群，3 年内卒中发生率比常规管理组降低 41%，其中 43% 的预防收益归功于对睡眠呼吸障碍和炎症的早期干预。

如今，这个最初因一个医生的困惑而诞生的工具，已被纳入美国国家神经疾病与卒中研究所的标准化预防体系。而源于此的一病例则被作为教学范例，提醒着每位医学生：真正的预防医学，必须穿透表象的"正常值"，直指个体化的风险本质。

2. 基因与生活方式：个体化预防的新纪元

2016 年的一个深夜，戈雷利克实验室的灯光依然明亮。他的团队刚刚完成了一项可能改写卒中预防历史的分析——通过对全球 32 个研究队列、超过 50 万人的基因组数据进行 Meta 分析，他们在《自然遗传学》（*Nature Genetics*）上发表了划时代的发现：5 个全新的卒中易感基因位点。但更令人振奋的是，这些位点中有 3 个与血管炎症通路密切相关，暗示着基因与环境之间存在复杂的"对话"。这项研究的灵感来源于对一对同卵双胞胎患者的临床观察。詹姆斯和约翰，68 岁的双胞胎兄弟，基因相似度近乎 100%。詹姆斯是芝加哥大学（University of Chicago）的物理学教授，坚持地中海饮食和每周 3 次游泳；约翰则是卡车司机，长期吸烟且酷爱快餐。尽管携带相同的卒中高风险变异基因，詹姆斯直到 70 岁仍保持健康，而约翰在 59 岁就遭遇了致命性脑出血。这对兄弟的经历就像完美的自然实验，他们证明基因只是编写了剧本，而生活方式决定这个剧本是否会上演。为了量化这种交互作用，戈雷利克团队开发了"基因-环境风险梯度模型"。研究发现，携带 PR 结构域蛋白 16（PRDM16）变异基因的个体，若同时存在久坐行为（每日步数＜5000），卒中风险比普通人群高出 4.7 倍；但若保持积极运动（每日步数＞10 000），超额风险可消除82%。同样，有叉头框转录因子 F2（FOXF2）变异基因的人群，吸烟会使卒中发病年龄提前 12.3 年，而摄入足量 Ω-3 脂肪酸则可完全抵消这种遗传劣势。他的团队据此创建了全球首个"基因知情型"卒中预防决策树：通过简单的口腔黏膜基因检测，结合人工智能算法分析300多项生活方式指标，为每位患者生成个体化的预防方案。这项创新很快显现了临床价值。在随后的3年前瞻性研究中，接受基因知情干预的高风险人群，卒中发生率比常规预防组降低53%。更引人注目的是，这些获益主要来自对"基因脆弱点"的针对性防护，如为四跨膜蛋白2（TSPAN2）基因变异者特别强化血糖控制，或为ZC3HC1携带者定制抗炎饮食方案。这些措施的实施，摆脱了"一刀切"的预防模式，让每个新生儿出生时就能获得一份"脑血管健康蓝图"，告诉医生该强化哪些防护，又可以在哪些方面稍微放松。戈雷利克的这个愿景正在成为现实——他目前领导的GENE-STOP（Genomic Education for Native and Emerging Stroke Physicians and Other Providers）项目已在12个国家开展，通过移动健康技术实时监测基因易感人群的生活方式，用算法动态调整预防策略。正如一位成功避开卒中命运的患者所说："知道自己的基因风险不是被判刑，而是拿到了自救的路线图。"

三、血管性认知障碍：重新定义痴呆的起源

1. 从"阿尔茨海默病垄断论"到"血管因素的崛起"

2011年，在维也纳举行的世界神经病学大会上，戈雷利克向座无虚席的会场展示了一组令人震惊的脑部磁共振成像（MRI）图像。这些图像来自一位68岁的退休英语教师玛格丽特（Margaret）的病例，正是这个病例催生了颠覆性的"血管性认知障碍连续谱"理论，在认知障碍研究领域掀起了一场范式革命。玛格丽特曾是芝加哥一所高中的明星教师，但在退休3年后，家人发现她逐渐出现找词困难、经常迷路等症状。当地神经科医生通过简易精神状态检查（Mini-Mental State Examination，MMSE）得出26分的成绩，结合其年龄，毫不犹豫地给出了"早期阿尔茨海默病"的诊断，并建议开始胆碱酯酶抑制剂治疗。然而，当玛格丽特女儿带母亲来到戈雷利克的诊室寻求第二意见时，故事发生了戏剧性转折。在仔细看过玛格丽特的MRI后，戈雷利克发现它与典型阿尔茨海默病患者影像表现不同，这位患者海马体体积相对正常，而脑白质病变Fazekas评分

却达到了3级，病变就像雪花般遍布全脑。更关键的是，磁敏感加权成像（susceptibility weighted imaging，SWI）序列显示有多发性微出血，这些都是典型的脑小血管病表现。进一步的神经心理学评估揭示了一个更精细的认知损害模式：玛格丽特的执行功能和注意力严重受损，而情节记忆相对保留——这与典型的阿尔茨海默病认知特征截然不同。戈雷利克团队立即调整了治疗方案：停用多奈哌齐，转而严格控制血压，加用尼莫地平改善脑血流，并制定包含有氧运动和地中海饮食的综合干预方案。18个月后的随访结果令所有人惊喜：玛格丽特的认知衰退速度减缓了67%，她甚至重新开始阅读最爱的简·奥斯汀的小说。"这个病例像一记耳光打醒了我们，"戈雷利克在后来发表于《美国医学会神经病学杂志》（*JAMA Neurology*）的里程碑式论文中写道，"当整个领域都在追逐淀粉样蛋白斑块和微管相关蛋白Tau（MAPT）缠结时，我们可能忽略了更常见、更可干预的病因——脑血管健康。"

基于玛格丽特等数百例类似病例的分析，戈雷利克提出了"血管性认知障碍连续谱"理论，将血管因素导致的认知损害分为三个阶段：①无症状性脑小血管病（仅影像学异常）；②血管性轻度认知障碍（特定领域受损但不影响日常生活）；③血管性痴呆。这一理论彻底打破了传统"全或无"的痴呆分类模式，揭示了血管损伤是渐进累积的过程。这一理论很快获得了大量证据支持。戈雷利克团队通过7年纵向研究发现，白质高信号体积每增加10mL，认知下降速度就加快20%，且这种关联独立于阿尔茨海默病病理。更引人注目的是，通过正电子发射型磁共振成像（PET-MRI）融合技术，他们首次证实血脑屏障破坏是连接血管损伤与神经退行性变的关键环节——渗漏的血浆蛋白会激活小胶质细胞，引发连锁炎症反应。"我们正见证认知障碍研究的范式转移，"哈佛医学院的史蒂文·格林伯格（Steven Greenberg）如此评价戈雷利克的工作，"就像当年发现幽门螺杆菌导致胃溃疡一样，血管性认知障碍概念的提出，让成千上万被误诊为阿尔茨海默病的患者获得了正确的治疗机会。"

2. 诊断与干预的双重革命：血管性认知障碍管理的新纪元

2014年，在神经学领域发生了一场静悄悄的革命：戈雷利克领衔的国际专家团队发布了《血管性认知障碍诊断标准》，这个标准彻底改变了认知障碍的临床实践。新标准首次建立了多维度的客观评估体系，将神经影像指标（如白质病变的Fazekas分级、脑微出血的解剖分布计数）、血液生物标志物（包括神经丝轻链蛋白和胶质纤维酸性蛋白）及标准化的认知域评估有机结合，创造了一个量化的诊断框架。这场诊断革命很快催生了更精准的干预策略。2019年的SPRINT-MIND研究（Systolic Blood Pressure Intervention Trail-Memory and Cognition in Decreased Hypertension）是戈雷利克职业生涯的巅峰之作。这项纳入9361名参与者的里程碑式研究证实，将收缩压控制在120mmHg以下，不仅能减少心血管事件，更能使轻度认知障碍风险降低19%，可能的痴呆风险降低15%。但更关键的发现是：降压的神经保护效果存在明显的"时间窗效应"——50～65岁开始强化降压的患者，认知获益是70岁以上开始干预者的2.3倍。

戈雷利克认为大脑就像一块海绵，年轻时弹性好，能缓冲血压波动；但随着血管老化，这种代偿能力逐渐丧失。等到认知症状出现时，很多损伤已经不可逆。基于这一认识，他在2020年启动了开创性的SMARTER（Systematic Multi-domain Approach to Reduce Vascular Cognitive Impairment Risk）试验，测试综合干预策略的效果。SMARTER试验采用创新的"血管危险因素控制"×"生活方式干预"×"新型药物干预"的"3×3"设计。初步结果令人振奋：12个月时，综合干预组执行功能改善显著优于单一干预组，脑小血管病影像学进展减缓41%。"我们正在见证脑血管医学的范式转变，"戈雷利克在2022年国际卒中大会（International Stroke Conference，ISC）上宣布，"从被动的症状管理转向主动的多维防御。"他的团队最新开发的"脑健康指数"（brain health index，BHI）算法，整合了超过50项临床、影像和生物标志物参数，能生成个体化的干预优先级建议。这些突破性进展正在重塑全球指南。美国心脏协会2023年更新的认知障碍预防指南中，戈雷利克的工作被引用达17次，他倡导的"中年干预窗口期"概念和"综合风险管控"策略已成为新的金标准。从精确诊断到精准预防，这场由戈雷利克引领的革命，正在为数以百万计的人群守护着最珍贵的认知财富。

从医学生到全球权威，戈雷利克的职业生涯始终围绕着同一个目标：让更多人远离卒中和认知衰退的威胁。他的工作不仅改写了医学指南，更改变了无数患者的命运。"医学的终极目标不是延长寿命，而是确保生命的质量。"戈雷利克说，"当我们能够预防卒中、延缓认知衰退时，我们才能真正实现'健康老龄化'的承诺。"如今，年过七旬的他仍在继续推动脑健康领域的创新。他的故事证明：科学不仅是数据和论文，更是对人类健康的深切关怀。

2005

约翰·R. 马勒（John R. Marler）

溶栓疗法的开创者与卒中防治体系的构建者

约翰·R. 马勒因首次证实发病3小时内的缺血性卒中患者静脉注射rt-PA的有效性而开辟急性缺血性卒中再灌注药物治疗的新时代、建设卒中中心并提出卒中临床研究数据的标准化，于2005年获威廉·M. 费恩伯格卒中卓越贡献奖。

John R. Marler

马勒是卒中治疗领域的传奇人物，他率先证实重组组织型纤溶酶原激活剂（rt-PA）静脉溶栓对急性缺血性卒中有效，开启超早期干预治疗的先河，同时作为卒中中心建设与数据标准化的推动者，构建起现代卒中救治体系。从梅奥诊所到美国国家神经疾病与卒中研究所（NINDS），再到美国食品药品监督管理局（FDA），他凭借多元实践，实现从实验室到临床的跨越。

一、学术基石的浇筑：从解剖课到转化医学的启蒙

1980年，青年马勒怀揣着对医学的无限热忱，从西弗吉尼亚大学（West Virginia University）医学院顺利毕业。回首在这所学府中度过的求学时光，他的脑海中满是那段充实而难忘的岁月。马勒的笔记本里，密密麻麻地记录了神经解剖学图谱，每一页都承载着他对人体神经系统奥秘的不懈探索。这所医学院以其独特的"解剖学–病理生理学–临床技能"三

位一体的培养体系闻名遐迩，宛如一座精密且高效的模具，精心雕琢着每一位年轻的医学生，将他们逐步锻造为兼具深厚基础素养与敏锐临床直觉的未来医学栋梁之材。

在学校的显微解剖实验室里，马勒常常长时间地伫立在大脑血管铸型标本前，陷入沉思。那些如蜘蛛网般错综复杂且纤细无比的血管网络中的血管，在他眼中仿佛是一个个精妙绝伦的生命密码。他深知，这些血管一旦发生堵塞，就如同多米诺骨牌般，极有可能摧毁整个庞大而复杂的生命系统。一个萦绕在他心头的疑问越发强烈："我们究竟该如何才能破解这时间的诅咒，在血管堵塞的紧急关头，为患者抢回宝贵的生机呢？"这个问题，如同一颗希望的种子，悄然在他心底生根发芽，为他日后投身卒中治疗研究埋下了伏笔。

命运的奇妙转折总是在不经意间发生。当马勒踏入被誉为"医学麦加"的梅奥诊所时，他的人生轨迹从此发生了重大改变。彼时，梅奥诊所正盛行着"实验室到病床旁"（bench to bedside）的先进转化医学理念，这种理念如同春风化雨，滋润着每一位在此学习和工作的医学从业者的心田。在神经内科住院医师培训期间，马勒目睹了太多令人痛心疾首的场景。那些因缺乏有效治疗手段而不幸致残的卒中患者，他们痛苦的面容和无助的眼神，如同重锤一般，一次次撞击着马勒的内心。其中，一位年仅38岁的教师的遭遇，让年轻的马勒医生尤为触动。这位教师因突发失语被紧急送入急诊室，尽管意识依旧清醒，但他却只能眼睁睁地看着自己的世界瞬间陷入无声的混沌之中，无法表达内心的想法，也无法与外界进行有效的沟通。那种深深的绝望，从他的眼神中流露出来，让马勒感同身受。"当我紧紧握住他颤抖的手时，我能真切地感受到他内心深处的恐惧与无助。那一刻，我无比清晰地明白：医学绝不能仅仅停留在对疾病的病理分析层面，必须要拿出切实可行、实实在在的解决方案，去拯救这些在生死边缘挣扎的生命。"这段刻骨铭心的经历，恰似燧石击火，瞬间点燃了年轻的马勒内心深处那团炽热的火焰，坚定了他投身于卒中治疗研究的决心，成为他在医学道路上奋勇前行的强大动力。

在梅奥诊所的图书馆里，马勒偶然间读到了卡米洛·戈麦斯（Camilo Gomez）关于"时间窗"的前瞻性论述。这位来自哥伦比亚的神经病学家提出的"每分钟脑细胞死亡百万个"的理论，猛然打开了马勒的研究思路："既然缺血性卒中本质上是一场与时间争分夺秒的残酷赛跑，那么超早期干预毫无疑问是打破困局、拯救患者的关键。"带着这种强烈的紧迫感和使命感，马勒如同一位不知疲倦的探索者，开始系统且全面地梳理溶栓药物的研究进展。在浩如烟海的医学文献中，他不断筛选、分析，最终将目光牢牢锁定在rt-PA上。这种原本主要用于心肌梗死治疗的药物，能否在脑血管闭塞的复杂情况下，奇迹般地重现其在心血管领域的神奇疗效呢？这个疑问，如同磁石一般，吸引着马勒全身心地投入到后续研究中。

二、NINDS的8年攻坚：黄金3小时的科学解码

1984年，对于马勒的职业生涯而言，是具有里程碑意义的一年。这一年，他正式加入了NINDS，迎来了人生中至关重要的转折。作为临床试验副主任，他接手的第一项重大且艰巨的任务，便是领导NINDS rt-PA卒中研究。这项始于1987年的研究，犹如一场漫长而艰辛的马拉松比赛，不仅考验着研究者们的专业能力，更极大地考验着他们的耐心。在那个影像技术尚不够发达的年代，入组患者的筛选工作可谓困难重重。当时，主要凭临床医生的经验评估及单螺旋CT等有限的检查手段，来确定患者是否符合研究标准。每一例能够在发病3小时内被精准筛选出来的符合标准的患者都显得弥足珍贵。马勒曾形象地描述道："我们的研究团队就如同一群在时间沙漠中艰难淘金的旅者，每天不辞辛劳地穿梭在急诊室与病房之间，时刻保持着高度警惕，生怕因为一丝疏忽而漏掉任何一个可能改变研究进程、拯救患者生命的潜在受试者。"

研究初期，rt-PA的剂量探索阶段所面临的安全性问题，如同一大片乌云，无情地笼罩着整个研究团队，给大家带来了巨大的压力和疑惑。1989年的试点研究中，首例接受高剂量rt-PA治疗的患者不幸出现了颅内出血的严重并发症，这一意外事件如同晴天霹雳，瞬间让整个实验室陷入了一片死寂。深夜马勒独自坐在办公室里，灯光昏暗，他的眼神却无比专注。面前的桌上堆满了各种资料，他反复推敲着药代动力学模型，眉头紧锁，内心不断思索着："溶栓与出血，这两者之间的关系就如同天平的两端，如此微妙且关键，我们究竟该如何才能找到那个精准无比的平衡点，既能有效溶解血栓，又能最大程度降低出血风险呢？"在那段艰难的日子

里，马勒和他的团队成员经历了无数个日夜的煎熬，经过数十次甚至上百次的方案调整，他们凭借着坚韧不拔的毅力和严谨的科学态度，最终确定了0.9mg/kg的标准剂量，并通过制定严格的影像排除标准，成功降低了出血风险，为后续研究奠定了坚实的基础。

1995年5月，当《新英格兰医学杂志》（NEJM）以封面文章的醒目形式发表NINDS rt-PA研究结果时，整个医学界瞬间为之震动。这项历时长达8年、精心纳入624例患者的随机双盲对照研究，以无可辩驳的科学数据证实：在发病3小时内接受rt-PA治疗的患者，3个月后的良好预后率相较于安慰剂组竟然高出了30%。尽管在治疗过程中症状性出血率有所增加，但患者功能结局的显著改善，足以改写整个卒中治疗的历史。

然而，马勒并没有被眼前的巨大成功冲昏头脑，他始终保持着科学家应有的冷静与敏锐。马勒敏锐地注意到，同期发表的欧洲急性卒中协作研究（ECASS）论文的6小时时间窗未能重现NINDS rt-PA研究结果，这一现象让他更加深刻地确信时间窗在卒中治疗中的决定性意义。他坚定地认为："3小时绝不是这场与时间赛跑的终点，而仅仅是一个全新的起点。它时刻提醒着我们，卒中救治体系必须要以分钟为单位进行全方位、精细的优化，每一分钟都关乎着患者的生死存亡，关乎着他们能否重新拥抱健康的生活。"1996年，当美国FDA正式批准rt-PA临床应用的那一刻，马勒的内心满是感慨与欣慰，他在审批文件上郑重地写下："今天，我们终于成功地让'时间就是大脑'这一理念，从抽象的理论变为真实可触的临床现实，无数患者的命运将因此而改变。"

三、从指南到网络：重构卒中救治的时空维度

rt-PA的获批，无疑是卒中治疗领域的一个重大突破，但对马勒而言，这只是一个全新征程的开始。他很快便发现，在实际临床应用中，rt-PA的推广和使用面临诸多挑战，其滞后性远超预期。1998年的一项调研结果显示，美国只有2%～3%的患者能够接受溶栓治疗，更为严峻的是，高达66%的医院甚至连一个成文的卒中诊疗方案都没有。面对这样令人痛心的现状，马勒在《美国医学会杂志》（JAMA）的评论文章中疾呼："再好的药物，倘若无法在黄金时间内及时送达患者的身边，发挥其应有的治疗作

用，那么它终究只是实验室里毫无实际意义的标本，无法真正拯救患者的生命，改变他们的命运。"

作为卒中联盟的核心成员之一，马勒凭借着自身深厚的专业知识和丰富的实践经验，主导制定了初级卒中中心建设标准。2000年，这份具有开创性意义的《初级卒中中心建立建议》正式发布，它宛如一幅精准而详细的建筑蓝图，清晰明确地规划了卒中单元、急诊联动、影像支持等12项核心要素。为了将这些理念切实落地，马勒不辞辛劳，深入俄亥俄州的社区医院，手把手地指导急诊流程改造工作。马勒总是不厌其烦地强调："从患者呼叫急救的那一刻起，到最终完成静脉穿刺进行溶栓治疗，这一整个过程必须严格压缩在60分钟以内。因为每延迟1分钟，就会有约190万个神经元因缺血而死亡，患者的康复希望也会随之变得更加渺茫。"在马勒的不懈努力和积极推动下，美国卒中协会（ASA）于2003年正式启动了认证计划，将美国国立卫生研究院卒中量表（NIHSS）评分、溶栓时间窗等关键指标纳入严格的考核体系之中，为规范美国卒中救治和提升救治水平奠定了坚实的基础。2005年，《综合卒中中心共识声明》的发表，标志着美国卒中救治网络迎来了一次重大升级。在这一过程中，马勒提出的"区域协同救治链"理念发挥了至关重要的作用。他巧妙地将初级中心与高级中心有机串联成一个紧密的网络，这个网络就如同人体神经系统的神经纤维一般，能够迅速且高效地将超早期干预的关键信号传递至全美各地的每一个角落。相关数据显示，截至2010年，接受rt-PA治疗的患者比例成功提升至7.8%，平均"进门到给药时间"（door-to-needle time）也从1996年的85分钟大幅缩短至45分钟。这一系列改变，无不彰显着马勒的理念和努力所取得的巨大成效，让更多的卒中患者能够在黄金时间内得到及时有效的救治。

在积极推动硬件设施建设和完善的同时，马勒始终保持着对软件建设的高度重视。他深刻地认识到，数据标准化在全球卒中研究领域具有举足轻重的地位。当时，全球卒中研究普遍存在着"数据孤岛"的问题，各个研究中心之间的数据格式、标准不统一，难以进行有效的整合和分析。为了解决这一难题，马勒牵头制定了卒中临床试验的通用数据元素（common data element，CDE），这一举措宛如在医学领域中建立起了一门通用的"世界语"。从对NIHSS评分的进一步优化，到影像报告模板的统一规范，这些看似琐碎繁杂的工作，实则为跨中心研究奠定了坚实的基础，搭建起了一座沟通与协作的桥梁。2008年，当NINDS启动脑血管研究联盟时，来自12个国家的37家中心得以借助CDE标准，实现了数据的无缝对接和共享。在启动会上，马勒感慨万千地说："今天，我们终于成功地让波士顿的研究数据，能够跨越千山万水，为远在北京的患者服务。这不仅是医学技术的胜利，更是全球医学工作者携手合作的伟大成果。"

四、跨越边界的医者：从监管者到科普使者

2000年，马勒做出了一个令许多人意想不到的决定，他暂时告别了熟悉的NINDS，出任FDA神经与物理医学设备部门临床副主任。乍看之下，这段经历似乎偏离了他原本专注的研究主线，但实际上，这恰恰是他从另一个独特视角对卒中防治体系进行构建的重要尝试。在审查经颅磁刺激设备时，马勒展现出了他对医疗公平性的执着追求。他坚决且明确地要求设备制造商必须提供不同种族人群的安全性数据，他义正言辞地表示："医疗设备的有效性绝不应存在肤色差异，每一个种族、每一位患者都理应享受到安全、有效的医疗服务。我们的职责就是要确保医疗领域的公平与公正，不让任何一个人因为种族等因素而被排除在优质医疗之外。"马勒的这一坚持产生了深远的影响，促使FDA在后续的神经设备审批过程中，将"多元人群数据"列为必需项，为保障全球不同种族患者的权益迈出了坚实的一步。

脱下白大褂，马勒化身为科普使者。马勒撰写的《卒中入门手册》（*Stroke For Dummies*）以幽默通俗的语言，将复杂的卒中知识转化为大众可理解的生存指南。书中用"大脑罢工"比喻缺血性卒中，用"血管炸弹"解释脑出血，甚至设计了"FAST口诀记忆法"（Face下垂、Arm无力、Speech障碍、Time就医）。截至2023年，该书已发行8版，被翻译成14种语言，成为全球家庭的卒中防治必备手册。在NINDS的科普活动中，马勒常常亲自演示"FAST"评估。马勒曾在纽约地铁站随机邀请乘客参与模拟急救演练，一位退休教师在学会识别面瘫后，成功挽救了突发卒中的丈夫："马勒医生教会我的，不是高深的医学知识，而是关键时刻伸手救人的勇气。"这种将专业知识转化为公众能力的努力，让"时间就是大

脑"的理念深入人心，全球卒中识别率平均提升了10%。

五、永恒的医学遗产：从实验室到人类文明的刻度

2005年颁奖典礼上，当马勒接过威廉·M.费恩伯格卒中卓越贡献奖奖章时，背景屏幕上播放着NINDS rt-PA研究的历史片段：1991年 II B期试验现场，护士正在为患者注射rt-PA；2005年卒中中心认证现场，急救人员正在演练"FAST"评估。这些跨越时空的画面，勾勒出他职业生涯的双重轨迹——既是严谨的研究者，也是温暖的守护者。马勒的学术影响如涟漪般扩散：NIHSS评分成为全球卒中诊疗的"通用货币"，CDE标准被纳入WHO卒中研究指南，卒中中心模式在143个国家落地生根。更深远的是，马勒开创的"超早期干预-标准化评估-区域化救治"体系，为阿尔茨海默病、急性脊髓损伤等急重症患者的治疗提供了范本。2009年，当西弗吉尼亚大学授予马勒杰出校友奖时，颁奖词这样写道："他让卒中治疗从'无能为力'的绝望，变为'分秒必争'的希望。这种希望，不仅存在于实验室的试管中，更流淌在急诊室的静脉导管里，闪烁在社区科普的灯光下。"

从1987年首例患者入组到2025年的今天，马勒掀起的溶栓革命仍在持续进行。当新一代神经介入医生借助人工智能算法将时间窗拓展至24小时时，他们依然会翻开NINDS研究的原始文献，如同追溯河流的源头。马勒的名字，早已超越了个体的范畴，成为一个时代的医学符号——它代表着人类面对疾病时的不屈意志，更象征着科学与人文共振的永恒力量。在卒中治疗的漫漫长路上，马勒是破晓时分的启明星，更是指引方向的北斗星，照亮着后来者继续探索生命的无限可能。

2006

拉夫尔·L. 萨科（Ralph L. Sacco）

从卒中流行病学到全球脑健康的跨界先驱

拉夫尔·L. 萨科因建立北曼哈顿卒中研究数据库，首次提出卒中发病的种族差异，于2006年获威廉·M. 费恩伯格卒中卓越贡献奖。

萨科（1957～2023年）是卒中防治领域的跨界先驱，首位同时担任美国心脏协会（AHA）与美国神经病学学会（AAN）主席的医学家。他以流行病学为手术刀，剖开卒中差异的社会肌理，用跨学科实践重塑全球脑健康版图，在数据编码与生命温度之间，架起了医学革新的桥梁。

一、启蒙与奠基：在交叉学科的土壤中播撒火种

1957年8月27日，萨科诞生于新泽西州马格特城的意大利裔家庭。作为"萨科潜艇三明治"餐厅的长子，童年的他习惯了凌晨四点揉面的节奏，指尖的面粉与账本的数字，构成了最初的世界图景。改变始于那位在医疗诊所工作的阿姨——她注意到了少年萨科在计算库存时展现的数学天赋："你不该只计算面包的分量，或许该去丈量生命的尺度。"这句轻描淡写的鼓励，如同投进湖心的石子，在少年心中激起层层涟漪。1975年，当少年萨科站在圣灵中学的毕业典礼上时，家族餐厅的未来与未知的医学

殿堂在他眼前展开两条平行轨道。最终，工程学的系统性思维吸引了他，康奈尔大学生物电气工程专业，这个看似与医学无关的选择，却在后来被证明是命运最精妙的伏笔。在伊萨卡的湖畔，他第一次将神经元网络与电路系统类比："大脑的突触连接，不正是生物版的集成电路吗？"这种跨学科的早期认知，为他日后破解卒中的复杂机制打下了关键的思维基础。

1979年，青年萨科带着工程学学士学位踏入波士顿大学医学院，命运的第二片拼图悄然就位——他遇见了菲利普·A. 沃尔夫（Philip A. Wolf），弗莱明翰心脏研究（FHS）的首席研究员。这位将流行病学带入神经病学领域的先驱，用一句话点燃了萨科的学术热情："疾病的规律，藏在千万个数据点的关联里。"在沃尔夫的实验室，萨科展现了独特的优势：当同龄学生还在学习病历书写时，他已能熟练操作IBM 80电动穿孔卡片分类机，将数千例卒中患者的信息转化为生存曲线。1981年夏天，他放弃了海滨度假，在医学院空置的办公室里搭建数据模型。"穿孔卡片的每一个孔洞，都是生命的一个注脚。"他在给家人的信中写道。这种对数据的痴迷很快结出了硕果，在他成为实习生之前就以第一作者发表了2篇论文，这在当时被视为"不可能的任务"。

1982年，一场突如其来的变故，给萨科的人生带来了巨大冲击。他深爱的祖父因卒中导致的并发症离开了人世。临终前，祖父那颤抖不已的双手，深深刺痛了萨科的心。曾经那个在海滩上充满活力地教他自由泳的强壮身影，如今却被卒中折磨得虚弱不堪，如同风中残烛，随时可能熄灭。这一幕让萨科第一次如此真切地感受到疾病的残酷与无情，也让他深刻意识到，自己所研究的数据，不再仅仅是纸上枯燥的符号，而是关系到无数像祖父一样的患者及其家庭的希望与未来。从此，这份对生命的敬畏与责任，成为他在医学道路上不断前行的强大动力。

1983年，萨科在沃尔夫的推荐下来到纽约长老会医院，在这里遇见了人生的第二位导师——杰伊·P. 莫尔（Jay P. Mohr）。作为哈佛卒中登记系统的创建者，莫尔教会他最重要的学术信条："永远质疑既有结论，数据才是唯一的裁判。"在参与美国国家神经疾病与卒中研究所（NINDS）卒中数据库建设时，萨科目睹了莫尔团队如何将纸质病历转化为可计算的代码，这种对数据标准化的执着，成为他日后构建北曼哈顿卒中研究（Northern Manhattan Study，NOMAS）的方法论基石。

与此同时，沃尔夫的流行病学思维与莫尔的临床数据化理念在萨科身上发生"化学反应"。他敏锐地发现，当时的卒中研究几乎完全基于白种人群体，而美国日益增长的西班牙裔、非裔人群的卒中特征仍是一片空白。"如果医学证据存在种族盲区，那么防治策略终将成为空中楼阁。"这种认知，促使他在完成住院医师培训后，做出了一个在当时堪称叛逆的选择——攻读哥伦比亚大学公共卫生学院流行病学硕士，成为首批跨界进入公共卫生领域的神经科医生。

二、破冰之旅：北曼哈顿卒中研究重塑卒中防治版图

20世纪90年代初，主流卒中研究仍被"白种人群体中心论"主导，弗莱明翰心脏研究的结论被奉为圭臬。但萨科在临床中观察到了鲜明的差异：同样是60岁的男性患者，黑种人与西班牙裔人的预后往往更差。"医学不该有肤色偏见。"他在1990年的研究笔记中写道，"我们需要一面能照见所有族群的镜子。"

经过深思熟虑，萨科将目光投向了北曼哈顿地区。这里独特的人口结构，让它成为萨科理想中的研究实验室。该地区聚集了高达63%的西班牙裔人、20%的黑种人及15%的白种人，不同种族、不同文化的人们在这里相互交融，高密度的多元社区构成了一个天然的流行病学研究熔炉。1993年，年仅36岁的萨科，凭借着无畏的勇气和坚定的信念，毅然启动了NOMAS。这是美国首个专门以少数族裔为重点研究对象的大型前瞻性队列研究，具有开创性的意义。在研究筹备阶段，萨科借鉴了导师莫尔在哈佛卒中登记系统建设中的宝贵经验，精心设计了一份包含 52页数据项的采集表。这份采集表堪称"卒中风险百科全书"，涵盖了遗传学、生活方式、社会经济地位等多达187个变量。通过这份表格，萨科希望能够为每一位受试者绘制出一份精准详尽的"卒中风险基因图谱"，全面深入地探究影响不同族裔卒中发病风险的各种因素。

1994年，NOMAS的首批研究数据一经公布，便在学界引起了轩然大波。《神经病学》杂志发表的研究结果显示，西班牙裔人的颅内动脉粥样硬化性卒中风险是白种人的5倍，而黑种人的卒中死亡率比白种人高

68%。这些惊人的数据，如同一颗颗重磅炸弹，打破了学界原有的平静。更具突破性的是，萨科揭示了"卒中差异"并非单一因素所致，而是遗传易感性、社会经济地位与生活方式的复杂交互。为了更形象地解释这种复杂的关系，萨科创造性地提出了"风险放大器"概念。以高血压为例，黑种人中的患病率比白种人高37%，但由于医疗资源可及性存在显著差异，高血压在黑种人中实际导致的卒中负担被进一步放大了2.3倍；反观房颤，虽然在白种人中的检出率相对更高，但因为早期干预率的不同，最终心源性卒中的族裔差异反而被缩小了。这些发现如同手术刀，精准剖开"均等医疗"的表象，暴露出社会结构对疾病的深刻塑造。

萨科深知，研究的最终目的不仅仅是发表几篇论文，而是要切实推动社会的进步，改善患者的健康状况。1998年，他带着研究数据走进美国国会听证会，用图表证明："若忽视少数族裔的卒中差异，每年将多发生23万例可预防卒中病例。"他的发言引起了广泛关注，直接促使美国国立卫生研究院（NIH）大幅增加了对多元人群研究的资金投入，并推动AHA启动了"终结卒中之力"（Power To End Stroke）倡议，在全国127个少数族裔社区建立起了卒中筛查网络，为早期发现和干预卒中提供了有力保障。在学术方法论上，萨科革新了卒中流行病学的研究范式。传统队列研究依赖医院数据，而NOMAS采用"社区地毯式筛查"，培训双语社工入户调查，将卒中发病率的漏报率从40%降至9%。这种对数据完整性的苛求，让NOMAS数据库成为全球首个包含详细社会经济变量的卒中队列，为后续基因-环境交互作用研究奠定了基础。

三、知行合一：从数据殿堂到现实战场的跨界冲锋

2007年，萨科出任迈阿密大学神经病学系主任，面对的是美国卒中差异最严重的区域之一：佛罗里达州的拉丁裔卒中死亡率比全国平均水平高41%，非裔的院前延误时间比白种人长23分钟。他将办公室设在杰克逊纪念医院急诊室楼，每天观察不同族裔患者的救治流程，发现了触目惊心的现实："当白种人患者在黄金时间内接受溶栓时，少数族裔患者还在填写多语言知情同意书。"作为AHA历史上首位神经科主席（2010～2011年），他启动了佛罗里达-波多黎各卒中协作计划，将207家医院纳入"遵

循指南"（Get With the Guidelines）质量改进网络。他引入工程学的"流程再造"理念，将溶栓决策时间分解为17个节点，精准定位到"西班牙语翻译等待"这一关键瓶颈，推动开发实时视频翻译系统，将延误时间缩短至8分钟。

2013年，在萨科的推动下，佛罗里达卒中登记处正式运行，这是美国首个覆盖全州的实时监测系统。登记处不仅追踪临床指标（如溶栓率、并发症），而且纳入了社会决定因素数据（如医保类型、教育程度），形成动态的"卒中差异热力图"。当数据显示某社区的高血压控制率低于30%时，团队立即启动"移动诊所计划"，将筛查车开到超市停车场，累计覆盖12万高危人群。他的跨界思维还体现在对"健康公平"的重新定义：在分析NOMAS数据时，他发现"双语能力"与卒中后认知恢复呈正相关，遂推动医院建立多语言康复小组；证实"社区绿化程度"与卒中风险呈负相关后，联合市政部门在迈阿密低收入社区新增37个公园。这些突破传统医学边界的干预措施，让卒中防治从"疾病治疗"升级为"健康生态构建"。

2017年，萨科当选AAN主席，成为唯一同时执掌AHA与AAN的医生。他利用这一独特身份，推动了两大领域的深度融合：在AHA的指南中首次纳入"脑健康"评估指标，在AAN的诊疗规范中强调心血管风险的早期干预。"心脏与大脑本就是生命的双引擎，"他在2018年的联合会议上指出，"割裂二者的防治，如同只维修一半的发动机。"在他的促成下，两大协会联合发布《跨学科卒中预防共识》，提出"从胎儿期到老年期"的全生命周期管理理念，将高血压控制的关口前移至儿童期，将房颤筛查纳入55岁以上人群常规体检。这些举措，让卒中预防从"下游救治"转向"上游拦截"，每年预计可减少15万例新发卒中。

四、荣誉与传承：在数据与生命之间架设永恒桥梁

萨科的学术成就如同精密的神经突触网络，覆盖1000余篇论文、57项专利与19项指南制定。他在《新英格兰医学杂志》（NEJM）发表的《卒中差异的社会决定因素》研究，被引用超过8900次，成为该领域的奠基性文献；在《柳叶刀》发布的全球卒中负担报告中，首次将"种族-民族差异"作为独立分析维度，改写了流行病学的研究框架。他获得的荣誉是

对跨界贡献的加冕：美国心脏协会金心奖（表彰其对全球心血管健康的影响）、世界卒中组织全球领导力奖（肯定其在公平防治中的突破）、NINDS Javits神经科学奖（授予跨学科创新者的最高荣誉）。但他最珍视的是学生们的评价："他教会我们，数据不是冰冷的矩阵，而是千万个等待被听见的生命故事。"

作为迈阿密大学临床与转化科学副院长，萨科创立了"卒中差异研究学者计划"，专门招收来自少数族裔的医学生，为他们提供从实验室到社区的全链条培训。他的实验室成为多元文化的熔炉，37名成员来自14个国家，说着8种母语。他常说："医学的未来，属于能听懂不同生命语言的人。"在他的弟子中，涌现出多位领域领袖：安娜·埃尔金德（Anna Elkind）接任NOMAS负责人，将研究拓展至基因–社会环境交互作用；卡洛斯·莫利纳（Carlos Molina）在波多黎各建立首个卒中基因组数据库，破解加勒比人群的特有风险因素。这些分布在全球的"萨科学派"成员，正将跨界思维与公平理念播撒到更多的角落。

2021年，新冠病毒感染后的持续头痛，让萨科在MRI检查时发现了脑胶质母细胞瘤——中位生存期仅15个月的恶性肿瘤。作为神经科学家，他比任何人都清楚预后，但他选择了与时间赛跑：在术后第17天，他回到办公室，用颤抖的手修改给NIH的资助申请；在化疗间隙，他视频连线波多黎各团队，指导卒中登记处的数据校准；甚至在临终前4周，他还为《卒中》杂志审阅了3篇关于少数族裔卒中的论文。"不要为我悲伤，"他对同事说，"看看我们建立的登记处，看看那些正在接受筛查的社区，这就是生命的延续。"2023年1月17日，他在迈阿密的家中离世，窗外是他参与设计的"10号项目"建筑——14ft（4.2672m）的悬挑结构如同展开的翅膀，仿佛随时准备飞向更广阔的医学天空。

五、超越数据的遗产：一位跨界者的精神图谱

萨科的职业生涯是对"医学是什么"的持续追问。他用工程学的精确拆解卒中机制，用流行病学的视野捕捉群体规律，用临床医生的温度呵护个体生命。在他身上，我们看到了三种身份的完美融合：作为科学家，他是数据的朝圣者，他编织起卒中差异的复杂网络，让医学证据突破单一

族群的局限；作为实践者，他是医疗改革的工程师，将流程优化理论注入急诊室，让科技红利惠及最边缘的群体；作为思想者，他是健康公平的布道者，证明医学的终极目标不是征服疾病，而是消除所有生命的健康鸿沟。

回顾他的学术轨迹，从康奈尔的电路板到北曼哈顿的多元社区，从迈阿密的卒中登记处到全球指南的字里行间，会发现一个清晰的逻辑链：数据是认识世界的工具，行动是改变世界的钥匙，而人文关怀是所有科学探索的初心。萨科留下的不仅是NOMAS数据库中的百万条记录，更是一种信念：当医学突破学科壁垒，当研究扎根现实土壤，当数据承载生命重量，人类终将在与卒中的博弈中走向更平等、更光明的未来。

他的故事是一首关于跨界、创新与传承的长诗，每一个数据点都是诗的韵脚，每一次突破都是诗的高潮。在卒中防治的漫漫长路上，萨科是一座永不熄灭的灯塔，照亮着后来者继续前行，书写更宏大的生命篇章。

2007

杰弗里·唐南（Geoffrey Donnan）

从时间窗到组织窗的范式革新

杰弗里·唐南作为急性卒中溶栓研究的先驱之一，深入研究卒中的基础机制，并在神经保护领域取得重要突破，在澳大利亚及全球推动卒中研究，于2007年获威廉·M. 费恩伯格卒中卓越贡献奖。

在卒中治疗领域，唐南作为急性卒中溶栓研究的拓荒者，致力于揭示卒中的基本机制、引入新疗法，他历经近半个世纪实现了从"时间窗"到"组织窗"的重大理论跨越。当其他学者还在争论溶栓药物的利弊时，唐南已借助当时有限的影像技术，发现了缺血半暗带的关键作用。面对神经保护剂的转化困境，他于2007年在威廉·M. 费恩伯格卒中卓越贡献奖演讲中提出的"五步路线图"，为后续研究指明了方向。

一、学术启蒙与职业转向：从临床观察到影像革命的起点

1972年墨尔本的清晨，年轻的唐南穿过医学院走廊，手中紧攥着《临床神经解剖学》课本。阳光透过彩窗在地面投下斑斓光影，如同他对未知医学世界的想象。在解剖课上，当他第一次触摸到人类脑组织时，指尖的触感让他浑身一颤："这团柔软的组织，竟承载着人的记忆、情感与灵魂。"这种对神经科学的敬畏，成为他职业生涯的原始动力。作为班上的

佼佼者，唐南常泡在图书馆研读《柳叶刀》上的神经疾病案例。一次偶然机会，唐南在导师彼得·布兰丁（Peter Bladin）的办公室听到关于"短暂性全面遗忘综合征"的讨论——患者突然丧失记忆却保留其他认知功能，病因成谜。这种神秘病症吸引了他，毕业后唐南主动申请留在奥斯汀医院，开启了对该综合征的研究。

1980年，唐南获得澳大利亚神经病学协会的资助，踏上了飞往美国的航班。在明尼苏达州罗切斯特市梅奥诊所基础科学实验室的一年时间，他接受电生理学训练，专注于诱发电位技术，并将其应用于多种临床问题。这段经历培养了唐南"用基础科学解码临床问题"的思维方式。当他在波士顿目睹CT对卒中患者的实时成像时，这种思维瞬间被点燃。那是1981年的冬夜，一位65岁患者突发偏瘫，CT显示基底节区的低密度影像如同乌云压城。"我第一次如此直观地看到'时间如何吞噬大脑'，"他在日记中写道，"如果能提前干预，或许能阻止这片阴影扩大。"

回国后，唐南放弃了已有所成的遗忘综合征研究，转向当时尚属边缘分支的卒中领域。1982年，CT技术在澳大利亚刚用于临床，他成为奥斯汀医院最早掌握该技术的医生之一。在300多个日夜中，他守在CT室，记录下每一位卒中患者的影像特征与临床转归。某天凌晨，一位突发面瘫的患者送来急诊，CT显示壳核区域有微小低密度灶。唐南连续3天追踪患者症状，发现其出现短暂性肢体无力反复发作，如同"预警信号"，他敏锐地将这种现象命名为"壳核预警综合征"，同时这个发现也让学界意识到，卒中不是突然降临的灾难而是有迹可循的过程。凭借这项研究，唐南于1983年获得医学博士学位。毕业典礼上，导师布兰丁拍着他的肩膀说："你用影像为卒中研究装上了眼睛，现在，该为它找到治疗的双手了。"这句话，成为他下一阶段研究的注脚。

二、卒中流行病学拓荒：构建本土研究范式与全球视野

1984年，唐南再次赴美，在梅奥诊所跟随杰克·P.惠斯南特（Jack P. Whisnant）学习神经流行病学。这位被誉为"现代卒中流行病学之父"的学者，教会唐南用统计学工具"解剖"疾病："数据不是冰冷的数字，而是人群的健康密码。"在参与明尼苏达州卒中登记项目时，唐南首次接触

大规模社区研究，学会如何设计问卷、追踪队列、分析风险因素。惠斯南特回忆起这位勤奋的学生："唐南每天最早到实验室，带着笔记本追问'为什么这个亚型在女性中更常见？''经济状况如何影响预后？'他的问题总是直指临床痛点。"这段经历让唐南意识到，澳大利亚在卒中流行病学领域几乎是空白——没有本土发病率数据，治疗策略照搬欧美指南，却忽视种族与环境差异。

1993年，已担任奥斯汀医院神经科主任的唐南，启动了澳大利亚首个基于社区的卒中研究——墨尔本东北部卒中发病率研究（The North East Melbourne Stroke Incidence Study，NEMESIS）。唐南带领团队在墨尔本东北部划定研究区域，挨家挨户敲门，说服居民参与健康登记。历时5年，唐南带领团队建立了包含2.3万名居民的数据库，通过医院记录、家庭随访、影像复查，精准统计卒中发病率。NEMESIS结果震惊了学界，澳大利亚东海岸人群的卒中亚型分布与欧美相似，但出血性卒中比例更高，且原住民发病率是白种人的2.3倍。"这说明遗传与社会因素共同造成了卒中负担，"唐南在《卒中》杂志发文指出，"一刀切的治疗方案行不通。"

NEMESIS的价值不只是发病率统计。唐南团队引入"生活质量评估工具"（AQoL），发现卒中患者的抑郁发生率高达42%，且独立于肢体功能障碍。这些数据被纳入澳大利亚卒中经济模型MORUCOS（Model of Resource Utilization，Costs，and Outcomes for Stroke）中，首次量化了澳大利亚卒中的经济成本：每位患者年均医疗支出达3.2万澳元，间接成本（如误工、护理）是直接成本的2.5倍。1999年，澳大利亚政府依据NEMESIS结果，将卒中预防纳入全民健康计划，推动高血压筛查率提升35%。

三、溶栓治疗的失败与突破：从"时间窗"到"筛选逻辑"的觉醒

1992年6月，澳大利亚各地医院的神经科医生收到一封特殊的信件："诚邀参与急性卒中澳大利亚链激酶试验（Australian Streptokinase Trial，ASK试验），这可能是改变卒中治疗史的机会。"唐南在附言中写道："让

我们试试，能否将心肌梗死的成功经验复制到卒中。"这项全国性多中心试验设计简洁：发病4小时内的缺血性卒中患者，随机接受链激酶或安慰剂治疗。唐南飞往珀斯、布里斯班等地亲自培训研究者，确保影像评估、用药流程完全标准化。然而，1994年12月的安全监测报告如一盆冷水：患者总体死亡率上升，尤其是3小时后用药组颅内出血率高达15%。试验被迫暂停，团队陷入沉默。唐南在复盘会上说："失败不可怕，可怕的是不知道为何失败。"事后分析发现，发病＜3小时组有改善趋势（尽管不显著），而阿司匹林联用增加了出血风险。"这说明时间窗和药物相互作用是关键，"他在《柳叶刀》发表的评论文章中指出，"我们需要更'聪明'的筛选，而非盲目扩大时间窗。"

ASK试验虽未达到预期，却催生了另一个重要成果——澳大利亚卒中试验网络（Australian Stroke Trial Network，ASTN）。唐南将分散的医院串联成网，建立标准化的患者登记系统、影像传输平台和治疗协议。"我们就像在搭建卒中治疗的'高速公路'，"他对团队说，"即使链激酶失败了，这条路还能跑其他'车'。"这套体系成为国际范本。1995年美国国家神经疾病与卒中研究所（NINDS）试验验证阿替普酶有效性时，采用的正是ASTN模式的改良版。

在ASK试验的阴影下，唐南经历了学术生涯的重要反思。他在1996年世界卒中大会上提出："溶栓治疗的核心不是药物种类，而是时间依赖性。"这个论断颠覆了当时"寻找更安全药物"的主流观点，推动学界将焦点转向缩短院前延误、优化急诊流程。墨尔本由此建立首个"卒中急救地图"，将120分钟内可抵达具备溶栓能力医院的区域用绿色标注，红色区域则部署移动卒中单元。数据显示，实施后患者平均就诊时间从180分钟缩短至95分钟，这为后续影像筛选研究奠定了时间基础。

四、影像引导的治疗范式革新：从"时间牢笼"到"组织窗"的跨越

2001年，唐南与墨尔本大学影像学家斯蒂芬·戴维斯（Stephen Davis）展开合作。彼时，"缺血半暗带"概念已提出20年，但如何在活体中精准识别仍是难题。两人在实验室争论不休，"仅凭血流灌注低不足

以定义半暗带，"唐南指着动物实验图像说，"必须证明这些组织还有挽救的可能。"他们最终提出"缺血半暗带四要素标准"：低灌注、与梗死核心同区域、可逆性、挽救后改善预后。为验证这一理论，他们合作编写了第一部关于缺血半暗带的专著，并设计了平面回波成像溶栓评价试验（Echoplanar Imaging Thrombolytic Evaluation Trial，EPITHET），首次提出了缺血半暗带的诊断标准和灌注加权成像-弥散加权成像（perfusion weighted imaging-diffusion weighted imaging，PWI-DWI）不匹配概念，并将这一概念作为筛选指标，纳入3～6小时时间窗患者。

2004年，EPITHET结果公布前夜，唐南在办公室踱步至凌晨。数据显示，阿替普酶组患者梗死体积增长未显著减少，但PWI-DWI不匹配亚组的再灌注率提高28%，且再灌注者良好预后率是未再灌注者的3倍。"这是双刃剑，"他对戴维斯说，"学界会质疑未减少梗死体积，但我们证明了影像筛选的价值。"不出所料，《新英格兰医学杂志》（NEJM）审稿人尖锐质疑："如何证明不匹配区域确实是半暗带？"唐南带领团队用尸检数据回应：PWI-DWI不匹配区域的神经元存活率比单纯弥散缺损区高41%。这场争论最终推动学界接受了"影像分层"理念。

2006年，唐南在一次国际会议上遇到一位医生含泪提问："我的患者醒来时已发病6小时，难道只能眼睁睁看他瘫痪？"这个场景促使他启动延长急性神经功能缺损溶栓治疗时间窗（Extending the Time for Thrombolysis in Emergency Neurological Deficits，EXTEND）系列试验，目标是将时间窗扩展至9小时，覆盖醒后卒中患者。这项研究面临巨大挑战：多模态影像（CT灌注/MRI）在基层医院普及率低，且需在90分钟内完成影像解读与用药。唐南联合通用医疗开发便携式灌注分析软件，在澳大利亚15个中心建立"10分钟快速读片"机制。同时联合开展EXTEND IA试验，作为最初5项确立血管内血栓切除术的关键试验之一，推动该技术成为现代医学中最有效的卒中干预手段。2015年，EXTEND试验中期分析显示：4.5～9小时组患者的良好预后率比安慰剂组高12%，且出血风险未显著增加。

2021年欧洲卒中组织指南更新会议上，面对300多位专家，唐南的话掷地有声："EXTEND研究数据显示，每年全球有150万患者因影像筛选重获治疗机会，我们没有理由再用'时间'剥夺他们的希望。"但保守派专家反驳："基层医院缺乏影像设备，推广会导致滥用。"最终，指南采纳了"基于影像的时间窗扩展"，但附加严格条件：必须由高级卒中中心实施。唐南对此早有准备，他在澳大利亚推行"卒中影像网络"，通过5G技术让基层医院CT影像实时传输至中心读片室，成本仅为传统模式的60%。

五、神经保护转化困境的破局者：构建从实验室到临床的"五步路线图"

2010年，唐南在《柳叶刀·神经病学》（*The Lancet Neurology*）发表综述，直指神经保护领域的"死亡之谷"：过去30年，超过1000种神经保护剂在动物实验中有效，却无一种通过Ⅲ期临床试验，累计研发投入超百亿美元。"我们就像在黑暗中摸索，"他写道，"动物模型与人类病理的鸿沟，让多数研究沦为'学术自慰'"。他深入分析失败原因：常用的大鼠卒中模型脑梗死速度比人类快10倍，导致药物来不及起效；临床前研究多在理想条件下进行，忽视患者常并存的高血压、糖尿病等干扰因素；临床试验用"一刀切"的入组标准，未针对半暗带残存率分层。

2007年，唐南在威廉·M.费恩伯格卒中卓越贡献奖演讲中提出了神经保护剂转化"五步路线图"。①强化动物证据：采用"多模型验证"（如小鼠、大鼠、猪），并在缺血后2小时内给药，以模拟临床实际延误。②人类组织验证：从癫痫手术患者获取脑组织，在体外构建缺血模型，测试药物保护效果。③人体分布成像：用PET示踪剂观察药物是否能穿透血脑屏障，在半暗带达到有效浓度。④新型临床前模型：利用脑卒中患者的诱导多能干细胞分化神经元，建立类人脑缺血模型。⑤影像指导临床试验：在Ⅱ期试验中用PWI-DWI筛选半暗带≥20mL的患者，以90天功能评分（mRS）为主要终点。这一路线图首次将"人类证据"作为动物实验与大规模临床试验间的必经桥梁，并与大卫·豪厄尔斯（David Howells）、马尔科姆·麦克劳德（Malcolm Macleod）等学者共同倡导将临床试验原则引入动物模型研究，强调样本量、随机化等关键要素，最终实现从实验室到临床的成功转化。唐南提出了一种系统性、多阶段的神经保护研究策略，通过更严格的科学方法和创新的技术手段，推动神经保护领域的进一步发展。

六、学术传承与全球影响：塑造卒中研究的"澳大利亚学派"

在墨尔本大学弗洛里研究所的地下室，唐南的"周五午餐会"是学生们最期待的时刻。他会带着三明治和咖啡，与学生围坐讨论论文："为什么选择这个样本量？""如果结果相反，你会如何解释？"他常说："科学不是证明自己正确，而是尽量证明自己错误。"学生艾利森·贝尔德（Alison Baird）、阿曼达·思里夫特（Amanda Thrift）、多米尼克·卡迪亚克（Dominique Cadilhac）等记得唐南常展示NEMESIS早期的"废数据"，强调"知道为什么这些数据被排除"。他教导学生，"科学的本质不是规避失败，而是从失败中提炼洞见"。在他的培养下，澳大利亚涌现出一批国际顶尖的卒中研究者：贝尔德已成为悉尼大学卒中中心主任，其团队建立的"卒中后认知评估体系"被纳入国际指南；思里夫特带领团队揭示社会经济地位与卒中复发的强相关性，推动了澳大利亚医保政策改革；卡迪亚克团队开发了便携式卒中风险评估APP，在澳大利亚基层医疗中普及率超过70%。

唐南的国际影响力更体现在"学术播种"上。作为《国际卒中杂志》（*International Journal of Stroke*）主编，唐南推动设立"新兴国家卒中专栏"，专门发表非洲、东南亚等地的研究成果。在担任世界卒中组织（WSO）主席期间，唐南曾发起成立"全球卒中研究联盟"，成员覆盖67个国家，定期举办讨论会，让发展中国家医生与顶级专家实时交流，并推动设立"全球卒中急救认证体系"，制定包括移动卒中单元配置、远程溶栓流程等12项核心标准。2012年因对神经病学及研究的卓越服务被授予澳大利亚勋章（Officer of the Order of Australia）。

从ASK试验的挫折到EXTEND的突破，从NEMESIS的本土数据到全球指南的改写，唐南用40年时间证明：科学的进步，从来不是直线上升的凯歌，而是在失败中修正方向、在质疑中坚守理性、在协作中突破边界的漫长旅程。杰弗里·唐南的名字，已不仅是一个学者的符号，而是代表着一种科学精神——敢于挑战既有范式，善于用技术赋能生命，始终以患者需求为研究起点。这或许就是现代医学最动人的注脚。

2008

S. 克莱本·约翰斯顿（S. Claiborne Johnston）

卒中预防机制突破与体系重构

S. 克莱本·约翰斯顿因在卒中二级预防及短暂性脑缺血发作患者短期卒中发生风险评估等方面的重要贡献，于2008年获威廉·M.费恩伯格卒中卓越贡献奖。

约翰斯顿是卒中防治领域的重要人物，以跨学科思维革新了卒中诊疗。他创建 ABCD² 评分工具优化急诊决策，通过跨国研究确立双抗治疗标准，还推动医疗教育改革。作为美国国家医学院院士，他提升了对短暂性脑缺血发作（TIA）的认知，并构建了完整的防控体系。

一、学术星空下的多维度攀登者：从物理学殿堂到神经医学前沿

在一个深冬，新英格兰地区的雪光映照着阿默斯特学院的哥特式建筑群，年轻的约翰斯顿站在物理学教授办公室里，手中攥着《物理评论快报》中关于混沌理论的论文复印件。窗外的雪松在寒风中簌簌作响，教授用钢笔尖轻点着论文上的公式："你看这组蝴蝶效应模型，像不像神经元放电时的非线性轨迹？"这个不经意的类比，如同一粒火种，在年轻的

约翰斯顿心中点燃了横跨物理学与生命科学的思辨火花。在哈佛医学院的大体解剖课上，约翰斯顿总是带着螺旋笔记本，用傅里叶变换的数学模型记录肌肉纤维的排列规律。当同学们在背诵解剖学术语时，他却在思考："如果把人体看作一个复杂系统，疾病是否如同物理系统中的熵增过程？"这种跨学科的思维方式，让年轻的约翰斯顿尝试运用统计物理中的随机过程理论分析脑血管痉挛的发生概率。

1990年，约翰斯顿在伯克利分校的流行病学实验室迎来了决定性时刻。他蹲在旧金山唐人街的社区诊所里，用3个月时间手绘了200例脑卒中患者的时空分布热力图。那些密集分布在贫困街区的红点，如同扎在他心口的针——这不是单纯的医学问题，而是社会结构在人体上的投影。在某个暴雨如注的夜晚，旧金山总医院急诊室接诊了一位右侧肢体麻木的72岁华裔女性。值班医生依据经验判断为"低风险TIA"，准备开具口服阿司匹林处方，约翰斯顿却注意到患者瞳孔对光反射略迟钝，坚持进行紧急CT扫描，结果显示脑干小面积梗死。当他握着患者家属颤抖的手解释病情时，窗外的闪电照亮了走廊尽头的希波克拉底誓言碑，那一刻他立下誓言："决不能让经验主义成为科学的绊脚石。"

二、职业生涯的关键转向：从实验室到管理岗的破茧之路

约翰斯顿在《卒中》杂志发表的首篇队列研究揭示：TIA患者90天卒中复发率高达12%，而急诊室漏诊率竟达34%。这个数据如同投进湖面的巨石，引起了学界的震动。他回忆起那个退休教师的案例："她来急诊时谈笑风生，CT却显示小脑梗死，我至今仍记得她女儿撕心裂肺的哭声。"为了捕捉TIA的"时间敏感性"，他在加州大学旧金山分校（UCSF）建立了全美首个TIA急诊观察单元，设置24小时神经功能监测系统，如同为脑血管疾病安装了早期预警雷达。

2009年接任UCSF研究副校长时，约翰斯顿面对的是堆积如山的科研项目申请书。他做的第一件事是在会议室墙上挂起巨幅沙漏装置，流沙下方标注着"临床试验平均周期：12.7年"。"我们不是在做基础研究，"他对管理团队说，"每延迟一天，就有150名患者因缺乏精准治疗而致残。"他推出的"转化催化剂计划"堪称科研管理的革命：设立快速伦理审查通

道，将早期临床试验审批周期从18个月压缩至6个月；建立跨机构数据共享平台，使多中心研究患者招募效率提升40%。最富争议的改革是"失败容忍机制"，即允许研究者申请"高风险、高回报"项目，即使失败也能获得方法论总结奖励。

约翰斯顿在2014年上任得克萨斯大学奥斯汀分校戴尔医学院院长的就职演说中，举起了一个特殊的教具——由3D打印技术制作的脑血管模型，内部嵌入传感器芯片。"未来的医生，"他的声音在礼堂回荡，"必须同时掌握解剖刀、数据算法和社区地图。"

三、改写卒中防治史的科学坐标

1. 一个评分改变卒中史：ABCD^{2}评分

急诊科曾经常有的一幕：左边是65岁的退休教师，清晨买菜时突发右眼黑矇，此刻正轻松地喝着苹果汁；右边是42岁的程序员，左手麻木10分钟后完全恢复，因"低风险TIA"被建议观察。两人症状都消失了，为什么程序员的CT显示小脑梗死并很快出现瞳孔散大？

每年美国约有240 000例TIA确诊，英国约有70 000例。TIA是一种严重的疾病，由大脑部分血液和氧气供应暂时减少引起，可导致视力丧失、腿和手臂无力、言语不清和意识丧失等急性症状。TIA有时被称为小卒中，因为其症状与卒中相同。TIA的严重症状通常持续数小时，所有症状在24小时内消失。由于持续时间短，许多TIA患者不会去看医生，即使去看了医生，也不一定能得到紧急治疗。研究表明，这些患者中有4%～20%会在TIA后90天内发生卒中，一半会在开始两天发生卒中。约翰斯顿表示，确定TIA后卒中风险最高和最低的患者将有助于医生决定哪些人需要立即入院，哪些人可以作为门诊患者接受治疗。然而，目前还无法准确估计个人风险以指导这些临床决策。

21世纪初提出了两种TIA预后评分：加州评分，用于估计TIA发生后90天内卒中的风险；ABCD评分，用于估计7天内的风险。然而，约翰斯顿强调，估计TIA后2天内卒中的风险通常与是否需要紧急评估和观察的决定最为相关。

约翰斯顿带领团队在美国和英国不同人群的大型独立群体中测试了现

有的两种预后评分，比较了TIA后2天、7天和90天的卒中风险预测。由于之前的两个预后评分都能可靠地预测广泛人群中的卒中风险，并且包含几个相似的组成部分，因此研究人员为最佳2天风险生成了一个新的统一评分。新的评分ABCD^{2}比之前的两个评分更能准确预测卒中风险，为临床护理和公共教育创建了一个单一标准，发表在《新英格兰医学杂志》（$NEJM$）。"目前，对于谁在TIA后入院或接受其他医疗干预尚无共识，"约翰斯顿说，"我们希望这将成为急诊科医生和诊所医生的有用工具。"他补充说："这对患者也很有用，尤其是糖尿病患者和老年人。"这种新的评分方法根据五种临床特征为每位患者分配分数：高血压、单侧肢体无力、肢体无力且有言语障碍、糖尿病和年龄较大。根据分数总和划分为高风险组、中风险组和低风险组。

约翰斯顿指出，虽然住院等干预措施成本高昂，但从长远来看，它可以节省成本，因为卒中的后续治疗通常包括漫长的住院康复，费用很高。此外，如果患者在观察期间确实发生卒中，可以立即用溶栓药物治疗。ABCD^{2}评分的本质是将复杂的脑血管病理生理转化为可操作的临床语言。它不仅是纸面的数字，更是急诊医生的决策罗盘、患者生命的早期警报、医疗资源分配的智能标尺。正如约翰斯顿所言："这个评分的力量在于让每个TIA患者都能被'看见'——无论是哈佛医学院还是非洲乡村诊所。"

2. 跨国智慧碰撞：中美双星共绘卒中预防新蓝图

在脑血管病防治的星辰大海中，约翰斯顿以其深厚的学术造诣，与北京天坛医院王拥军团队共同谱写了一曲跨越大洋的科研交响乐章。作为氯吡格雷联合阿司匹林治疗急性轻度卒中或短暂性脑缺血发作（Clopidogrel with Aspirin in Acute Minor Stroke or Transient Ischemic Attack，CHANCE）临床试验的核心设计者之一，这位加州大学旧金山分校前研究副校长，将国际前沿的卒中防控理念深深镌刻在这项改写全球诊疗指南的研究中。

面对高危非致残性缺血性脑血管病（high-risk non-disabling ischemic cerebrovascular event，HR-NICE）患者高复发率及传统双抗治疗高出血风险的难题，王拥军团队创造性提出"精准时间窗""精准预防方案"策略。这项覆盖中国114家医疗中心、纳入5170例患者的多中心研究，以高精度构建了双抗疗法模型：针对发病24小时内的"黄金救治期"，试验组采用

21天氯吡格雷（首日300mg负荷+75mg/d维持）联合阿司匹林的"脉冲式疗法"，随后转入单药维持。这种"短平快"的治疗方案，在保证疗效的同时，巧妙规避了传统双抗疗法的出血风险。

当2013年*NEJM*揭晓研究结果时，国际医学界为之震动——双抗组90天卒中复发风险骤降32%，相当于每治疗29例患者就能避免1例复发。更令同行惊叹的是，两组出血发生率竟差异无统计学意义，彻底打破了"疗效与安全不可兼得"的固有认知。世界卒中组织将其列为近十年三大里程碑进展，称其"重新定义了卒中二级预防的时空边界"，标志着卒中二级预防进入精准治疗阶段。CHANCE研究的深远影响在后续十年显现出了惊人的乘数效应。基于百万级临床数据的智能分析，研究团队精准锁定治疗窗口，使该方案在中国临床实践中成功阻止约90万例卒中复发，相当于每天挽救246个家庭免遭疾病二次打击。250亿元医疗费用的节约，更彰显出转化医学的巨大社会价值——这笔资金足以新建50所三甲医院或为300万农村人口提供基础医疗保障。

"CHANCE不仅是个科学突破，更是医疗资源优化配置的典范。"约翰斯顿在回顾研究时特别强调，"21天双抗疗程设计对世界尤其是发展中国家具有特殊意义，它像精准设计的手术刀，用最小的医疗投入获得最大的健康产出。"正当国际学术界热议CHANCE成果时，约翰斯顿领衔的血小板定向抑制在新发短暂性脑缺血发作和轻度缺血性脑卒中中的应用（Platelet-Oriented Inhibition in New TIA and Minor Ischemic Stroke，POINT）试验在大洋彼岸悄然启动。这项由美国国立卫生研究院资助、采用相似设计的多中心研究，如同科学界的"双生子试验"，为验证治疗方案的人种普适性提供了独特视角。"东西方人群在基因谱系、风险因素方面存在显著差异，"约翰斯顿解释双试验并行的深意，"如果POINT能复现CHANCE的结果，就意味着我们找到了放之四海而皆准的防治密钥。"

这位神经学权威的远见卓识最终获得历史验证。2018年POINT试验数据揭晓，其与CHANCE研究结果的高度一致性，使氯吡格雷+阿司匹林联合方案正式晋升为国际金标准。这是转化医学的完美范例——从北京到旧金山，"我们共同证明：卓越的科学突破能超越地域与种族的边界"。

3. 冲突与抉择：POINT试验的风险权衡改写国际卒中治疗史的里程碑

POINT试验的启动堪称"科学的二重唱"。试验过程中，一位参与研究的加拿大患者因双抗治疗导致胃出血，差点被迫退出。约翰斯顿连夜召集安全委员会，最终咬牙决定："继续！但必须密切监测出血风险。"后来的数据证明，虽然大出血风险略增，但每治疗100人就能避免2次卒中复发——这个结果彻底改变了临床指南。

POINT试验成为指南修订的"催化剂"。基于POINT亚组分析，美国心脏协会（AHA）2018年指南推荐：21天双抗治疗后改用单抗维持，以避免长期出血风险；欧洲卒中组织（ESO）指南新增Ⅰ类推荐：12小时内启动双抗治疗。同时，该研究也产生了卫生经济学影响，成本效益分析显示：每避免1例卒中需花费28 000美元，低于美国卒中平均治疗成本（45 000美元）；并催化衍生出探索双抗在合并房颤患者中的应用试验（TRACER）和评估延长双抗至30天的安全性试验（POINT-2）。基于POINT试验数据开发的人工智能复发预测模型（STAR系统），现被用于美国130家卒中中心。推动全球建立"TIA快速通道"诊疗体系，平均入院至给药时间缩短至45分钟。

POINT试验如同神经血管中的另一"精密手术"，在21天治疗窗、12小时给药期、5%绝对风险降低这些数字背后，是约翰斯顿团队对临床医学本质的深刻理解——在获益与风险的天平上，科学需要冷峻的数据，而医者需要温暖的智慧。这项研究不仅改写了指南，更重塑了学界对TIA的认知：那些转瞬即逝的症状，是一场生死之战的序幕。

4. 从CHANCE到THALES：抗血小板疗法的持续探索

在CHANCE与POINT试验奠定双抗治疗基石后，约翰斯顿将目光投向更复杂的治疗场景，共同主导了SOCRATES（Acute Stroke or Transient Ischemic Attack Treated With Aspirin or Ticagrelor and Patient Outcomes）与THALES（Acute Stroke or Transient Ischemic Attack Treated with Ticagrelor and Aspirin for Prevention of Stroke and Death）两项跨国研究。2013年启动的SOCRATES试验，首次在全球33个国家纳入13 199例急性卒中或TIA患者（包括1175例中国患者），以双盲双模拟设计比较替格瑞洛（首日

180mg负荷+90mg/d维持）与阿司匹林（首日300mg负荷+100mg/d维持）的疗效。尽管90天主要终点未显示统计学差异，但研究团队发现：在症状发作7天内的超急性期，替格瑞洛组致残性卒中风险降低31%。这一发现如同黑暗中的火种，为后续研究指明了方向。

基于SOCRATES试验的急性期获益启示，约翰斯顿在2018年启动THALES试验，将双联抗血小板治疗周期延长至30天，并采用替格瑞洛联合阿司匹林的强化方案。这项覆盖11 016例患者的研究揭示了疗效与风险的微妙平衡——尽管缺血事件显著减少，但颅内出血风险同步上升，如同天平两端难以调平的砝码。该方案同样被写入多国卒中指南，但附带了严格的出血风险评估条款。约翰斯顿对此总结道："THALES试验不是终点，而是个体化治疗的起点。我们的工作证明，精准医学需要同时握紧疗效的盾牌与安全的护甲。"这两项研究形成完整的科学闭环：SOCRATES试验揭示了时间窗的魔力，THALES试验划定了风险的边界，共同推动卒中治疗从"一刀切"走向"量体裁衣"。

真正的医学革命从不诞生于论文的P值，而是源于对"未解之痛"的持续追问。在神经科学的浩瀚星河中，约翰斯顿始终以"临床问题"为引力中心，构建着连接研究数据与公共卫生政策的超立方体。这位永不停歇的破壁者，仍在以不同的画笔书写着属于医学未来的画卷。

2009

拉里·B. 戈德斯坦（Larry B. Goldstein）

机制突破推动护理变革之路

拉里·B. 戈德斯坦凭借在卒中机制探索、创新治疗方法及推动卒中防治实践方面的卓越贡献，于2009年获威廉·M. 费恩伯格卒中卓越贡献奖。

一、戈德斯坦的学术成长与卒中研究之路

戈德斯坦的故事始于1977年，那一年他以优异的成绩从布兰迪斯大学毕业，获得了生物学学士学位，并被授予美国大学优等生荣誉学会（Phi Beta Kappa）荣誉。作为一名对生命科学充满热情的年轻人，他决定将自己的未来献给医学研究。四年后，他从西奈山医学院毕业，获得了医学博士学位。在那里，他不仅接受了严格的医学训练，还因其卓越的学术表现获得了多项奖学金和荣誉，包括帕金森病基金会夏季奖学金和萨拉·本德（Sara Bender）临床神经病学奖。

毕业后，戈德斯坦选择留在西奈山医疗中心，完成了为期四年的住院医师培训。在这段时间里，他对神经病学产生了浓厚的兴趣，尤其是脑血管病的复杂性和挑战性深深吸引了他。他意识到，卒中不仅是一个医学难题，更是一个全球性的公共健康问题。

1985年，戈德斯坦来到杜克大学，开始了为期两年的脑血管病研究培训。其间，他沉浸在实验室中，探索卒中的生物学机制，并逐渐形成了独特的研究理念：卒中研究不仅仅是基础科学的探索，更是临床实践的指南，二者之间应该形成一个"转化研究"的闭环。

凭借在卒中研究领域的卓越贡献，戈德斯坦迅速从一名研究员成长为杜克大学神经病学教授，并被任命为杜克卒中中心主任。在他的领导下，杜克卒中中心成为美国最具影响力的卒中研究机构之一。

更重要的是，在杜克大学，戈德斯坦不仅是一位杰出的科学家，也是一位卓越的教育家。他培养了大量优秀的研究人员和临床医生，将自己的研究理念和实践经验传递给下一代。他一直都践行"科学研究的意义不仅在于发现真理，更在于用真理改善人类的生活"的理念。

2015年，戈德斯坦受邀加入肯塔基大学，担任神经科学研究所联合主任、神经病学系教授兼系主任。他的到来为肯塔基大学带来了新的活力，也为卒中研究注入了新的动力。

二、践行基础科学与临床实践的"转化研究"理念

戈德斯坦的研究重点之一是药物对卒中后恢复的影响。他的灵感来源于1982年丹尼斯·菲尼（Dennis Feeney）的一项研究，该研究发现，在大鼠单侧感觉运动皮层切除24小时内给予单剂量苯丙胺（amphetamine），可以显著改善运动功能。戈德斯坦敏锐地意识到，这一发现可能为卒中后康复提供新的治疗方向。

戈德斯坦及其团队围绕这一现象展开了一系列实验，发现苯丙胺的效果并非呈简单的线性关系，而是呈倒"U"形曲线：适量的药物可以显著促进恢复，但剂量过高反而会产生负面影响。此外，药物的效果还受到多种因素的影响，包括动物的训练和环境，给药的时机、次数和频率等。例如，他们发现，苯丙胺的作用需要与适当的康复训练相结合，而单独使用药物或训练均无法达到最佳效果。

为了进一步探究苯丙胺的作用机制，戈德斯坦的团队进行了多项开创性的实验。他们通过使用选择性消耗中枢去甲肾上腺素的神经毒素（DSP-4）预处理大鼠，发现去甲肾上腺素的缺失会显著损害大鼠感觉运动皮层切

除后的运动恢复。此外，选择性损伤脑桥蓝斑核（中枢去甲肾上腺素能神经支配的主要来源）也会阻碍大脑皮层损伤后的恢复。这些研究表明，苯丙胺通过调节中枢去甲肾上腺素的水平来促进卒中后的功能恢复，且其作用主要集中在损伤对侧的大脑半球。

基于这些机制研究，戈德斯坦的团队预测了一系列去甲肾上腺素能药物对卒中恢复的潜在影响。例如，育亨宾和伊达唑烷作为中枢作用的 α_2-肾上腺素能受体拮抗剂，能够增加去甲肾上腺素的释放，在大鼠单侧感觉运动皮层损伤后单剂量给药可以显著促进运动恢复；而可乐定作为 α_2-肾上腺素能受体激动剂，能够减少去甲肾上腺素的释放，从而会损害恢复。

这些研究不仅为理解卒中恢复的神经生物学过程提供了深刻见解，也为筛选和研发更有效的卒中治疗药物奠定了基础。在理论层面，戈德斯坦的研究推动了卒中治疗领域的发展，为后续的临床试验设计提供了关键依据。

戈德斯坦始终践行"转化研究"的理念，将基础研究成果应用于临床实践，同时将临床问题反馈到实验室进行深入研究。他参与了多项临床试验，试图验证苯丙胺等药物在卒中患者中的效果。尽管小型临床试验的结果并不总是令人满意，例如由于药物剂量、干预时机、患者共病及脑损伤位置和程度等因素的复杂性，试验结果往往不一致，但戈德斯坦并未因此气馁。他参与了由美国国立卫生研究院（NIH）支持的"苯丙胺增强卒中恢复试验"试点项目，尝试解决大规模前瞻性试验设计中的关键问题，努力将基础研究成果转化为临床实践。

在临床实践中，戈德斯坦还关注到某些药物在动物模型和人类临床应用中的差异。他将这些问题带回实验室，通过进一步研究分析原因，为临床合理用药提供更精准的指导。例如，他发现某些药物在动物实验中表现出良好的效果，但在人类患者中却未能达到预期。他通过深入分析药物代谢、剂量反应曲线及患者个体差异等因素，为优化临床治疗策略提供了重要依据。

三、用数据和行动改变北卡罗来纳州卒中护理的先行者

1998年的一个清晨，戈德斯坦站在北卡罗来纳州的一家医院门前，手

持调查问卷。他的目光坚定，心中充满了使命感。他知道，这不仅仅是一项研究，更是一次改变卒中护理现状的机会。作为一名神经病学家和卒中研究领域的专家，他深知卒中护理的现状远未达到理想水平，而他决心用科学和数据推动改变。

当年，戈德斯坦领导了一项开创性的研究——北卡罗来纳州首次全州范围内的卒中治疗能力评估。这项研究的目标是全面了解全州医院在卒中护理方面的能力和资源分布情况。通过对全州医院的深入调查，戈德斯坦发现了令人担忧的现实：尽管大多数医院能够进行基本的诊断测试，但只有40%的医院具备静脉注射组织型纤溶酶原激活剂（t-PA）治疗方案，只有18%的医院设有卒中单元或类似机构，18%的医院拥有卒中快速反应系统，而提供卒中相关社区教育项目的医院仅占27%。更令人担忧的是，这些资源在全州范围内分布极不均衡，部分地区甚至完全缺乏相关服务。

这些数据让戈德斯坦意识到，卒中护理的不足不仅是医疗资源问题，更是一个公共健康危机。卒中是一种急性疾病，治疗的黄金时间非常短暂，如果患者无法在发病后及时获得有效治疗，后果将是灾难性的。戈德斯坦深知，数据本身无法改变现状，但它可以成为推动政策变革的有力工具。

五年后，戈德斯坦再次对北卡罗来纳州的卒中护理能力进行了评估。这次的结果显示，尽管某些诊断测试的可及性有所提高，但在护理的组织架构方面几乎没有变化。这种停滞不前的现状让戈德斯坦更加坚定了推动变革的决心。他开始积极与州政府、公共卫生机构和医疗组织合作，利用两次评估的数据呼吁建立全州范围的卒中护理系统。

戈德斯坦的努力最终促成了2006年北卡罗来纳州的一项重要立法。通过这项立法，设立了一个卒中咨询委员会，其职责是推动全州范围的卒中护理体系建立。这一系统的建立标志着北卡罗来纳州在卒中护理领域迈出了历史性的一步。通过卒中咨询委员会的工作，全州范围内的卒中护理资源的配置得到了优化，更多的医院开始实施t-PA治疗方案，建立卒中单元，并开展社区教育项目。这不仅提升了卒中治疗的整体水平，也显著改善了患者的预后。

戈德斯坦的贡献不仅体现在数据和政策层面，更体现在他对患者的深切关怀中。他深知，卒中护理的改善不仅是一个医疗问题，更是一个社会问题。通过推动卒中护理系统的建设，他为无数卒中患者争取了更好的治疗机会和预后结果。

2015年，戈德斯坦因在改善卒中护理方面的卓越贡献，被北卡罗来纳州州长授予该州最高平民荣誉——齐眉松勋章（The Long Leaf Pine Award）。这一荣誉不仅是对他个人努力的肯定，更是对他在公共健康领域影响力的高度评价。

戈德斯坦在北卡罗来纳州的工作不仅提升了该州卒中治疗的整体水平，还为其他州和国家提供了可借鉴的模式。他的研究和政策倡导工作充分体现了医学研究与公共健康的紧密结合，也为全球卒中护理系统的建设提供了宝贵的经验。他的故事告诉我们，科学不仅仅是实验室里的探索，它还可以成为改变社会的力量。

通过推动北卡罗来纳州卒中护理系统的建立，戈德斯坦用行动证明了科学研究的真正价值。他不仅是一位卓越的科学家，更是一位用专业知识为公众健康谋福祉的社会责任践行者。他的努力和贡献深刻地改变了无数卒中患者的命运，也为全球卒中防治事业树立了榜样。

四、从研究到政策，一位卒中领域领跑者的远见与实践

1998年，戈德斯坦坐在昏暗的研究室里，手边是一摞厚厚的文献报告，上面详细记录了卒中对美国社会造成的深远影响：成千上万名患者残疾、数以百万计的家庭陷入经济困境，而对卒中研究的资助，却远逊于其他重大疾病领域。即便如此，他依然清楚，数据本身并不足以改变现状，他需要走出学术研究的象牙塔，进入决策的最前沿。

戈德斯坦很快意识到，仅仅依靠学术圈的努力并不能解决问题。1998年，他参与了由美国心脏协会（AHA）组织的一场规模空前的科学倡导活动。在AHA深厚的基层网络和各类联盟伙伴的支持下，这次运动有一个伟大的目标——推动NIH的预算在五年内翻倍。戈德斯坦凭借丰富的专业知识，频繁与政策制定者对话，用一组组真实且震撼的数据强调卒中防治研究对国民健康的重要性。他的数据不仅展现了卒中高发率及其沉重的经济负担，也直击医疗资源配置不足的棘手现状。最终，在他的不懈努

力下和强大科研数据支持下，NIH预算成功实现了翻倍，为卒中研究和众多相关领域注入了生机。

然而，时势并未一直向好发展。2003年以后，NIH的预算因未充分考虑到医疗通货膨胀而被削减，科研资助比例急剧下降。戈德斯坦无数次在公众场合表达忧虑："如果没有持续且稳定的资金支持，一代科学研究力量将岌岌可危。"他不仅发声呼吁，还号召更多的年轻科研人员加入政策倡导，通过有效的沟通与专业洞见，保障联邦资金的稳定性，确保研究的长期性和持续性。

然而，他并未止步于此。戈德斯坦认为，卒中防治不单靠科研，还需要政策的联动。在2009年的著名威廉·M. 费恩伯格讲座中，戈德斯坦提出了"卒中研究与政策的连续性"（The Continuum of Stroke Research and Policy）这一概念。他强调，卒中相关研究必须贯穿从基础机制探索，到社区预防干预，再到临床实践乃至政策决策的多层次过程。

戈德斯坦的深刻影响不仅限于美国。在2008年《卒中》杂志发表的论文《减少卒中死亡和残疾：政府倡导的作用》（Reducing death and disability from stroke: the role of governmental advocacy）中，他进一步指出，政府作为卒中研究的主要资助者，既承担推进医学创新的责任，也对公共健康政策有直接的掌控力。专业组织如美国心脏协会、美国卒中协会通过设立卒中议题联盟并推动政府开展针对卒中的国家计划，在全球范围内产生了积极影响。戈德斯坦还极力主张"比较效果研究"，以量化医疗资源的使用效率和治疗方案的实际疗效，从而促使政策更加注重患者和社区的实际健康需求。

时至今日，戈德斯坦的名字已成为卒中防治领域科研与政策互动成功的代名词。他用行动证明，科学研究者不仅可以取得轰动学术领域的发现，同样可以在振臂高呼间推动政策向善。他跨越传统学术边界的努力，为世界各地的卒中患者争取了更高质量的治疗和更公平的健康资源分配。

五、在医学与政策的交汇处：戈德斯坦的卒中研究路程

作为一位教育家和领导者，戈德斯坦培养了无数优秀的研究人员和临床医生。从杜克大学到肯塔基大学，他始终践行"从基础到临床、从研究

到政策"的理念，将科学的力量转化为改善人类健康的实际行动。他不仅推动了卒中基础研究和临床研究的结合，还积极参与多项国际多中心临床试验，为卒中治疗和康复提供了重要数据，获得多项国际国内学术与公益荣誉，如美国心脏协会主席奖、委员会领导奖和杰出成就奖。

如今，作为肯塔基大学神经科学研究所的联合主任，戈德斯坦继续在卒中领域开拓前行。他以820多篇学术论文和无数研究成果，为全球卒中防治事业树立了标杆。他的职业生涯不仅是科学探索的旅程，更是一段充满责任感和使命感的感人故事。他用科学改变了生命，也用行动诠释了医学的真正意义。戈德斯坦的名字，已成为卒中领域科研与实践结合的代名词，也是一座激励后来者不断前行的灯塔。

戈德斯坦的研究和实践，不仅推动了卒中领域的科学进步，也为全球卒中患者的治疗和康复带来了希望。他的职业生涯，是一段从实验室到临床、从研究到政策的跨越之旅，更是一段用科学改变生命的感人故事。

2010

马尔库·卡斯特（Markku Kaste）

科学创新与全球卒中管理标准推动之路

马尔库·卡斯特因主导芬兰的卒中治疗项目，推动早期溶栓治疗的应用，研究神经影像学技术并推动卒中影像学评估的标准化，同时还致力于卒中护理标准的制定，推动卒中单元的建立，使卒中治疗从"无计可施"发展到"及时干预"，为全球医学界树立了典范，于2010年获威廉·M.费恩伯格卒中卓越贡献奖。

Markku Kaste
Kw.

一、从芬兰少年到全球卒中领域的灯塔

在芬兰的赫尔辛基，一个被森林和湖泊环绕的北欧城市，1941年的秋天，卡斯特诞生了。那是一个战火纷飞的年代，芬兰正经历着第二次世界大战的动荡，或许是北欧的严寒与自然的纯净赋予了他坚韧不拔的性格，也或许是家庭的支持与教育的熏陶让他从小就对科学和生命充满了好奇。

进入赫尔辛基大学后，卡斯特的梦想逐渐变得清晰。他选择了医学作为自己的专业，并在学习中展现出过人的天赋。他不仅成绩优异，还对神经科学和脑血管疾病表现出浓厚的兴趣。那时的医学界对卒中的了解还非常有限，许多患者因为缺乏有效的治疗而失去了生命。这种无力感深深触动了卡斯特，他开始思考：是否可以通过研究找到更好的方法来治疗这些患者？

1968年，卡斯特从赫尔辛基大学获得医学博士学位，正式踏上了他的职业道路。这些年，他不仅在学术上不断进步，还在临床实践中积累了丰富的经验。他在赫尔辛基大学中心医院担任住院医师时，接触了大量卒中病例。那些患者的痛苦和家属的无助让他更加坚定了自己的方向：为卒中治疗找到突破口。

1977年，卡斯特被任命为赫尔辛基大学的神经病学讲师，这标志着他正式进入了学术界。尽管当时的他已经在芬兰医学界小有名气，但他并没有因此满足。他知道，卒中治疗的道路还很漫长，而他必须更加努力。1980年，卡斯特被任命为神经病学教授，也开始主持多项研究项目，并逐步确立了在卒中领域的地位。

卡斯特的职业生涯并非一帆风顺。在那个年代，医学研究的资源有限，许多想法和实验都需要克服重重困难才能实现。但他从未退缩，他总是以一种乐观而坚定的态度面对挑战。他的同事常说，卡斯特不仅是一位出色的医生和研究者，更是一位充满激情的领导者。卡斯特的热情和幽默感让他成为团队中的核心人物，而他的坚持和智慧则让他成为许多人心中的榜样。

随着时间的推移，卡斯特的名字逐渐被更多人熟知。他不仅在芬兰国内取得了卓越的成就，还在国际舞台上崭露头角。他的研究成果开始影响全球的卒中治疗，而个人魅力也让他成为许多年轻医生与研究者的导师和朋友。

尽管卡斯特的职业生涯充满了成就，但他始终保持着谦逊和低调。他更愿意将自己的成功归功于团队的合作和家人的支持，而不是个人的努力。

即使在退休后，卡斯特依然活跃在医学界。他不仅继续参与研究，还致力于培养下一代的医学人才。他相信，只有通过教育和合作，才能让卒中治疗的未来更加光明。

二、创立欧洲卒中促进会，引领欧洲卒中管理的卓越征程

1995年的一个秋日，瑞典赫尔辛堡的一间会议室里，来自欧洲各地的神经病学家和卒中研究专家齐聚一堂，展开了一场关于卒中治疗未来的激烈讨论。这场被称为"第一次赫尔辛堡共识会议"的聚会，成为欧洲卒

中管理史上的一个重要里程碑。而在这场会议上，卡斯特的发言尤其引人注目。他提出了一个大胆的设想：欧洲需要一个统一的卒中管理平台，通过教育、研究和指南制定，推动卒中治疗的标准化和优化。这一想法得到了与会专家的热烈响应，也为后来欧洲卒中促进会（European Stroke Initiative，EUSI）的成立播下了种子。

1996年，在瑞典的谢尔·阿斯普伦德（Kjell Asplund）和丹麦的杰斯·奥莱森（Jes Olesen）支持下，卡斯特正式创立了EUSI。这一组织由三个欧洲顶尖的神经病学和卒中领域学会联合发起，分别是欧洲卒中委员会（European Stroke Council，ESC）、欧洲神经学会联合会（European Federation of Neurological Societies，EFNS）和欧洲神经学会（European Neurological Society，ENS）。EUSI的成立，标志着欧洲卒中管理进入了一个全新的阶段。

作为EUSI的第一任执行委员会主席，卡斯特深知，组织的使命不只是一个口号，而是需要通过实际行动来实现。他为EUSI制定了清晰的目标：通过教育和提供最佳实践指南，改善并优化欧洲的卒中管理。这一目标看似简单，但在当时的欧洲，却面临着巨大的挑战。各国的卒中治疗水平参差不齐，缺乏统一的标准和指南，许多患者无法获得及时有效的治疗。卡斯特决心改变这一现状。

在卡斯特的领导下，EUSI迅速展开了工作。1999年，EUSI发布了第一版《欧洲缺血性卒中管理指南》。这份指南不仅总结了当时卒中治疗领域的最新研究成果，还为临床医生提供了具体的操作建议。为了让更多的医生能够使用这份指南，EUSI将其翻译成十多种语言，其中包括中文和俄文。这一举措极大地扩大了指南的影响力，使其成为欧洲乃至全球卒中治疗的参考标准。

2003年，EUSI对缺血性卒中管理指南进行了更新，进一步完善了治疗建议。与此同时，卡斯特还推动了出血性卒中管理指南的制定，并于2006年正式发布。这些指南的出台，不仅填补了欧洲卒中治疗领域的空白，也为全球卒中研究提供了宝贵的经验。

EUSI的成功，不仅体现在指南的制定和护理标准的推广上，还体现在教育和合作的持续影响力上。在卡斯特的领导下，EUSI创立了虚拟卒中大学和欧洲卒中硕士项目，定期举办的暑期学校支持卒中教育，为年轻医生和研究者提供了系统化的培训。这些教育项目，不仅培养了新一代的卒中专家，也为卒中领域注入了新鲜血液。

2007年，EUSI与ESC合并，成立了欧洲卒中组织（ESO）。这一合并标志着欧洲卒中管理进入了一个新的阶段。作为ESO的临时执行委员会成员，卡斯特继续发挥着重要作用。他不仅为组织的运行提供了宝贵的经验，还积极推动ESO的国际化发展。

2013年，卡斯特被选为ESO的首位荣誉会员。这一荣誉不仅是对他个人贡献的肯定，也是对他在卒中领域领导力的高度认可。作为一位科学家和领导者，卡斯特始终以患者的福祉为核心，用实际行动推动了卒中治疗的进步。

三、静脉溶栓治疗的开创性研究，推广循证医学教育

在现代卒中治疗的历史中，卡斯特的名字无疑是一个不可忽视的存在。他不仅是一位卓越的临床医生，更是一位具有全球视野的研究者和教育家。他主导了多项国际多中心临床研究，尤其在卒中治疗和预防领域的开创性工作，为现代卒中治疗奠定了坚实的科学基础。同时，他还通过教育和推广活动，将卒中研究的成果转化为临床实践，影响了无数年轻医生和患者的命运。

20世纪90年代，卒中治疗领域迎来了一个重要的转折点。传统观念认为，卒中是一种不可逆的疾病，患者一旦发病，脑组织的损伤便无法修复。然而，卡斯特却不认同这种观点。他坚信，通过科学研究，可以找到挽救脑组织的方法。正是在这样的信念驱动下，他投身于静脉溶栓治疗的研究，并主导了欧洲急性卒中协作研究（ECASS）。

ECASS是全球范围内最早的大规模多中心临床研究之一，旨在验证静脉溶栓治疗（使用阿替普酶，rt-PA）在急性缺血性卒中患者中的安全性和有效性。这些研究不仅涉及多个国家和地区的卒中中心，还为卒中治疗的现代化奠定了科学基础。

1995年，卡斯特在《美国医学会杂志》（*JAMA*）发表了ECASS Ⅰ试验的结果。这是静脉溶栓治疗的首次大规模验证，目标人群是急性缺血性卒中发病6小时后的患者。虽然此次研究未能明确证实1.1mg/kg 阿替普酶

在改善患者预后方面相较于安慰剂有显著优势，但结果显示在具有中度至重度神经功能缺损且在初始 CT 扫描中无大面积梗死征象的患者中，阿替普酶可以显著改善患者的一些功能指标和神经系统结局。这个研究开启了急性缺血性卒中溶栓治疗研究的重要篇章，为后续一系列相关研究奠定了基础，激励着全球科研人员不断探索优化急性缺血性卒中治疗方案的路径。

而后，卡斯特继续开展ECASS Ⅱ试验，在ECASS Ⅰ试验的基础上降低阿替普酶的用药剂量至0.9mg/kg，并扩大了研究样本量。该研究成果于1998年在《柳叶刀》发表，结果虽未证实阿替普酶具有统计学上的益处，但根据先前试验的证据可以解释趋向于有效性的态势。这一阶段的研究为后续溶栓治疗试验的开展提供了更强有力的科学依据。

2008年，在《新英格兰医学杂志》（NEJM）发表了ECASS Ⅲ的研究结果，这是最具影响力的一期试验，其结果直接推动了静脉溶栓治疗被纳入全球卒中治疗指南。试验表明，在发病后3～4.5小时使用阿替普酶治疗的患者，其功能恢复显著优于未接受治疗的患者。这一成果不仅改变了卒中治疗的临床实践，也为无数患者带来了新的希望。

卡斯特还推动了芬兰和斯堪的纳维亚地区积极参与这些试验，使这些地区的卒中治疗水平得到了显著提升。他的研究成果证明，静脉溶栓治疗可以在一定程度上挽救那些原本会永远失去的脑组织，为急性卒中患者带来了生的希望。此外，卡斯特还在2006年发表了关于卒中的重要论著《证据、教育和实践》（Evidence，Education and Practice），系统总结了循证医学在卒中领域的应用，并提出了未来的发展方向。

四、建立卒中单元，为欧洲卒中护理设立新标杆

在医学史上，卒中曾被视为一种不可逆的健康危机。患者一旦发病，往往面临着严重的残疾甚至死亡。然而，卡斯特的出现，彻底改变了这一认知。他不仅通过科学研究推动了卒中治疗的进步，还通过推广卒中单元和卒中中心的理念，提升了全球卒中护理的可及性和质量。他的努力不仅挽救了无数患者的生命，还为全球卒中护理树立了标杆。

2010年，卡斯特通过汇总ECASS、ATLANTIS（Alteplase Thrombolysis

for Acute Noninterventional Therapy in Ischemic Stroke）、NINDS和EPITHET研究数据，在《柳叶刀》发表了《静脉注射阿替普酶治疗的时间和卒中的结局》，强调为了使疗效最大化，应尽一切努力缩短从发病到治疗开始的时间。

2013年，卡斯特与ESO合作发表了《欧洲卒中组织建议建立卒中单元和卒中中心》，这篇文章不仅定义了ESO卒中单元和卒中中心的标准，还为欧洲卒中护理的规范化和高质量发展奠定了基础。

卡斯特提出，卒中单元的核心在于"时间就是大脑"。他强调，卒中护理的每一分钟都至关重要，快速、精准的诊断和治疗是挽救患者生命的关键。因此，他为卒中单元制定了以下核心标准：

（1）快速影像诊断：卒中患者入院后，必须在最短的时间内完成CT或MRI检查，以明确卒中的类型，从而快速决定治疗方案。

（2）专业团队支持：卒中单元必须配备由神经科医生、专科护士和康复治疗师组成的多学科团队，确保患者从急性期治疗到康复的全程护理。

（3）缩短"进门到给药时间"：他特别关注溶栓治疗的效率，提出通过优化流程，将患者从入院到接受溶栓治疗的时间缩至最短。

这些标准的推广，使得ESO卒中单元标准成为欧洲卒中护理的金标准，并为全球其他地区提供了借鉴。

卡斯特不仅是理论的倡导者，更是实践的推动者。他通过分析PERFECT（Performance, Effectiveness, and Cost of Treatment Episodes in Stroke Care）登记处的数据，研究了卒中死亡率、发病率等变化趋势。这些数据为制定卒中护理和预防策略提供了科学依据。在他的推动下，芬兰在卒中护理领域取得了显著成效。在赫尔辛基，卡斯特领导的团队将从入院到溶栓治疗开始的时间缩短至18分钟。这一速度远远领先于全球其他地区，为患者争取了宝贵的救治时间。相比之下，美国和欧洲其他地区的平均时间通常超过1小时。芬兰的卒中单元建立不仅缩短了治疗时间，还显著提高了溶栓治疗的覆盖率，使得赫尔辛基成为全球卒中治疗的标杆。卡斯特推动了偏远地区卒中护理的优化，使得即使是身处偏远地区的患者，也能享受到高质量的医疗服务。通过优化卒中护理，芬兰在慢性病护理方面节省了约1440万欧元的费用。这不仅证明了卒中单元的成本效益，还为其他国家提供了宝贵的经验。

卡斯特的努力，使得芬兰成为全球卒中护理的标杆。他用数据和实践证明，高质量的卒中护理不仅可以挽救生命，还可以显著降低医疗成本，为社会创造更大的价值。

卡斯特的影响力并未局限于欧洲。在他的推动下，芬兰的成功模式被推广到全球。例如，他与同事阿特·梅雷托亚（Atte Meretoja）一起，将芬兰的卒中单元模式引入澳大利亚墨尔本。这一合作显著提升了墨尔本地区的卒中治疗水平，使更多患者受益。

五、从愿景到现实

从1995年的赫尔辛堡共识会议，到1996年EUSI的成立，再到2007年ESO的诞生，卡斯特用他的远见和行动，推动了欧洲卒中管理的历史性变革。他不仅为卒中治疗制定了科学的指南，还通过教育和合作，为全球卒中研究和治疗的发展奠定了坚实的基础。

卡斯特教学和研究成果丰硕，发表了600多篇科学论文，主要涉及卒中及相关疾病的不同主题，他的卓越贡献得到了国际医学界的高度认可。他在《马奎斯世界名人录》（*Marquis Who's Who*）中被列为著名的神经病学家和教育家，他多次获得国际性荣誉和奖项，在1991年获得芬兰狮子勋章一级骑士的荣誉。

他的故事，是一个关于科学、实践和希望的故事。他用自己的努力，推动了卒中治疗、护理的进步，也为全球医学界树立了一个典范。他的贡献，将永远铭刻在医学史上，也将继续激励着一代又一代的医生和研究者，为人类的健康而奋斗。

斯蒂芬·戴维斯（Stephen Davis）

科学发现与全球卒中倡导之旅

斯蒂芬·戴维斯因建立标准化的卒中单元和引入移动卒中单元，提升了急救效率和治疗成功率，打破静脉溶栓时间窗，为临床实践开辟了新方向，于2011年获得威廉·M.费恩伯格卒中卓越贡献奖。

一、从伦敦到墨尔本再到全球，书写卒中研究的传奇

戴维斯出生于英国伦敦，自幼便展现出对科学的浓厚兴趣，尤其对医学和人类大脑的复杂性充满好奇。青少年时期，他立志成为一名医生，希望通过医学研究和临床实践改善患者的健康状况。他的求知欲和对医学的热爱为他日后的职业生涯奠定了坚实的基础。

在成长过程中，戴维斯对神经科学的兴趣逐渐加深。他对大脑的研究不仅仅停留在理论层面，更希望通过实践解决神经系统疾病带来的实际问题。正是这种对科学的执着追求和对患者的深切关怀，促使他选择了医学作为职业方向。

戴维斯在墨尔本大学医学院完成了医学学位课程的学习。在学术生涯的早期，他受到了神经学家伯纳德·吉利根（Bernard Gilligan）的启发和鼓励。吉利根是澳大利亚神经病学领域的先驱，他的指导让戴维斯对神经

科学领域产生了更深的兴趣，并最终决定投身于神经科学的研究和临床实践。

取得医学学位后，戴维斯开始在墨尔本的阿尔弗雷德医院和皇家墨尔本医院接受神经病学专业培训。这一阶段，他接触了大量神经系统疾病病例，尤其是卒中患者的治疗和护理。这些临床经验不仅加深了他对神经病学的理解，也让他意识到卒中治疗领域的巨大挑战和发展潜力。

为了进一步拓展学术视野和研究能力，戴维斯前往英国伦敦国立神经病学与神经外科医院接受高级培训。在这里，他接触了当时最前沿的神经病学研究，并与国际顶尖的神经科学家合作，这为他日后的研究奠定了坚实的基础。

随后，他前往美国，在麻省总医院和哈佛大学进行为期两年的研究。这段研究经历对他的职业生涯产生了深远的影响。在麻省总医院，他深入研究了脑血流动力学和卒中的病理机制，并对卒中治疗产生了浓厚的兴趣。这一时期，他开始探索如何通过科学研究改善卒中患者的治疗效果，并逐渐确立了自己的研究方向。

完成海外深造后，戴维斯回到澳大利亚，继续在墨尔本大学和皇家墨尔本医院从事神经病学的研究和临床工作。他的职业生涯逐渐从单纯的临床实践转向临床与科研并重。他不仅致力于改善卒中患者的治疗效果，还积极推动卒中研究向国际化发展。

作为墨尔本大学转化神经科学中心的首任教授，戴维斯在基础研究和临床都发挥了重要作用。他还担任皇家墨尔本医院和墨尔本大学的脑科中心主任，领导了多个跨学科研究团队，专注于卒中治疗的创新和优化。

二、应用影像学技术，突破静脉溶栓的时间窗屏蔽

在戴维斯的职业生涯中，有一个发现改变了卒中治疗的未来：他意识到，影像学技术不仅是诊断工具，更可以成为挽救生命的"关键武器"。在卒中治疗中，时间被称为"黄金因素"，每一分钟的延误都会导致数百万个脑细胞的死亡。然而，传统的卒中治疗方法常常局限于固定的时间窗（如4.5小时内使用静脉溶栓治疗），忽视了患者间的个体差异。戴维斯深刻认识到，这种"一刀切"的治疗方式并不能满足所有患者的需求。

在戴维斯的研究中，"缺血半暗带"是一个具有里程碑意义的概念。卒中发生时，脑组织的血流供应被阻断，导致部分脑组织处于缺氧状态。然而，这种缺氧状态并不一定意味着脑组织的完全死亡。戴维斯发现，在卒中后脑组织中存在一个"灰色地带"，即缺血半暗带。这部分脑组织虽然处于缺血状态，但尚未完全坏死，仍然具有挽救的可能性。

戴维斯的研究表明，灌注加权成像-弥散加权成像（PWI-DWI）不匹配是判断卒中患者治疗潜力的重要依据。这一发现具有重要的临床意义：通过影像学技术，医生可以更准确地评估患者的脑组织状态，从而在时间窗之外筛选出仍然具有治疗潜力的患者。这不仅为更多卒中患者争取了治疗机会，也显著提高了治疗的成功率。通过影像学技术，医生可以根据每位患者的具体情况制定个体化的治疗方案。例如，对于在时间窗之外的患者，如果影像学评估显示其脑组织仍然存在缺血半暗带，则可以考虑继续进行溶栓治疗或机械取栓。这一方法显著扩展了卒中治疗的适用范围，使更多患者能够获益。

在此基础上戴维斯进行了 EPITHET，验证了 PWI-DWI 不匹配模型在延长静脉溶栓治疗时间窗中的作用，接下来又主导了 EXTEND（Extending the Time for Thrombolysis in Emergency Neurological Deficits）试验，该研究是影像学技术在个体化治疗中的成功案例之一。研究结果于2019年发表于《新英格兰医学杂志》（NEJM），表明该试验利用多模态影像学技术筛选患者，通过影像学评估，可以将静脉溶栓治疗的时间窗从传统的4.5小时延长至9小时甚至更长。这一研究成果直接改写了全球卒中治疗指南，为更多患者争取了宝贵的治疗机会。

除此之外，戴维斯还致力于将影像学技术推广到资源有限的地区。他与杰弗里·唐南（Geoffrey Donnan）担任澳大利亚卒中联盟的联合主席，推动开发轻便的脑部扫描仪，用于偏远地区的卒中诊断和院前护理。这一创新项目使更多患者能够在发病后第一时间接受影像学评估，从而显著提高了卒中治疗的覆盖率和成功率。

尽管影像学技术在卒中诊断与治疗中取得了显著进展，但戴维斯深知，这一领域仍然面临许多挑战。例如，影像学设备的高成本和复杂性限制了其在低收入国家与偏远地区的应用。此外，影像数据的解读需要专业的医学知识，这对医疗资源有限的地区来说也是一大难题。为了解决这些问题，他与团队合作开发了一系列影像学工具和算法，用于快速评估卒中患者的脑组织状态，快速生成详细的脑组织评估报告，帮助医生快速判断患者是否适合接受溶栓治疗或机械取栓。这些工具不仅提高了诊断的准确性，还显著缩短了从诊断到治疗的时间，为患者争取了更多的时间。

未来，影像学技术有望在卒中治疗中发挥更大的作用。例如，通过实时影像监测，可以更精确地评估治疗效果并调整治疗方案。此外，影像学技术还可以用于卒中预防，通过早期筛查高危人群，降低卒中的发病率。

三、从神经元到新生：开启神经保护的未来之路

卒中是一种急性脑血管疾病，其基本病理是脑组织因血流中断而缺氧，导致神经元死亡和脑功能损伤。卒中治疗的关键目标不仅是恢复血流（如通过溶栓或机械取栓），还包括保护和挽救那些尚未完全坏死的脑组织，尤其是缺血半暗带。在这一背景下，神经保护成为卒中研究的一个重要方向。

戴维斯提出神经保护的核心挑战在于如何将实验室中的成功转化为临床实践。尽管动物模型中有许多神经保护药物显示出显著效果，但在人类卒中患者的临床试验中往往令人失望。这一"实验室到临床的鸿沟"成为神经保护研究的主要障碍。

戴维斯在神经保护研究中提出了一种全新的方法，即将神经保护药物与急性期溶栓治疗相结合，以获得更好的治疗效果。这一方法的核心理念是，溶栓治疗可以恢复脑组织的血流，而神经保护药物则可以减缓神经元的死亡，从而为血流恢复争取更多的时间。戴维斯也指出，神经保护药物的使用需要根据患者的具体情况进行个体化调整。例如，通过影像学技术（如PWI-DWI不匹配模型）评估患者的脑组织状态，判断是否存在缺血半暗带，以及这些区域是否具有挽救的潜力。基于这一评估结果，医生可以选择合适的神经保护药物，并与溶栓治疗相结合。

为了验证这一新方法的可行性，戴维斯及其团队正在开展一系列临床试验，探索神经保护药物与溶栓治疗的最佳组合方案。这些试验的目标是确定哪些药物组合可以在不同的时间窗内获得最佳的治疗效果，同时最大限度地减少不良反应。

四、卒中护理模式的标准化与优化：从理念到全球实践

治疗和护理的及时性与质量直接影响卒中患者的预后。在卒中治疗中，时间是决定患者预后的关键因素。每延迟一分钟，患者可能会失去190万个神经元。因此，缩短从入院到开始治疗的时间，即"进门到给药时间"，是提高卒中治疗成功率的核心目标。戴维斯提出了卒中单元的标准，卒中单元是专门为卒中患者提供急性期治疗和护理的病房，是提高卒中治疗成功率的关键。卒中单元的标准模式包括由各科医生组成专业团队、从诊断到康复的规范化流程和根据患者的具体情况制定的个体化护理方案。

然而，基于"时间就是生命"的理念，戴维斯觉得卒中单元还不够，应该进一步完善，他提出了一个更大胆的想法：如果医院可以移动会怎样？于是，他开始着手打造一种能"移到患者家门口的卒中单元"——移动卒中单元。这是世界上第一批将CT机、溶栓设备和血液分析装置安装到高级救护车中的实验项目。在最近发表的研究中表明，墨尔本移动卒中单元能够显著缩短患者的"进门到给药时间"，为患者争取了宝贵的治疗时间，死亡率减半，大大降低了90天后的致残风险。

戴维斯通过与国际卒中组织（WSO）合作，将卒中单元的标准化模式推广至多个发达国家。这些国家通过引入卒中单元和优化护理流程，大幅降低了卒中的死亡率和致残率。在澳大利亚和欧洲，卒中单元的普及率已超过80%，成为卒中护理的标准模式。

五、从卒中治疗到全球影响的非凡旅程，为卒中治疗书写传奇

作为一名神经病学家，戴维斯一直都围绕着"时间就是大脑"这一理念。他深知，每一次卒中发作都是一场与时间的赛跑，而他的使命就是为患者争取更多的时间。

戴维斯的影响力早已突破了墨尔本，甚至跨越了澳大利亚。他曾担任WSO的主席，这是全球卒中领域最具权威性的组织之一。在这个平台上，他致力于推动卒中治疗的全球化发展。无论是在发达国家，还是在资源匮

乏的地区，他都倡导通过教育和政策改革，提高公众对卒中预防和治疗的认识。

戴维斯秉持着"卒中不是不可战胜的敌人"的理念，感染了无数医生和政策制定者，戴维斯持续倡导通过高危人群筛查、健康教育和急救知识的普及，减少卒中的发生率和致残率。在他的推动下，欧洲卒中组织（ESO）和WSO联合制定了全球卒中预防与治疗策略。这些策略不仅在澳大利亚和欧洲得到了广泛实施，还被推广到亚洲、非洲和南美洲的多个国家。戴维斯相信，医学的真正价值在于公平，无论是资源丰富的城市，还是偏远贫困的乡村，每一位卒中患者都应该有机会接受及时有效的治疗。

戴维斯的学术成就同样令人瞩目。他不仅是澳大利亚皇家内科医师学院和爱丁堡皇家内科医师学院的院士，还是澳大利亚健康与医学科学院的院士，因其在医学教育、卒中研究和脑血管疾病管理方面的杰出贡献，在2021年被授予澳大利亚勋章。同时他在国际权威医学期刊上发表了大量被广泛引用的文章。例如，他在《柳叶刀》和 NEJM 上发表的卒中研究综述，被视为该领域的里程碑式成果。他的研究不仅揭示了卒中的病理机制，还为缺血半暗带成像技术的临床应用奠定了基础。2007年，他出版了全球第一部《缺血半暗带》（The Ischemic Penumbra）专著，这是卒中成像研究的开创性著作。接下来的一年，他在《柳叶刀·神经病学》上发表了关于如何利用半暗带成像技术设计卒中试验的综述文章，这篇文章既具权威性又发人深省，被誉为该领域的标志性成果。

皇家墨尔本医院和墨尔本大学的脑科中心在他的领导下，成为国际卒中研究的重镇。无数的研究成果从这里诞生，直接改变了卒中治疗的临床实践。除了科研和临床工作，戴维斯还在培养下一代神经科学家和卒中研究者上倾注了大量心血。在墨尔本大学和皇家墨尔本医院，他指导了数十名研究生和住院医师。他的教育理念强调理论与实践相结合，鼓励学生将科学研究与临床应用紧密联系。他所培养的学生如今遍布澳大利亚各地，在各自的岗位上继续推动卒中研究的发展。在这些学生的共同努力下，澳大利亚成为全球卒中研究的先锋之一。

戴维斯的卓越贡献得到了国际医学界的高度认可。他曾获得多个国际奖项，包括2011年美国心脏协会与美国卒中协会颁发的威廉·M.费恩伯格卒中卓越贡献奖，2012年瑞典卡罗林斯卡医学院颁发的卡罗林斯卡卒中奖（Karolinska Stroke Award），2014年欧洲卒中组织颁发的韦普费尔（Johann Jacob Wepfer）奖等，以表彰他在医学教育、卒中研究和脑血管疾病管理方面的杰出贡献。这些荣誉不仅是对他个人成就的肯定，更是对他推动全球卒中治疗进步的认可。

在工作之外，戴维斯是一位热爱生活的人。他喜欢滑雪、慢跑，对音乐有着浓厚的兴趣。他常说，运动和音乐让他在繁忙的工作中找到了平衡。他还珍惜与家人共度的时光，认为家庭是他事业成功的支柱。

戴维斯的事业，是科学、实践与希望交织的传奇。他从伦敦到墨尔本，从一名普通的临床医生成长为国际卒中研究的领军人物，用五十年的职业生涯书写了卒中治疗的篇章。他的努力不仅改变了卒中治疗的方式，还为全球医学界树立了榜样。戴维斯的故事仍在激励着无数医生和研究者，他们追随他的脚步，为人类健康而不懈奋斗。

2012

杰弗里·L. 萨维（Jeffrey L. Saver）

时间与生命的守护者

在现代医学的浩瀚星空中，有些名字因其卓越的贡献而熠熠生辉，杰弗里·L. 萨维便是其中之一。他提出的"时间就是大脑"理念，深刻改变了卒中治疗的时效性认知，并通过一系列开创性的临床试验和研究，为卒中患者带来了新的希望。他也是2012年威廉·M. 费恩伯格卒中卓越贡献奖的获得者，是该奖项第20位获奖的科学家。

Jeffrey L. Saver
MD

一、从哈佛到全球：一位卒中领域领军者的学术之旅

萨维的学术之旅始于美国最负盛名的学府之一——哈佛大学。在哈佛大学的四年里，萨维展现出了卓越的学术潜力。他不仅在课堂上表现出色，还积极参与各种课外活动，尤其是在生物学和神经科学领域的研究项目中崭露头角。他对学术的执着和严谨，为日后的成就奠定了基础。

1981年，萨维以优异的成绩从哈佛大学毕业，获得学士学位。然而，他并未就此止步。他深知，自己的兴趣不能仅停留在理论研究上，他渴望将科学知识转化为医疗实践，从而能帮助更多的人。因此，他选择继续深造，进入哈佛医学院攻读医学博士学位。

1986年，萨维再次以优异的成绩从哈佛医学院毕业，正式成为一名医生。然而，他深知医学的道路才刚刚开始。为了进一步提升临床技能和研究能力，毕业后他开始了神经病学住院医师培训。在培训期间，萨维的临床能力得到了极大的锤炼。他不仅掌握了扎实的神经病学知识，还在处理复杂病例时展现出了非凡的镇定和判断力。萨维总是能够在最短的时间内抓住问题的核心，并提出最有效的解决方案。与此同时，他对脑血管疾病的研究也在不断深入。他开始参与与卒中病理机制相关的研究项目，试图揭示卒中发生的关键因素及如何通过医学手段进行干预。

完成住院医师培训后，萨维并未停止学习的脚步。他选择进入艾奥瓦大学，在著名神经科学家安东尼奥·达马西奥（Antonio Damasio）和汉娜·达马西奥（Hanna Damasio）的指导下，进修行为神经学与认知神经科学。这段经历让他对大脑的认知功能有了更深刻的理解，也为他未来的卒中研究提供了新的视角。

随后，他又前往布朗大学，在医学博士J.唐纳德·伊斯顿（J. Donald Easton）和爱德华·费尔德曼（Edward Feldmann）的指导下，专注于脑血管疾病的研究。在此期间，他不仅积累了大量的临床经验，还在学术研究方面取得了重要进展，成为一位兼具学术深度和临床敏锐度的医生。

1994年，萨维的职业生涯迎来了一个重要的转折点。他受邀加入加州大学洛杉矶分校（University of California, Los Angeles, UCLA），成为神经病学系的一名助理教授。这一职位不仅为他提供了一个广阔的平台，也让他有机会将自己的研究成果转化为临床应用。

在UCLA的最初几年，萨维的研究主要集中在卒中的急性治疗和预防上。他通过大量的临床试验和数据分析，试图揭示卒中的病理机制，并探索新的治疗方法。他的研究成果很快引起了学术界的关注，并为他赢得了多项荣誉。

随着时间的推移，萨维在UCLA的地位逐渐提升。他不仅成为神经病学系的教授，还被任命为UCLA卒中中心的联合主任。在他的领导下，UCLA卒中中心迅速发展成全球领先的卒中治疗和研究机构之一。他通过引入先进的医疗设备和技术，优化了卒中患者的诊断和治疗流程，并建立了一套标准化的卒中护理模式。这一模式不仅在美国得到了广泛应用，还被推广到其他国家，为全球卒中患者带来了福音。

二、时间就是大脑：卒中急救的"黄金1小时"革命

在急性缺血性卒中的治疗领域，时间的重要性无可争议。萨维以其卓越的学术洞察力和创新精神，开创性地提出并实践了"黄金1小时"治疗理念，推动了卒中急救从医院到现场的革命性转变。他的研究不仅改变了卒中治疗的时间框架，还为无数患者争取了生存与康复的机会。

急性缺血性卒中的核心问题在于"缺血半暗带"的保存。缺血半暗带是指脑梗死核心区域周围的受威胁但尚未完全坏死的脑组织，这部分组织在卒中发作后的数十分钟到数小时内仍然具有可逆性。然而，这一"救赎窗口"极其短暂，通常只有数小时，甚至更短。萨维指出，在典型的中大脑动脉缺血性卒中中，每延迟1分钟，约有190万个神经元和140亿个突触被不可逆地损毁。

传统的卒中治疗模式依赖于患者到达医院后的诊断和治疗，这种模式不可避免地导致了宝贵时间的浪费。萨维通过分析发现，大多数患者在实际临床中接受静脉溶栓治疗的时间大多在发病2.25小时后，而此时治疗效果已经大幅下降。研究表明，t-PA治疗的最佳时间窗是发病后60～90分钟内，每延迟90分钟，其治疗效果就会减半。因此，如何在患者到达医院之前启动治疗，成为卒中急救的关键挑战。

为了解决这一问题，萨维及其研究团队将目光投向了急救医疗系统（emergency medical system，EMS），即救护车和现场急救人员。他们提出了一个革命性的理念：在患者到达医院之前，现场启动神经保护治疗。这一理念的核心是通过神经保护剂的早期使用，延缓脑组织的损伤进程，为后续的再灌注治疗争取更多的时间。

在选择神经保护剂时，萨维及其团队经过深思熟虑，最终选择了硫酸镁作为研究对象。这一选择基于以下几个原因：首先，硫酸镁在多种动物卒中模型中表现出可靠的神经保护作用，包括扩张血管、直接神经保护和胶质细胞保护等多重机制。其次，硫酸镁在人类临床试验中也显示出潜在的神经保护效果，尤其在早期使用时。此外，硫酸镁具有良好的安全性，已经在妊娠高血压和子痫等神经急症中使用了超过75年。

基于这一理念，萨维发起了"卒中治疗现场给药-硫酸镁"（Field

Administration of Stroke Therapy-Magnesium，FAST-MAG）试验。这是一项具有里程碑意义的研究，旨在验证在现场启动神经保护治疗的可行性和有效性。

FAST-MAG试验面临着诸多挑战，包括如何在现场准确识别卒中患者、评估卒中严重程度、获取患者或家属的知情同意，以及随机分配治疗药物等。为了解决这些问题，萨维及其团队开发了一系列创新方法，如洛杉矶现场卒中筛查（Los Angeles Prehospital Stroke Screen，LAPSS）的快卒中识别、卒中严重程度的量表评估、移动远程医疗技术知情同意获取和预接触随机化的药物分配系统。

FAST-MAG试验的初步研究结果令人振奋。在一项20名患者的试点研究中，现场给药的平均时间为23分钟，而医院内给药的平均时间为141分钟，现场给药显著缩短了治疗启动时间。基于这一成果，研究团队启动了FAST-MAG的Ⅲ期试验，这是一项随机、双盲、安慰剂对照研究，旨在验证硫酸镁在卒中急性期的神经保护效果。该研究于2015年在《新英格兰医学杂志》（*NEJM*）发表，共招募1700名患者，虽然结果显示对可疑卒中患者院前静脉注射硫酸镁急救，根据患者90天后残疾状况进行评判，该方法无效，但同时这一临床试验也证实，此类院前急救治疗措施是安全、可行的。萨维也指出，尽管使用硫酸镁作为神经保护剂的试验结果为阴性，但我们依旧能得到一些积极的信息。

三、从不确定到确定：卒中治疗的"再通革命"

在急性缺血性卒中治疗领域，萨维的贡献堪称具有划时代意义：他不仅推动了卒中急救的时间前移，还在卒中再通治疗领域开创了一个全新的时代。他提出的"治疗确定性"（treatment sure）理念，旨在通过高效的血管再通技术，确保大多数患者的闭塞动脉能够被成功打开，从而挽救更多的脑组织，改善患者的临床结局。这一理念的核心是通过技术创新和精准治疗，将卒中治疗从"可能有效"转变为"几乎必然有效"。

在1995～2010年的卒中治疗"再通时代"初期，静脉溶栓和第一代血管内治疗设备的出现，标志着卒中治疗迈出了革命性的一步。静脉溶栓通过溶解血栓，恢复脑部血流，为无数患者带来了希望。然而，这一技术的局限性也很快显现：静脉溶栓的使用时间窗极为狭窄（3～4.5小时），且其再通率并不理想，仅能部分再通约40%的闭塞动脉，完全再通率更是低至5%。

与此同时，第一代血管内治疗设备虽然在一定程度上提高了再通率，但其效果依然不尽如人意。这些设备在临床试验中的部分再通率约为60%，完全再通率不足25%。相比之下，心脏病学领域的冠状动脉再通技术（如支架植入术）已经能够实现80%～95%的完全再通率。这种对比让卒中治疗领域的研究者深感挫败，也促使他们开始寻找更高效的治疗方法。

2012年，卒中治疗领域迎来了一个重要的转折点——新一代支架取栓装置问世。与第一代设备相比，支架取栓装置在设计上实现了革命性的突破，例如，具有即时恢复血流、多点接触技术、适应性强等特点。在一系列临床试验中，支架取栓装置的表现明显优于第一代设备。例如，在8项关于Solitaire装置的临床研究中，部分再通率高达93%，完全再通率达到66%。这一进展使卒中治疗的再通率首次接近心脏病学领域的水平，为患者带来了前所未有的希望。

为了验证支架取栓装置的临床效果，萨维领导了一项具有里程碑意义的Solitaire血管内取栓（Solitaire With the Intention For Thrombectomy，SWIFT）试验。这是一项随机对照试验，旨在比较Solitaire装置与第一代Merci取栓器的疗效。

试验结果显示，Solitaire装置的再通率显著高于Merci取栓器。在核心实验室的评估中，Solitaire装置的部分或完全再通率为69%，而Merci取栓器仅为30%。这一显著差异促使试验提前终止，并为Solitaire装置的临床推广铺平了道路。2012年4月，美国食品药品监督管理局（FDA）正式批准Solitaire装置上市，标志着卒中治疗进入了一个全新的时代。

在推动支架取栓装置发展的同时，萨维还致力于探索如何通过影像学技术筛选最适合接受再通治疗的患者。他跟同事一起领导了脑卒中血栓的机械回收和栓塞再通（Mechanical Retrieval and Recanalization of Stroke Clots Using Embolectomy，MR RESCUE）试验，这是首个随机对照试验，旨在验证影像学筛选标准在指导再通治疗中的作用。

MR RESCUE试验采用了多模态MRI和CT影像技术，通过分析患者的缺血半暗带和梗死核心，评估其是否适合接受再通治疗。试验结果表明，影像学筛选能够显著提高再通治疗的成功率，并减少治疗的潜在风险。这一研究为卒中治疗的精准化和个体化提供了科学依据。

萨维提出的"治疗确定性"理念，不仅关注再通率的提高，还强调治疗的综合性和系统性。他认为，卒中治疗的目标不仅仅是打开闭塞的动脉，还要确保患者的功能恢复和生活质量的改善。为此，他提出了一种全新的卒中治疗模式。

（1）现场神经保护：在患者到达医院之前，通过神经保护剂延缓脑组织的损伤，为后续治疗争取时间。

（2）静脉溶栓治疗：在医院内快速启动静脉溶栓治疗，进一步恢复脑部血流。

（3）支架取栓治疗：对于静脉溶栓失败的患者，采用支架取栓装置进行血管内治疗，确保闭塞动脉的完全再通。

（4）卒中单元护理：在治疗后，通过卒中单元的专业护理，帮助患者实现功能恢复。

这一模式的核心理念是"时间就是大脑"，旨在通过多层次的干预最大限度地挽救脑组织，并为患者提供全面的康复支持。

随着支架取栓装置的推广和影像学技术的进步，卒中治疗的成功率和患者预后得到了显著改善。然而，萨维深知，要让更多患者受益，仅靠技术的进步是不够的。他呼吁建立一个覆盖全国的综合卒中治疗网络，包括初级卒中中心和综合卒中中心，以确保每位患者都能在最短时间内接受最适合的治疗。

在他的推动下，美国卒中治疗体系正在从1.0版本（以静脉溶栓为核心）向2.0版本（以综合治疗为核心）过渡。这一转变不仅提高了卒中治疗的效率，还为全球卒中治疗体系的建设提供了宝贵经验。

四、时间与生命的竞速，开启卒中治疗新纪元

萨维是一位真正的医学先驱，他的职业生涯不仅是一段个人奋斗的传奇，更是推动全球卒中研究和治疗进步的一个宏伟篇章。从哈佛大学的求学之路到UCLA的卓越贡献，他以卓绝的智慧和不懈的努力，将卒中治疗

从理论探索推向了临床实践，并改变了全球无数卒中患者的命运。

　　萨维的学术贡献贯穿于卒中治疗的每一个关键环节。他的研究成果多次发表在 *NEJM*、《柳叶刀》等权威期刊上，成为全球卒中研究的里程碑，为无数临床医生提供了科学依据和实践指导。

　　萨维还以其卓越的领导力推动了卒中治疗的标准化和全球化。他在多项国际合作中担任重要角色，参与了50多项临床试验，涵盖缺血性卒中、出血性卒中等多种类型，涉及从预防到治疗再到康复的各个环节。他的研究不仅关注技术的进步，还关注不同特征患者群体的治疗策略，为卒中治疗的个体化和多样化提供了重要参考。

　　萨维的贡献不仅体现在学术领域，他的工作也深受患者和公众的认可。他多次获得美国心脏协会、美国临床研究基金会及世界卒中组织的荣誉奖项，并被评为"顶级医生"和"超级医生"。这些荣誉不仅是对他个人成就的肯定，更是对他在医学研究和临床实践中卓越贡献的高度认可。

　　如今，萨维不仅是全球卒中领域的领军人物，更是一位改变世界的医学先驱。他的工作不仅挽救了无数患者的生命，还为医学界树立了一个榜样。他的职业生涯告诉我们，科学研究与临床实践的结合可以改变人类的命运，而真正的医学创新来自对生命和健康的深刻理解与无私奉献。

2013

马克·I.奇莫维茨（Marc I. Chimowitz）

脑血管狭窄治疗策略的奠基之作

Marc I. Chimowitz
RMS

马克·I.奇莫维茨通过WASID、SAMMPRIS等一系列里程碑式试验，系统确立了症状性颅内动脉狭窄患者卒中预防的黄金标准。这些重要成果不仅被纳入美国及全球卒中治疗指南，还深刻推动了卒中管理从经验医学迈向精准医学的变革。奇莫维茨凭借在卒中二级预防领域所做出的卓越贡献，于2013年荣获威廉·M.费恩伯格卒中卓越贡献奖。

从南非开普敦大学的医学启蒙，到美国南卡罗来纳医科大学的学术高地，奇莫维茨以40余年的探索与钻研，重塑了全球颅内动脉狭窄卒中防治策略。当卒中领域还在探索抗凝与抗血小板治疗优劣之际，奇莫维茨已以WASID（Warfarin-Aspirin Symptomatic Intracranial Disease）和SAMMPRIS（Stenting and Aggressive Medical Management for Preventing Recurrent Stroke in Intracranial Stenosis）等关键试验，为全球神经科医生提供了循证指南，奠定了强化药物治疗的临床基石。奇莫维茨及其团队致力于精准识别高危患者群体，开拓颅内动脉狭窄卒中防治新篇章，持续引领脑血管病治疗进入精准化与个体化新时代。

一、求学岁月筑牢医学基石：引科研灵感启蒙之光

奇莫维茨的医学之路，源于其对医学事业的满腔热忱及对患者的深切

关怀。这种情怀在少年时期便已初露端倪，他早早地对医学领域展现出了浓厚的兴趣。带着对知识的无尽渴望，奇莫维茨踏上了在南非开普敦大学医学院的求学之路。在漫长的求学岁月里，他沉浸在医学知识的学习中，尤其在脑卒中及相关神经血管疾病方面，他的专注与热忱远超常人。大脑的奥秘、血管的运行机制及神经系统中错综复杂的关系，都让他充满了好奇。他常常埋头于学校图书馆，在浩如烟海的医学文献中探寻答案，试图解开一个个医学谜题。课堂上，每一次关于神经科学和生物学的精彩讲解，都如同开启了一扇通往未知医学世界的大门，令他如痴如醉。

在这样的学习氛围中，奇莫维茨逐渐明确了自己的方向——脑卒中及相关神经血管疾病的研究与治疗。他凭借卓越的学习能力和对医学的执着追求，在开普敦大学医学院展现出了非凡的学术素养。他的众多学科成绩优异，为日后工作打下了扎实的医学理论基础。同时，他并不满足于书本知识，还积极参与各种实践活动。因为他深知，医学不仅仅是一门理论学科，更是关乎患者生命健康的实践学科。

在专业学习的关键阶段，奇莫维茨在塔夫茨－新英格兰医学中心（Tufts-New England Medical Center）接受了全面系统的住院医师培训，为日后的临床实践和科研工作打下了坚实的基础。

二、临床征程的起步：塔夫茨－新英格兰医学中心的实践磨砺

在奇莫维茨的医学之路上，塔夫茨－新英格兰医学中心是重要的一站。在这段接受住院医师培训的时光里，奇莫维茨有幸与卢·卡普兰（Lou Caplan）及迈克·佩辛（Mike Pessin）一同学习和交流，这两位在临床和教学方面堪称大师，当时，他们正专注于研究与颅内动脉粥样硬化相关的主要临床表现及卒中机制。正是受到他们的深刻影响，奇莫维茨对卒中神经病学萌生了浓厚的兴趣。

而奇莫维茨对临床试验的兴趣，则是在克利夫兰诊所学习期间被点燃的。在那里，托尼·弗兰（Tony Furlan）和凯西·赛拉（Cathy Sila）这两位杰出的导师，为他打开了临床试验的大门。那个时期，正是卒中领域一些具有重要意义的试验如NASCET、ACAS、SAF和NINDS t-PA蓬勃发展

的时期，而投身于急性缺血性卒中研究领域，无疑是一件令人振奋的事。

在克利夫兰诊所管理颅内动脉狭窄患者时，奇莫维茨常常会应用华法林来预防卒中，这种治疗方式可追溯到1955年梅奥诊所的克拉克·米利肯（Clark Millikan）及其同事所进行的一项研究，那是在预防卒中的阿司匹林时代来临之前，为后来华法林的应用奠定了一定的基础。时光流转至1990年，当奇莫维茨在密歇根大学开始他的首个教职工作时，有关比较华法林与阿司匹林在治疗颅内动脉狭窄方面效果的数据仍相对匮乏。

于是，奇莫维茨带领他的研究小组，在该领域开展了第一项研究——一项包括七个中心的回顾性队列研究。研究结果表明，相较于阿司匹林，华法林能够使血管造影证实的50%～99%颅内动脉狭窄患者发生主要血管事件的风险降低近50%。不仅如此，奇莫维茨还对美国的神经科医生进行了调查，发现他们在使用华法林或阿司匹林来治疗颅内动脉狭窄时，选择比例大致相同。

这两项研究成果为接下来的一项更为关键的随机试验提供了坚实的理论依据。该试验旨在比较华法林与阿司匹林对预防症状性颅内动脉狭窄患者卒中的效果。奇莫维茨计划向美国国家神经疾病与卒中研究所（NINDS）申请一笔经费，以推动这项试验的开展。然而，难题摆在眼前——年轻且缺乏相关经验的他，此前并无设计大型随机试验的经历。面对这一挑战，奇莫维茨并未退缩。他积极向一些在美国国立卫生研究院（NIH）资助的临床试验领域经验丰富的专家寻求帮助，其中包括鲍勃·哈特（Bob Hart）、亨利·巴尼特（Henry Barnett）、史蒂夫·莱文（Steve Levine）和菲尔·戈雷利克（Phil Gorelick）等教授。尽管当时奇莫维茨资历尚浅，但这些专家纷纷伸出了援手。倘若没有他们的助力，WASID试验或许就无法顺利开展，奇莫维茨对此满怀感激。

三、聚焦颅内动脉狭窄：WASID 试验开启的颅内动脉狭窄研究之路

随着实践经验的日益积累，奇莫维茨迎来了职业生涯的新契机，他加入了埃默里大学，开始了一段全新的学术与临床探索之旅。在埃默里大

学，他有幸置身于医学科研与临床治疗的前沿阵地，能够接触到该领域最先进的医学研究成果和最具创新性的临床治疗理念。这些宝贵的经历犹如明灯，照亮了他前行的道路，进一步拓宽了他的医学视野，使他在专业技能上实现了质的飞跃。

之后，奇莫维茨将目光投向了美国南卡罗来纳州查尔斯顿市。这里汇聚了优质的医疗资源，学术氛围浓厚。他顺利入职著名的南卡罗来纳医科大学（Medical University of South Carolina，MUSC），身兼神经病学教授及教职发展副院长职务。与此同时，他还兼任MUSC健康大学医学中心和拉尔夫·H. 约翰逊退伍军人事务医疗中心的执业医师。

在MUSC就职期间，奇莫维茨致力于探索预防颅内动脉狭窄导致卒中的有效策略，尤其关注高风险人群的精准干预。在卒中发病率居美国第二位的南卡罗来纳州，这一研究领域具有尤为重要的现实意义。卒中是美国第四大致死原因，每年约有79.5万例新发卒中，其中超过5万例与颅内动脉狭窄有关，尤以非裔、亚裔、西班牙裔患者和糖尿病患者常见。从全球范围来看，鉴于其在不同族裔人群中的广泛存在，颅内动脉狭窄极有可能是最常见的卒中原因。

为深入研究症状性颅内动脉狭窄患者的最优治疗策略，奇莫维茨以坚韧不拔的治学精神和卓越的科研能力，先后主持了两项在卒中领域具有里程碑意义的临床研究——WASID试验和SAMMPRIS试验。这两项研究犹如两座灯塔，为卒中领域的循证医学发展指明了方向，极大推动了该领域的进步。

WASID试验是NIH/NINDS重点资助的一项随机、双盲、多中心临床试验，其核心目标在于精准比较抗凝（华法林）与抗血小板（阿司匹林）治疗在预防颅内动脉狭窄患者缺血性卒中方面的实际效果。在研究过程中，研究团队精心筛选出颅内大动脉狭窄程度达到50%～99%，并且于入组前90天内出现过短暂性脑缺血发作（TIA）或非致残性卒中的患者。这些患者被随机分配至不同的治疗组，分别接受华法林（目标INR控制在2.0～3.0）或每日1300mg阿司匹林的治疗方案。

经过长时间的观察和严谨的数据分析，研究结果逐渐明晰。令人意想不到的是，尽管华法林与阿司匹林在卒中预防方面的总体疗效不相上下，但华法林组却出现了更多诸如出血等严重不良事件。鉴于此，出于对患者安全的考虑，试验不得不提前终止。

正是基于此次宝贵的研究实践，研究团队得出了具有重要指导意义的结论：对于症状性颅内动脉狭窄患者而言，抗血小板治疗在安全性方面明显优于抗凝治疗，并且在降低卒中风险方面也无明显劣势。此外，WASID 试验还带来了额外的惊喜：强化控制危险因素（特别是高血压和低密度脂蛋白），与卒中风险的显著下降密切相关。这一重要发现，为后续优化综合治疗策略和推动SAMMPRIS试验的深入开展提供了坚实的理论依据，指明了实践方向。

四、重大突破与荣誉加冕：SAMMPRIS 与威廉·M. 费恩伯格卒中卓越贡献奖

SAMMPRIS是一项随机、多中心试验，旨在比较颅内动脉狭窄患者的颅内支架治疗与最佳药物管理。患者被随机分配接受 Wingspan 支架系统的经皮腔内血管成形术（PTAS）联合强化药物治疗（支架组），或单纯强化药物治疗（药物组）。药物治疗包括每日阿司匹林325mg、氯吡格雷75mg（连续使用 90 天），并辅以严格的危险因素管理，目标为血压＜140/90mmHg（糖尿病患者血压＜130/80mmHg）及低密度脂蛋白（LDL）＜70mg/dL（1.81mmol/L）。主要观察结果是30天内复发卒中或死亡，30天后责任动脉卒中。研究结果显示，支架组在术后30天内的卒中复发或死亡率高达 14.7%，而药物治疗组仅为 5.8%（P=0.002）；1年后该差异依然显著（支架组 19.7% $vs.$ 药物组 12.6%，P=0.0009）。导致支架组早期卒中率升高的主要原因是穿支血管闭塞。由于 PTAS 的安全性问题，试验在仅纳入 451 名患者（原计划纳入764名患者）后即被提前终止。

SAMMPRIS 的研究结论具有深远意义：对于70%～99%颅内动脉重度狭窄的高危人群，强化药物治疗显著优于支架植入术，颠覆了人们对血管内介入治疗的过高预期。与 WASID 相比，SAMMPRIS 不仅证实了支架植入术的风险超出预期，更显示在强化综合管理下，药物组的卒中风险低于此前估计，从而确立了以药物治疗为核心的一线治疗策略。

2013年，奇莫维茨因在症状性颅内动脉狭窄患者的卒中预防策略研究方面的开创性贡献，荣获威廉·M. 费恩伯格卒中卓越贡献奖。该奖项高

度肯定了他在推动卒中治疗模式转变方面的重要作用，尤其在优化药物治疗方案、评估血管内介入治疗风险及推动精准医学理念方面的深远影响。

五、循WASID与SAMMPRIS之迹：药物治疗颅内动脉狭窄的再审视与深度挖掘

在颅内动脉狭窄患者研究这一医学领域，药物治疗为何能够有效降低卒中复发率犹如一团迷雾，尚无清晰明确的答案。然而，即便如此，基于现有丰富的研究数据和成果进行科学合理的推测，无疑具有重要的探索价值，它犹如点点微光，照亮前行的研究道路。

以具有深远影响力的SAMMPRIS试验为例，在整个研究进程中，氯吡格雷的使用时长设定为入组后的90天。令人颇感意外的是，根据Kaplan-Meier曲线所呈现的信息，3个月后，曲线呈现出持续发散的显著态势。这一独特的现象犹如一道曙光，清晰地揭示了一个重要的结论：强化风险因素管理在降低3个月后SAMMPRIS试验患者出现主要终点的风险方面，发挥着不可或缺的关键作用。进一步剖析前3个月的数据，可以发现一个关键细节：曲线在第1个月时所呈现出的差异最为显著。在那个关键时期，SAMMPRIS试验中的风险因素控制尚未达到理想的优化状态。在此之前，医学界或许并未充分预估到风险因素控制对降低卒中风险竟能产生如此显著的影响。这一发现无疑提供了一个全新的思考方向：阿司匹林和氯吡格雷的联合使用，极有可能在这一至关重要的时期发挥着不可替代的核心作用。

值得一提的是，这一具有前瞻性的假设得到了由Lawrence Wong领导的重要临床试验——CLAIR试验结果的有力支持。该试验聚焦于症状性颅内动脉狭窄患者，研究结果显示，接受阿司匹林和氯吡格雷联合治疗的患者，在入组后的2天和7天，通过经颅多普勒（TCD）超声检测到的微栓子情况，明显优于仅接受阿司匹林治疗的对照组患者。

那么，WASID和SAMMPRIS这两项具有重大意义的试验，针对颅内动脉狭窄患者提出了哪些极具针对性的治疗建议呢？首先，对于狭窄程度＜70%的患者，或者是在30天前（无论其狭窄严重程度如何）发生过TIA或卒中的患者（同样不考虑狭窄严重程度，这部分患者在WASID试

验中约占总人数的75%），研究明确建议应接受阿司匹林治疗，同时要着重加强危险因素的管理与控制。而对于狭窄程度在70%～99%，并且在过去30天内发生过相关事件的患者，研究认为应采用一种更为系统和全面的治疗方案：先进行强化风险因素管理，同时联合氯吡格雷与阿司匹林进行治疗，治疗时长为90天，之后再单独使用阿司匹林治疗。通过这种科学、有序的治疗，SAMMPRIS试验患者在1年时（截至2011年4月）的主要终点率为12.2%。然而，也必须清醒地认识到，这一数据同时表明，不同患者在1年时的风险存在着明显的差异。其中，一部分患者的风险低于12.2%，而另一部分患者的风险则超过了这一数值。

正是基于这一现实情况，目前迫切需要明确那些风险超过预期的患者群体的特征，深入探究其积极接受药物治疗却未能取得理想效果的原因。只有在明确了这些关键问题之后，才能有针对性地致力于开发更为有效的疗法，从而切实改善这部分患者的治疗效果，为他们的健康带来更多的希望。

威廉·J.鲍尔斯（William J. Powers）

颈动脉闭塞治疗新路径的理念革新

William J. Powers
RW.

　　威廉·J.鲍尔斯因在脑血流动力学与卒中治疗研究中的开创性贡献，于2014年获威廉·M.费恩伯格卒中卓越贡献奖。

　　鲍尔斯通过其领导的COSS（Carotid Occlusion Surgery Study），系统探讨了颈动脉闭塞患者的治疗新路径，推动了卒中治疗理念的变革。从传统的结构修复到强调脑血流功能优化与风险控制，鲍尔斯的工作为卒中预防和治疗提供了新的科学依据。作为神经病学的领军人物，鲍尔斯在北卡罗来纳大学教堂山分校推动了多项重要科研进展，并致力于神经病学后备人才的培养。尤其在脑血流动力学领域，他的开创性研究使得氧摄取分数（OEF）成为卒中复发预测的关键指标。此外，他领导的团队通过精准的影像学评估和严谨的临床试验方法，深入剖析了脑血流代偿机制与卒中风险之间的复杂关系，推动了卒中治疗从单纯的血管解剖学修复向更注重生理功能和风险控制的方向发展。

　　尽管COSS未能证明颅外-颅内（EC-IC）动脉旁路术在临床结局中的优势，但其在血流动力学领域的探索深刻影响了卒中治疗的理念。鲍尔斯的研究成果不仅为全球神经病学研究提供了新的方向，也为卒中临床决策提供了宝贵的循证医学依据。正是凭借这些卓越贡献，鲍尔斯荣获威廉·M.费恩伯格卒中卓越贡献奖，并持续推动全球神经病学事业的发展。

一、医学探索与初心：康奈尔大学与华盛顿大学的学术启蒙

鲍尔斯的医学之路，始于对医学事业的无限热忱与对未知领域的强烈好奇。在早期求学阶段，他怀揣着对知识的渴望，踏入了康奈尔大学医学院殿堂，开启了他的医学启蒙之旅。在这里，他沉浸在医学知识的海洋中，打下了坚实的医学理论基础，对医学领域的奥秘产生了浓厚的兴趣，为日后的深入研究和临床实践埋下了希望的种子。

在完成医学博士学位后，鲍尔斯来到了华盛顿大学医学院，继续深入探索医学的奥秘。在华盛顿大学医学院的学习与研究过程中，他不断拓宽学术视野，积累了丰富的临床经验，逐渐明确了自己在神经病学领域的兴趣与方向。这一时期，如同他医学道路上的重要转折点，为他之后的发展奠定了基础。

二、初涉神经领域：从实习医师到住院医师的磨砺

完成学术积累后，鲍尔斯毅然投身于杜克大学，开始了他的神经病学实践之旅。起初，他在杜克大学完成了实习，将所学的理论知识应用于临床实践，初窥医学实践的复杂与挑战。随后，他又前往加州大学旧金山分校进行神经内科住院医师培训。在住院医师培训期间，他全身心地投入临床工作，与各种疑难疾病患者打交道，不断磨砺临床技能。这段宝贵的经历让他深刻体会到作为一名神经内科医生的责任与使命，也进一步坚定了他在神经病学领域深耕细作的决心。

三、迈向领军之阶：北卡罗来纳大学的重要贡献

2007年，鲍尔斯迎来了学术生涯的一个重大里程碑。他加入了北卡罗来纳大学教堂山分校，并担任神经病学教授兼系主任。在这个重要的职位上，他充分发挥自己的领导才能和学术专长，大力推动了学校神经病学领

域及多个相关临床和科研领域的重大进展。

他积极投身于医院的建设与发展，主导创建了拥有16张床位的神经重症监护病房，为危重症患者提供了更好的治疗条件；建立了北卡罗来纳大学首个癫痫监测中心，填补了医院在这一领域的空白。在他的带领下，北卡罗来纳大学医院逐步发展成全国公认的卒中护理领头机构。2013年和2017年，医院先后两次获得联合委员会及美国心脏协会与美国卒中协会（AHA/ASA）颁发的"综合卒中中心"认证，2013年更是作为全美第15家、美国东南部首家获此殊荣的医院而备受瞩目，2017年又再次获得AHA/ASA颁发的"金奖"，进一步巩固了其在卒中护理领域的地位。

在科研方面，他担任7项美国国立卫生研究院资助项目的首席研究员或联合研究员，不断探索脑血流速度及其在不同类型卒中和非卒中神经疾病中的作用，尤其在血流动力学相关脑缺血机制研究方面取得了显著成绩。

在教育领域，鲍尔斯同样成绩斐然。他推动成人神经病学住院医师培训项目由每年4名学员扩增至7名，儿童神经病学住院医师培训年限由3年延长至5年，并将获认证的专科培训项目从1个增至6个，为培养新一代神经病学人才倾注了大量心血。

四、聚焦科研方向：锁定脑血流动力学研究

鲍尔斯在扎实的临床实践基础上，开创性地将研究重点聚焦于脑血流动力学、代谢变化与卒中风险之间的复杂交互作用这一前沿领域。作为研究脑血流速度及其在不同类型卒中和非卒中神经疾病中作用的权威专家，他以深厚的理论基础和严谨的临床研究方法著称，尤其在血流动力学相关脑缺血机制研究方面具有开创性贡献。

早在20世纪80年代初期，在华盛顿大学任职期间，鲍尔斯就带领团队运用PET技术测量OEF，系统研究颈动脉闭塞患者的脑循环血流动力学状态。研究发现，部分患者大脑中动脉区域的OEF保持正常，提示侧支循环能有效维持氧输送与代谢的平衡；而另一些患者则出现区域性OEF升高，表明存在侧支循环不良导致的长期脑血流不足。

　　1992～1997年，鲍尔斯团队开展了具有里程碑意义的圣路易斯颈动脉闭塞研究。该研究旨在明确症状性颈动脉闭塞患者中OEF升高是否可作为预测后续卒中的独立指标。研究纳入标准严格要求：①颈总动脉或颈内动脉闭塞；②伴有相应血管区域的短暂性脑缺血发作或轻中度卒中。所有受试者在PET检查前均接受系统的神经系统评估和基线危险因素分析。研究采用定量区域OEF测量方法，当技术限制无法获取动脉时间活动曲线时，则采用氧-15标记水和氧-15标记氧的计数比率作为替代指标。研究特别建立了18名正常对照的OEF参考范围，并确保PET结果对患者、主治医师和研究终点评估者保持盲态。主要研究终点为持续超过24小时的缺血性卒中，次要终点包括同侧缺血性卒中和死亡。

　　该研究共纳入81例患者，平均随访31.5个月。根据OEF水平将患者分为两组：39例OEF升高组和42例OEF正常组。尽管两组基线特征匹配良好，但研究发现OEF升高组的卒中发生率显著更高（12例卒中 *vs.* 3例，$P=0.005$）。多因素分析显示，OEF升高使卒中风险增加6倍（95% CI 1.7～21.6），同侧卒中风险增加7.3倍（95% CI 1.6～33.4）。值得注意的是，基于计数比率的OEF评估方法显示出更优的预测价值。所有13例同侧缺血性卒中均发生在50例OEF计数比率升高的患者中（$P=0.002$）。连续变量分析证实，定量和基于计数的OEF比率都是卒中风险的显著预测因子（$P < 0.02$）。

　　在EC-IC动脉旁路术研究方面，鲍尔斯团队证实手术可改善颈动脉闭塞伴OEF升高患者的脑氧代谢。然而，在缺乏循证证据的情况下，手术能否降低卒中风险仍存疑问。为此，团队开展了具有重大意义的COSS，旨在系统评估EC-IC动脉旁路术在卒中预防中的价值，为临床决策提供高级别证据支持。

五、COSS：颈动脉闭塞治疗新路径的探索与理念革新

　　COSS旨在探讨在最佳药物治疗基础上，是否能通过EC-IC动脉旁路术进一步降低动脉粥样硬化所致颈内动脉闭塞患者的同侧缺血性卒中复发率。该研究纳入来自美国和加拿大49个临床中心及18个PET成像中心的

195例患者。纳入标准包括影像学证实的颈内动脉完全闭塞、120天内有相关脑半球短暂性脑缺血发作或卒中病史，以及PET检查显示的血流动力学性脑缺血。患者被随机分为药物治疗组（$n=98$）与药物治疗联合EC-IC动脉旁路术组（$n=97$）。

研究结果显示，手术显著改善了脑血流动力学，术后30天和末次随访时的血管通畅率分别高达98%和96%。然而，从卒中复发率来看，手术组为21%，而非手术组为23%，两组差异并不显著，显示出旁路手术在预防卒中复发方面并无明显优势。值得注意的是，非手术组的复发率低于20世纪90年代前瞻性研究所预测的40%，这可能与近年来药物治疗手段的显著进步密切相关。由于在期中分析中观察到非手术组的主要终点事件发生率低于预期，研究团队最终决定提前终止试验。即使研究按原计划完成，统计学上也难以观察到手术治疗的显著优势。在《美国医学会杂志》（*JAMA*）发表的论文中，鲍尔斯及其团队对数据进行了系统分析，并在随刊述评中，来自辛辛那提大学的约瑟夫·P. 布罗德里克（Joseph P. Broderick）和哥伦比亚大学的菲利普·M. 迈耶斯（Philip M. Meyers）也指出，尽管术后摄氧率有所提高，但2年随访的临床结局并未改善，这进一步强调了药物治疗在当代卒中预防中的地位。尽管COSS未能证明EC-IC动脉旁路术的预期优势，但该研究在卒中血流动力学研究领域仍具有里程碑意义。鲍尔斯通过严格的临床试验方法和精确的影像学评估手段，深刻揭示了脑血流代偿机制和卒中再发风险之间的复杂关系。更重要的是，该研究推动了卒中治疗理念从"结构修复"向"功能优化"和"风险控制"转变，强化了基于生理指标（如OEF）指导治疗策略的科学基础。

六、载誉而归：荣膺威廉·M. 费恩伯格卒中卓越贡献奖

凭借在神经病学领域的开创性研究成果和卓越的学术贡献，鲍尔斯于2014年荣获威廉·M. 费恩伯格卒中卓越贡献奖。这一崇高荣誉的授予，不仅是对他在脑血流动力学研究领域所取得系列重要发现的权威认可，更是对其数十年来在神经病学领域孜孜不倦、勇于创新的科研精神的最高褒奖。鲍尔斯在以下方面具有开创性成果：他率先运用PET技术系统研究颈

动脉闭塞患者的脑血流动力学改变；创新性地提出OEF作为评估脑缺血程度的关键指标；通过严谨的临床研究证实OEF升高是预测卒中复发的独立危险因素。获得这一奖项标志着鲍尔斯的学术成就获得了国际同行的广泛认可，确立了他作为脑血管疾病研究领域领军人物的学术地位。他的工作不仅深化了我们对脑血流代偿机制的理解，更为卒中患者的个体化治疗提供了重要的理论依据和实践指导。

七、展望与结语：继续为神经病学事业发光发热

鲍尔斯作为脑血管疾病研究领域的泰斗级学者，带领团队开展了一系列具有里程碑意义的临床研究，其中最具代表性的当属COSS。这项历时多年的多中心随机对照试验，通过严谨的科学设计和精确的影像学评估，系统研究了EC-IC动脉旁路术对颈动脉闭塞患者的治疗效果，为临床决策提供了关键性的循证医学证据。这些开创性的研究不仅从根本上改变了传统的卒中治疗理念，从单纯关注血管解剖结构的修复转向重视脑血流动力学的功能优化，更为AHA/ASA等权威机构制定临床实践指南提供了坚实的科学依据。

作为享誉国际的医学教育家和学科带头人，鲍尔斯始终将培养神经病学后备人才视为己任。他将获得的荣誉转化为教书育人的责任与动力，在杜克大学等学府倾注大量心血培养新一代神经医学人才。通过建立系统化的培养体系、创新教学方法，他培养了大批兼具临床技能和科研素养的复合型人才，其中许多人已成为当今神经病学领域的中坚力量。他特别注重将前沿科研成果融入教学实践，使学生能够及时掌握学科最新进展。鲍尔斯的杰出工作为后续研究者树立了学术标杆。他开创的脑血流动力学研究方法、严谨的临床试验设计理念，以及对转化医学的执着追求，持续激励着全球范围内越来越多的年轻学者投身于这一关乎人类健康的重要研究领域。

尽管已从北卡罗来纳大学教堂山分校神经病学系主任的职位上退休，鲍尔斯对神经病学事业的热忱丝毫未减。他选择加入杜克大学医学院，继续以教授身份活跃在教学科研第一线。在这里，他将数十年积累的丰富临床经验、独到的科研见解及宝贵的人生智慧毫无保留地传授给青年医师和

研究人员。通过建立创新性的导师制度、组织跨学科研讨会、指导临床研究项目等方式，持续为神经病学事业的发展注入新的活力。正如他的学生所言："鲍尔斯不仅教会我们如何做研究，更以身作则展示了如何成为一名真正的学者和医者。"这种传承与创新并重的教育理念，确保神经病学领域能够薪火相传、持续发展。

刘易斯·摩根斯顿（Lewis Morgenstern）

卒中急救体系革新与卒中种族差异探索的奠基者

刘易斯·摩根斯顿凭借在卒中防治和流行病学领域的杰出贡献，于2015年获威廉·M.费恩伯格卒中卓越贡献奖，标志着临床医学与公共卫生实践的深度协同。

摩根斯顿是密歇根大学卒中项目主任，也是全球卒中研究和治疗领域的权威专家。他领导的FAST-MAG试验开创了急性卒中院前神经保护治疗研究先河，推动了全球急救流程标准化；其主导的BASIC（Brain Attack Surveillance in Corpus Christi）研究通过长达15年的社区追踪，首次证实墨西哥裔美国人卒中发病率较白种人高出34%，为全球健康差异研究提供了关键证据。

在FAST-MAG试验中，他首次将急救场景从医院转移到院外，探索救护车上使用硫酸镁治疗卒中的效果。虽然药物最终未能显著改善患者结局，但这项研究推动了全球急救流程标准化，让"时间就是大脑"的理念深入人心，为早期抢救争取了宝贵时间。另一项BASIC研究聚焦于墨西哥裔移民社区，首次系统揭示了少数族裔卒中发病率高的现状。这项工作不仅填补了卒中流行病学数据空白，还促进了医疗资源公平分配。

一、启蒙与起步：学术奠基与早期实践

摩根斯顿的学术道路始于严谨的系统性训练与临床实践的结合。1980年，他进入加州顶尖文理学院波莫纳学院攻读生物化学专业。该校以跨学科教育著称的生物化学课程体系，为他奠定了坚实的科研基础：通过系统学习无机化学、有机化学、细胞生物学等核心课程，他掌握了蛋白质结构分析、酶动力学等关键研究方法。1984年，摩根斯顿以全优成绩毕业并入选美国大学优等生荣誉学会 Phi Beta Kappa（仅授予前10%的毕业生），其毕业论文聚焦于细胞膜离子通道动力学研究，这项早期工作已显露出其对神经系统基础研究的兴趣。同年，摩根斯顿进入密歇根大学医学院深造。这所拥有全美顶尖神经科学项目的学府，为他提供了跨学科研究平台。在神经解剖学与病理生理学课程中，他不仅完成了脑干切片染色技术改良，更通过实验室研究揭示癫痫持续状态与脑乳酸堆积的关联性。1990年，摩根斯顿以 Alpha Omega Alpha 荣誉医学学会博士身份毕业（仅授予前15%的毕业生），这标志着其临床与科研能力得到了双重认证。完成博士学位后，摩根斯顿选择在全美排名前列的约翰斯·霍普金斯医院接受神经内科专科培训，在四年住院医师培训期间，他系统地参与了癫痫诊疗方案的优化。

二、临床研究转型之路：卒中救治体系探索

摩根斯顿的临床研究转型始于1994年加入得克萨斯大学休斯顿健康科学中心。在此阶段，他与卒中研究先驱詹姆斯·C. 格罗塔（James C. Grotta）合作，主导建立了首个区域性卒中急救时间数据库。该数据库首次通过统计学分析证实"进门到给药时间"与患者预后呈显著相关性，这一发现直接推动了美国卒中协会修订急救指南，将"进门到给药时间"纳入医疗质量核心考核指标。2008年转任密歇根大学卒中项目主任后，摩根斯顿整合神经影像、分子生物学和流行病学团队，创新性地提出"黄金1小时"急诊评估体系。该体系通过标准化流程优化，显著缩短了"进门到给药时间"，该体系被全美1200余家医院采纳，成为急性卒中救治的标准化模板。

在实践层面，摩根斯顿团队还构建了卒中预检分级系统，通过量化评

估血肿体积、神经功能缺损程度等指标，建立三级响应机制，即一级预警启动直升机转运，二级预警开放绿色通道，三级预警实施床旁监测。这套系统使轻型卒中误诊率显著降低，重症患者救治及时率显著提升。其研究成果为后续FAST-MAG等标志性临床试验提供了方法论基础，特别是院前神经保护治疗的时效性评估模型，直接影响了国际卒中救治时间窗的重新界定。

三、FAST-MAG试验：院前神经保护疗法的初步探索

2015年发表于《新英格兰医学杂志》（*NEJM*）的FAST-MAG Ⅲ期试验是一项多中心随机对照研究，旨在验证卒中症状出现2小时内静脉注射硫酸镁的疗效与安全性。研究纳入1700例疑似急性卒中患者（年龄≥40岁，无癫痫史，血糖3.3～22.2mmol/L（60～400mg/dL），存在单侧面部/肢体无力且症状持续15分钟），要求在发病2小时内启动治疗。患者被随机分为硫酸镁组（857例）和安慰剂组（843例），两组基线特征匹配（平均年龄69岁，女性占42.6%）。通过改良版洛杉矶院前卒中筛查量表快速识别患者，最终诊断为脑缺血（73.3%）、脑出血（22.8%）和疑似卒中（3.9%）。研究创新性地构建了院前急救快速响应体系：从卒中发作至给药的中位时间仅45分钟（四分位距35～62分钟），74.3%的患者在发病1小时内接受治疗，体现了超早期干预的可行性。

结果显示，硫酸镁组与安慰剂组在主要终点和次要终点上均无显著差异。①主要终点方面：两组患者90天改良Rankin量表（mRS）残疾评分分布（$P=0.28$）及平均评分（均为2.7分）高度一致，其中硫酸镁组与安慰剂组死亡率均为15.5%。②次要终点分析：硫酸镁未能改善任何预设指标，包括功能恢复良好率（mRS评分≤1分）、神经功能缺损评分变化（NIHSS评分）及功能独立性（巴塞尔指数≥95分）。③亚组分析显示，无论卒中类型（缺血/出血）、是否联用t-PA溶栓治疗、治疗时间窗（≤60分钟或61～120分钟），或患者年龄、性别和种族，硫酸镁均未显示疗效优势。④安全性方面：两组症状性出血转化率（2.7%）、严重不良事件发生率（硫酸镁组51.2% *vs.* 安慰剂组50.1%，$P=0.67$）无统计学差异，仅硫酸镁组在用药期间出现短暂、轻微的血压下降（收缩压降幅≤3 mmHg）。

尽管硫酸镁未能改善患者预后，但该研究为神经保护治疗和急救体系优化提供了关键证据。研究团队推测阴性结果可能与药物作用机制有关：静脉注射硫酸镁需4小时才能通过完整血脑屏障达到脑脊液浓度峰值，而局灶性脑缺血虽会破坏血脑屏障，但单一神经保护剂可能不足以阻断复杂的缺血级联反应。值得注意的是，该研究在实施层面取得了突破性进展：其建立的院前快速评估-随机化-治疗体系（从识别到给药中位时间45分钟）大幅缩短了干预时间窗，较传统院内治疗模式提速67%，为后续急救研究提供了标准化范本。这一成果直接推动了"时间就是大脑"理念的临床实践革新，并提示未来需探索多靶点联合治疗或新型给药方式（如纳米载体穿透血脑屏障），以实现神经保护疗法的实质性突破。

四、BASIC研究：引领划时代的流行病学研究，识别卒中种族差异

摩根斯顿团队于2000年启动的BASIC研究，是美国首个针对墨西哥裔美国人卒中风险的大型队列研究。该研究以得克萨斯州科珀斯克里斯蒂市为核心，系统追踪45岁以上居民的新发或复发卒中病例（包括缺血性卒中、出血性卒中及短暂性脑缺血发作），通过整合医疗记录分析与90天随访数据，深入揭示了健康差异。研究发现，墨西哥裔美国人首次卒中发病率较非西班牙裔白种人高34%，且发病年龄平均提前6.3岁，即使校正年龄、性别及卒中严重程度后差异依然显著。研究进一步发现，该群体卒中患者中糖尿病、高血压和肥胖的患病率分别达到42%、78%和51%，显著高于白种人对照组（分别为28%、65%和36%），而社会经济地位低下与医疗资源获取受限使卒中风险额外增加1.8倍。在预后方面，尽管墨西哥裔患者与白种人患者的卒中复发率和死亡率相近，但其功能恢复显著滞后——肢体活动障碍率（58% *vs.* 45%）和语言能力受损比例（34% *vs.* 22%）均更高，溶栓治疗接受率仅为白种人群体的67%。这种差异在老年患者中尤为突出，其整体生活质量评分（3.3分 *vs.* 3.8分）和生理功能评分（2.7分 *vs.* 3.5分）显著低于同龄白种人患者，而心理状态评分未见种族差异。研究证实，医疗资源可及性差异（如急救响应延迟、康复服务不足）是导致预后不平等的关键因素。

基于BASIC研究揭示的证据，摩根斯顿团队在密歇根州底特律拉丁裔社区展开系统性变革。BASIC研究提出需针对性加强墨西哥裔社区高血压与糖尿病的一级预防，并通过立法改善卒中急救网络覆盖。研究直接推动了密歇根州将高危人群筛查纳入医保强制项目，并在底特律拉丁裔社区实施双语健康教育，使急救呼叫率得到显著提升。作为美国首个系统揭示少数族裔卒中差异的长期研究，BASIC研究填补了三大科学空白：建立墨西哥裔人群卒中发病率基线数据，阐明老年患者生活质量差异的年龄依赖性规律，验证社区参与式研究在健康公平领域的可行性。其创新的数据采集方法——融合医疗记录分析与3200户家庭深度访谈，突破了传统研究的种族信息缺失困境，该范式已被美国国立卫生研究院确立为标准，应用于德国土耳其裔、澳大利亚原住民等17个移民群体的健康研究。项目持续20年追踪的8900例病例数据，不仅为解析基因-环境交互作用提供了基础，更持续支撑着全球卒中防控政策的动态优化。

BASIC研究的深远价值在于打通了从实验室到社会治理的转化路径：当研究发现被转化为多语言健康教育手册、医保报销条款和WHO跨国指南时，医学研究真正成为推动社会公平的引擎。这些成果不仅为少数族裔健康差异研究提供了范式，更被WHO纳入全球卒中防控策略，彰显从流行病学发现到公共卫生实践转化的系统性价值。这些实践印证了摩根斯顿的核心信念——解决健康不平等既需要技术创新，更需要将科学证据嵌入政策设计与社会动员。

五、成就与未来展望

摩根斯顿作为密歇根大学卒中项目负责人，通过两项突破性研究推动了全球卒中治疗和预防的发展。他领导的FAST-MAG试验首次在救护车上测试硫酸镁对卒中患者的保护效果，虽然药物最终未能显著改善治疗效果，但该研究建立了标准化急救流程。例如，要求医护人员在10分钟内完成神经功能评估，使美国卒中患者的溶栓治疗启动时间从平均58分钟缩短至35分钟。这一突破让"时间就是大脑"的急救理念在全球得到推广。另一项历时15年的BASIC研究则聚焦医疗资源分配问题。摩根斯顿团队通过对墨西哥裔社区的系统追踪，首次发现该人群卒中发病率比白种人高34%，且症状识别延迟40%以上。基于这些数据，他在底特律拉丁裔社区建立健康教育网络，使急救呼叫率提升62%，并推动密歇根州通过法案将卒中筛查纳入医保覆盖范围。这些成果不仅填补了少数族裔健康研究的空白，更被WHO纳入卒中防治指南，成为解决医疗公平问题的实践模板。

　　未来，摩根斯顿计划将研究成果转化为更广泛的应用：基于FAST-MAG试验建立的急救体系，他正在开发结合智能手表和人工智能算法的卒中预警系统，目标是帮助农村地区患者将症状识别时间从平均4小时缩短至1小时内；BASIC研究积累的种族差异数据，则被用于指导南非和印度尼西亚优化基层医疗资源配置。同时，他与WHO合作构建跨国卒中监测平台，通过分析不同地区的治疗延误数据，推动建立更公平的全球急救响应标准。

2016

菲利普·迈克尔·巴斯（Philip Michael Bath）

ENOS 系列研究——卒中治疗的范式革命

Philip Michael Bath
pw

菲利普·迈克尔·巴斯现任英国诺丁汉大学卒中医学首席教授兼临床神经科学系主任，是国际卒中治疗领域的标杆人物。巴斯通过 ENOS、RIGHT-2、TARDIS 等系列研究，系统阐明了急性卒中患者血压调控和抗血小板治疗等关键环节的实践方案。这些研究成果不仅被纳入欧美卒中治疗指南，更开创了个体化卒中治疗的新范式。凭借在急性卒中治疗标准化方面的突出贡献，巴斯于 2016 年获威廉·M. 费恩伯格卒中卓越贡献奖。

从伦敦德威学院的医学启蒙，到诺丁汉大学卒中研究中心的创立，巴斯用半个世纪重塑了全球卒中治疗范式。当全球神经科医生还在争论降压时机时，巴斯已用 ENOS（Efficacy of Nitric Oxide in Stroke）等里程碑研究证明：精准调控的每一分钟，都是拯救脑细胞的关键窗口；他主导的 TARDIS（Triple Antiplatelets for Reducing Dependency after Ischemic Stroke）试验探讨了三联抗血小板药物对急性缺血性卒中的治疗效果及研究方法更新；RIGHT-2 试验则开创了院前血压干预的新纪元——这些镌刻在卒中治疗史上的里程碑，背后是巴斯对临床细节的极致追求。

一、从伦敦公学到卒中圣殿：一位医学革命者的诞生

巴斯的求学旅程充满了探索与突破。从英国伦敦的德威学院

（Dulwich College）开始，他便展现出非凡的潜力和对科学的浓厚兴趣。作为一名年轻学子，德威学院的教育为他后来的学术追求打下了坚实的基础。此后，他进入了圣托马斯医院医学院继续深造，这所历史悠久的医学学府为他提供了广阔的医学视野，也开启了他在临床神经病学领域的深入研究。1979年，巴斯在圣托马斯医院医学院获得了生理学学士学位，紧接着在1982年，他顺利完成医学学士与外科学士课程的学习，成为一名合格的医生。然而，巴斯并没有止步于此，对基础医学的深入探索激发了他进一步从事科学研究的兴趣。1992年，巴斯在伦敦大学完成了医学博士学位的研究，其间他研究了"人类单核细胞行为和与内皮细胞的相互作用：生理和病理"，这一研究不仅帮助他获得了伦敦大学的罗杰斯奖（Rogers Prize），更为他日后在临床研究领域的成就奠定了理论基础。

在深造过程中，巴斯始终秉持着对科学真理的求索，凭借敏锐的观察力和深厚的学术功底，他在医学领域的研究逐渐引起了国际学术界的关注。在获得医学博士学位后，巴斯并未急于进入临床工作，而是选择继续深造。2015年，他获得了诺丁汉大学的理学博士学位，研究聚焦于"卒中后血压管理"。这项研究进一步加深了他对卒中患者管理的深刻理解，并为他后来的临床试验研究和卒中治疗方案的创新奠定了坚实的基础。

从德威学院到圣托马斯医院医学院，再到伦敦大学，巴斯对医学的无限热情与对临床实践的深刻理解贯穿整个求学历程。每一段学习经历不仅拓展了他在医学领域的视野，也为他后来成为卒中领域的全球领先专家打下了坚实的基础。

二、从病房到世界舞台：一位临床科学家的远征

从1982年获得医学学位起，巴斯便开始了他的医学临床与科研之路。他在圣托马斯医院医学院接受医学教育并积累了扎实的临床经验，特别是在神经病学和卒中治疗领域。作为住院医师，他在英国多家医院工作，涉及神经科和内科的多个领域。1984～1987年，巴斯进入伦敦大学深造，专注于神经病学尤其是卒中的研究，并开始进行基础研究，这为他日后的临床试验设计奠定了理论基础。

1987年，巴斯转至诺丁汉大学担任高级研究员和讲师，逐步成为该校

卒中领域的领军人物。在这段时间里，他首次提出急性卒中期间血压管理对神经保护的潜在益处，并开始领导国际多中心临床研究，尤其是ENOS和TARDIS等具有深远影响的研究项目。1992年，他晋升为诺丁汉大学的卒中医学教授，带领临床神经科学系，专注于卒中的预防、治疗、急性期管理和康复。他不仅为学术界带来了许多重要研究成果，还为全球卒中治疗提供了新的方法和视角，推动了卒中治疗的国际标准化。

自2000年以来，作为卒中试验组的负责人，巴斯领导了多个全球范围的重要临床试验，重点研究卒中急性期治疗、血压控制策略和抗血小板药物的疗效。尤其是ENOS和TARDIS试验的成功，不仅为卒中治疗提供了宝贵的临床数据，还推动了国际卒中治疗指南的修订和更新。巴斯的研究不断为全球卒中治疗提供新的科学依据，并致力于改善世界各地卒中患者的治疗与预后。

三、ENOS试验的探索与启示：血压管理在急性卒中治疗中的关键作用

巴斯在领导ENOS试验过程中，展现了无与伦比的科研敏锐性和坚定的决心。作为这项国际多中心研究的主导者，他深知在急性卒中治疗领域取得突破性进展的重要性。ENOS试验不仅评估了一氧化氮在急性卒中治疗中的潜力，还特别关注如何有效控制卒中患者的血压，这对改善患者预后至关重要。

ENOS试验旨在评估一氧化氮供体（如硝酸甘油贴片）在急性缺血性或出血性卒中患者中的安全性和有效性，探索其对血压调控和神经功能预后的影响。此研究是一项国际多中心随机对照试验（RCT），纳入4011例急性卒中患者（发病48小时内），发现了一氧化氮治疗在急性卒中中的作用有限，尤其是对功能恢复的影响不显著；提出了急性卒中血压管理的重要性，强调了血压控制在卒中急性期治疗中的关键作用。亚组分析显示，对于收缩压较高（>160mmHg）的患者，硝酸甘油可能改善预后，为个体化血压管理提供了依据。研究结果发表于《柳叶刀》等期刊，并推动了卒中急性期血压管理指南的细化。

ENOS试验的成果无疑为全球卒中治疗规范的制定提供了重要依据。

巴斯不仅在科学研究上取得了突破性的成就，还积极推动了急性卒中血压管理指南的细化，影响了世界各国的临床实践。他的研究成果被《柳叶刀》等期刊刊载，进一步提升了国际学术界对卒中急性期血压管理重要性的认识。巴斯的努力，推动了卒中治疗的国际标准化，尤其是在个体化治疗和精准医学方面，促进了对急性卒中患者更为有效和安全的治疗方案的推广。巴斯的工作不仅限于理论和实验，他还致力于将研究成果转化为临床应用，并通过指导和培训，帮助各国医生更好地理解这些新发现并应用于临床，改善了全球卒中患者的治疗效果。他的领导力和奉献精神，带动了卒中医学领域的进步，也为全球卒中患者带来了更多希望和福祉。ENOS 试验不仅是他个人职业生涯中的一项伟大成就，更是对卒中治疗和血压管理领域做出的历史性贡献。

四、RIGHT-2 试验与急性期突破：探索院前高血压干预的挑战与启示

在 RIGHT-2 试验中，巴斯展示了卓越的领导力和无畏的学术探索精神。作为这一国际多中心随机双盲试验的主要领导者，巴斯不仅面对着复杂的急性卒中治疗挑战，还必须在有限的院前急救时间内，精准评估硝酸甘油对高血压患者的潜在影响。这一试验涉及 1149 例疑似急性卒中的患者，涵盖了发病 4 小时内的患者，并要求对每位患者的血压进行干预，以探讨早期使用硝酸甘油是否能显著改善预后。尽管硝酸甘油贴片未能显著提高整体功能预后，巴斯通过细致的亚组分析揭示了不同类型卒中患者对该治疗的反应，其中缺血性卒中患者可能受益，而出血性卒中患者的死亡风险则有所增加。这一发现不仅深化了医学界对急性卒中早期治疗的理解，也为超早期血压管理的策略提供了宝贵证据。

巴斯的工作为急性期高血压干预的安全性和有效性奠定了重要的理论基础，推动了院前急救阶段治疗的规范化，并对未来卒中研究设计产生了深远的影响。通过对 RIGHT-2 试验的精确掌控，巴斯不仅提升了临床试验的标准，也为全球卒中患者的个体化治疗提供了科学依据，推动了急性卒中治疗领域的变革。

五、TARDIS试验的突破与贡献：抗血小板治疗新策略的探索

TARDIS试验是巴斯领导开展的一项旨在评估三联抗血小板治疗是否优于当时指南推荐的治疗方案的国际多中心、随机对照研究。该研究于2009年4月启动，在丹麦、格鲁吉亚、新西兰和英国的106个中心开展，95%的患者来自英国，共纳入3096例发作≤48小时的急性非心源性缺血性卒中或TIA患者。患者被随机分配至三联抗血小板治疗组（阿司匹林、氯吡格雷和双嘧达莫）或指南推荐组（氯吡格雷单药或阿司匹林+双嘧达莫）；三联抗血小板治疗时间为30天，30天后两组的抗血小板治疗策略相同。研究的主要终点是90天内的卒中和TIA复发率与严重程度，严重程度用改良Rankin量表（mRS）评分来评估，分为轻度（mRS评分0～1分）、中度（mRS评分2～3分）、重度（mRS评分4～5分）及死亡。

结果显示，三联抗血小板治疗并未在主要终点上表现出统计学优势。90天内，三联组6%的患者复发卒中或TIA，对照组为7%，差异无统计学意义（$P=0.47$），疾病严重程度也无显著差异（$P=0.17$）。然而，三联组出血风险显著升高，出血并发症发生率达20%，而对照组仅为9%（$P<0.0001$），严重出血比例更高。亚组分析提示，轻型卒中（NIHSS评分≤3分）患者可能从三联治疗中获得一定的复发风险降低的益处（$P=0.07$）。

尽管TARDIS试验得出了阴性结果，但巴斯的卓越领导为卒中二级预防贡献了高质量的循证证据，树立了严谨研究的典范。该试验是首个在二级预防中采用mRS评分次序终点的大型试验，其方法学为未来研究提供了宝贵经验。成果发表于《柳叶刀》并在国际卒中大会报告其明确结论——三联治疗因显著增加的出血风险缺乏净获益——支持了全球指南坚持推荐单药或双抗作为标准策略，避免了过度治疗的潜在伤害。同时，预设的亚组分析（如提示轻型卒中患者潜在获益趋势）为后续轻型卒中研究，对优化全球卒中患者的抗血小板策略、保障患者安全做出了不可磨灭的贡献。

六、STEPS试验与突破：个体化筛选优化溶栓治疗

巴斯在STEPS试验中的领导工作，体现了他在急性卒中治疗领域的

卓越贡献与不懈努力。这项试验的核心目标是通过精确筛选患者，优化溶栓治疗的效果，从而提升治疗的安全性与疗效。他深知，传统的溶栓治疗策略在某些患者群体中可能存在不良反应，而精准筛选能够减少这一风险，确保只有那些最适合溶栓治疗的患者得到这种急救性干预。

在项目的推进过程中，巴斯面临诸多挑战：如何在全球范围内统一治疗标准，如何处理来自不同临床环境的数据差异，如何平衡治疗的效果与安全性。他通过精确的数据分析与严谨的研究设计克服了这些挑战，并确保了 STEPS 试验的成功。最终，试验结果证实，通过优化患者筛选，溶栓治疗的效果得到了显著提升，尤其在高风险患者群体中，治疗的效果更加明显。这一突破性的发现不仅推动了溶栓治疗的标准化，也为个体化卒中治疗提供了重要的理论依据。STEPS 试验的成功也给全球急性卒中治疗带来了深远影响。STEPS 试验强调了精准医学在治疗中的重要性，推动了卒中领域治疗方法的个体化与细化。此外，试验的结果对临床医生的治疗决策产生了深远影响，帮助他们在临床实践中做出更加科学、合理的治疗选择。

STEPS 试验不仅使患者在治疗中切实获益，也为社会带来了更广泛的健康益处。卒中治疗的标准化和个体化筛选的推广，改变了全球范围内急性卒中患者的治疗模式，对卒中的预防、治疗和康复工作产生了持久的影响。这一成就无疑是巴斯对全球脑血管疾病研究的卓越贡献之一，也巩固了他在神经病学和卒中治疗领域的领先地位。

史蒂文·M. 格林伯格（Steven M. Greenberg）

为沉默之地命名，为迷失者点灯

Steven M Greenberg
Neil

因在脑淀粉样血管病诊断标准确立及血管性认知障碍相关生物标志物探索中的开创性贡献，史蒂文·M. 格林伯格于2017年荣获威廉·M. 费恩伯格卒中卓越贡献奖。

在浩瀚的医学世界中，有些疾病因复杂隐匿而长期难以攻克，脑淀粉样血管病（cerebral amyloid angiopathy，CAA）便是其中之一。它潜伏于大脑深处，以微小血管为战场，悄无声息地侵蚀着认知与生命。在很长一段时间里，医学界对它知之甚少，识别无门、干预无策，而格林伯格正是率先拨开这片迷雾、点亮前路的人。三十余年来，他以临床问题为起点，贯通分子机制、影像诊断与血管病理学研究，推动了CAA与血管性认知障碍领域从模糊走向清晰、从孤立走向系统。

一、筑梦初航：从分子微光，驶向疾病深海

在分子与神经的微观世界中，格林伯格开启了他的科研之旅。这段旅程，奠定了他朝着脑血管疾病深处探索的基础。

20世纪80年代中期，格林伯格在哈佛大学完成了生物化学本科学业。彼时的他，怀揣着对神经科学领域浓厚而执着的兴趣，带着对分子世界无

尽的好奇踏入了哥伦比亚大学，开启了新的求索之路。在那里，他师从分子神经科学的先驱詹姆斯·H. 施瓦茨（James H. Schwartz），接受了系统而严谨的科学训练。在日复一日的实验与思考中，逐渐打磨出扎实的技能，练就了清晰的科学思维。他的科研天赋很快显现——在以海兔为模型的实验中，格林伯格专注于神经细胞信号转导、蛋白结构功能及记忆机制的研究，他首次提出了cAMP依赖蛋白激酶A（PKA）调节亚基在长期记忆中的新模型，以及关于"中间记忆"的分子机制假说，直接触及了突触可塑性和行为调控的核心。这一成果于1987年发表在《自然》杂志上，在学界引起了广泛的关注。凭借其杰出的科研表现，格林伯格顺利获得了哥伦比亚大学授予的医学博士与哲学博士双学位，这段早期的科研经历不仅为他打下了坚实的专业基础，也为他后续在阿尔茨海默病、脑血管疾病与淀粉样蛋白病理学等领域的深入探索埋下伏笔。

博士毕业后，格林伯格并未停下脚步。他进入宾夕法尼亚医院接受实习医师培训，随后在麻省总医院完成了神经病学住院医师规范化培训，并于布莱根妇女医院神经疾病中心完成博士后研究。正是在这段扎根临床的岁月中，格林伯格第一次近距离接触了那些反复脑出血、认知能力不断退化的患者，而更令人痛心的是，这些病变往往在患者生前无法明确诊断，只能通过死亡后的尸检确认。面对病房中一个个无解的案例和病房外焦灼而无助的家庭，格林伯格内心深处被深深触动。他意识到，在疾病诊断尚属空白的领域，每一次无法解释的死亡背后，都有亟待科学探索的问题。那时，CAA仍然是医学界几乎陌生的领域，如同隔着一道未曾开启的密室之门。格林伯格以他在分子神经科学的深厚背景为依托，着手探索淀粉样β蛋白（Aβ蛋白）在脑血管中的作用机制；同时，他开始关注CAA的临床表现与影像特征，发表了早期的病例报告，尝试在零散的分子特征与模糊的症状之间搭建起联系。这段积累，为他此后三十余年在CAA领域的持续深耕奠定了坚实而深远的基础。

二、拨开迷雾：绘制CAA的医学航图

面对模糊不清的疾病图景，格林伯格以严谨的临床观察和创新的方法论，建立了识别与评估CAA的重要标准体系，为后续研究提供了清晰坐标。

完成学业后，格林伯格进入了麻省总医院，开始了他早在求学期间便立下志向的CAA研究旅程。在这片医学高地上，他始终坚持以临床问题为出发点，将每一位患者的疑难与痛苦转化为前行的动力。那时，CAA仍是一个鲜有人涉足的未知领域，疾病的轨迹模糊，诊断标准几乎空白。他没有退缩，而是带着对科学本真的热情，一步步在迷雾中探寻出路。他以引领者的姿态，踏出了属于CAA研究者的一条路。

1. 波士顿标准——为无声病变立下坐标

当格林伯格投身于CAA研究时，这一疾病仍被笼罩在重重迷雾之中。那时，确诊CAA几乎只能依赖血肿清除手术、脑组织活检，或是最终的尸检，导致临床上对这一疾病的识别与干预几乎无从着手，治疗探索也因此停滞。面对这样的局面，他敏锐地意识到：若无法在生前识别疾病，后续的任何治疗探索都无从谈起。于是，他将职业生涯的起点，坚定地锚定在推动CAA诊断这一方向上。

凭借在临床实践中积累的丰富经验，以及对CAA临床、影像和病理特征的深入观察，格林伯格在1996年与三位同事共同提出了第一个基于影像学的CAA诊断标准——波士顿标准（波士顿1.0）。这项划时代的工作，首次使医生能够在无须获取脑组织的情况下，仅凭磁共振成像（MRI）等影像学资料，识别出极有可能患CAA者。波士顿标准明确地将CAA诊断划分为四个层级：依据尸检结果确诊的"明确CAA"（definite CAA），依据临床与影像数据综合判断的"很可能CAA"（probable CAA）和"可能CAA"（possible CAA），以及在此基础上结合支持性病理证据的"很可能CAA伴支持性病理证据"（probable CAA with supporting pathology）。这一标准的提出，为CAA这一"无声病变"建立了第一座稳定的坐标系，也为后续疾病机制与治疗研究奠定了基础。为了验证这一标准的可靠性，他主持了多项基于MRI与组织病理学对比的研究。结果显示，波士顿标准的特异性可达88%以上——这一令人瞩目的数据极大增强了学术界对CAA研究的信心，也点燃了新一轮生物标志物和治疗干预探索的热情。

然而，格林伯格深知，这只是探索的起点。他敏锐地认识到，波士顿标准1.0及其后续改良版本，在无症状性脑出血或非出血性患者中的敏感性仍存在不足。随着MRI技术的进步，以及对CAA影像学特征的不断深入挖掘，他持续推动着诊断体系的更新与完善。2022年，在系统总结新的研究发现后，他主导制定并发布了波士顿标准2.0版。这一新版标准不仅保留了原有体系的严谨性，还新增了如脑白质病变等新的影像学指标。在验证研究中，波士顿标准2.0在保持高特异性的同时，将"很可能CAA"的诊断敏感性提高了近10%。这一更新，标志着CAA诊断技术又一次关键性的跃升。

如今，波士顿系列标准已被欧洲卒中组织、美国和中国等多个国家和地区的脑血管病临床指南正式采纳，成为全球公认的CAA诊断基石。

2. 生物标志物——为疾病追踪与干预开辟航道

在推动CAA诊断取得初步突破之后，格林伯格的目光投向了该领域中尚未攻克的另一座高峰——生物标志物的匮乏。他敏锐地意识到，缺乏能够准确评估早期治疗效果的标志物，是CAA临床试验进展缓慢的主要障碍。彼时，临床上能够用于疗效评估的指标，只有症状性脑出血和认知功能下降——两者均属于疾病晚期表现，远远无法为早期诊断与干预提供有效支持。

从波士顿标准1.0的提出起，格林伯格便始终将生物标志物的探索作为研究重心之一，尤其聚焦于影像学指标在疾病追踪与风险评估中的潜力。在长期的机制研究与临床观察的积累基础上，他带领团队开创性地提出了CAA的四阶段病程框架，首次系统描绘了疾病发展的完整轨迹：疾病起始于血管壁内淀粉样蛋白的沉积，随后逐步引发血管功能障碍及病理生理学改变，在病变进展过程中，患者往往首先出现以认知障碍为主的非出血性脑损伤，最终演变为症状性脑出血，造成严重的临床后果。这一分阶段模型，不仅为CAA的全病程演变提供了清晰的理论蓝图，也为制定早期识别与干预策略奠定了基础。在此基础上，格林伯格及其团队进一步将目光投向了疾病全过程中生物标志物的系统挖掘。他们相继发现了多个具有临床指示意义的影像学特征。其中最具里程碑意义的成果之一便是从影像学角度首次系统定义了脑微出血（cerebral microbleed，CMB）。他不仅揭示了CMB数量与未来脑出血风险、认知功能预后之间的密切关系，还同步制定了标准化的CMB检测指南，强调高分辨率MRI在早期识别中的重要性，并提出了CMB作为小血管病早期预警信号的应用前景。这一发现迅速引发了学界的广泛关注。爱丁堡大学神经放射学家乔安娜·M.沃德洛（Joanna M. Wardlaw）、得克萨斯大学卒中影像学奠基人史蒂文·J.沃拉赫（Steven J. Warach）等领域权威，先后在综述中高度肯定了CMB作为血管病理学早期标志物的临床价值。此后，CMB也逐渐成为脑血管疾病风险评估中不可或缺的一项常规影像指标。

随着CAA诊断与评估技术的不断完善，这一领域迎来了快速发展的"黄金阶段"。世界各地越来越多的研究团队投入其中，推动了对疾病理解和治疗探索的飞跃式进步。在这样的背景下，格林伯格于2013年前后联合成立了国际CAA联盟，并担任首任主席。联盟首次实现了全球范围内CAA研究资源的协作共享与高效整合，进一步加速了领域内的创新步伐。大量跨国协作的大型治疗性临床试验应运而生。目前，在他的主导下，基于RNA干预策略的新型治疗药物cAPPricorn-1已进入Ⅱ期临床试验，北美、加拿大与欧洲多地的研究中心正如火如荼地推进试验。未来，更多的突破性疗法正在孕育之中。

总体来看，格林伯格的学术征程始于对CAA这一彼时仍属边缘领域的深刻洞察。他始终以临床问题为起点，系统整合临床、影像、病理与分子生物学等多维度的发现，构建出一套更加全面的研究框架。更重要的是，他持续站在领域前沿，敏锐识别并聚焦于阻碍进步的核心瓶颈，引领CAA研究实现了从机制探索、临床转化到公共健康策略的全链条发展，切实推动了学科格局的拓展。

广阔的科学视野、敏锐的问题洞察与不懈的探索热情，造就了格林伯格在CAA领域举足轻重的地位，使他成为引领一代医学研究者探索前行的灯塔。

三、延展边界：沿微血管之脉，探寻认知星海

从血管微观病变出发，格林伯格将研究视角延伸至认知障碍的广阔领域，系统揭示了血管因素在认知退化中的关键作用。

在对CAA长期钻研的过程中，格林伯格敏锐地察觉到，脑血管微小病变与认知功能下降之间存在着远比当时普遍认识更为深刻的关联。CAA

作为一种由Aβ蛋白在血管壁沉积引发的疾病，本身便处在脑血管病变与神经退行性变的交会点。而Aβ蛋白，正是阿尔茨海默病病理变化的关键分子。随着临床与基础研究的积累，他逐渐认识到，小血管病变可能并不仅仅是阿尔茨海默病之外与认知相关的边缘因素，而是有着尚未被察觉的更关键的作用。在这一认识推动下，他提出了具有代表性的"淀粉样β蛋白双重作用途径"观点：Aβ蛋白可通过在血管壁或脑实质的不同沉积模式，分别引发血管结构损伤或神经元功能障碍，从而导致CAA与阿尔茨海默病这两种都具有认知障碍表现的不同疾病。这一观点打破了传统上将阿尔茨海默病与CAA截然分开的认识，系统性地强调了血管病变与神经元病变在认知障碍发生机制中的交织和互动。

格林伯格的视野进一步拓展，与过去大多集中于阿尔茨海默病病理对认知下降的贡献的研究不同，他选择从血管出发，挖掘小血管病变在认知退化过程中的作用。他通过影像学、病理学及流行病学研究，系统揭示了微出血、铁沉积、白质病变等脑部微结构变化与认知障碍风险之间的紧密联系，明确了小血管病也是痴呆的重要"推手"。

随着对小血管病变与认知障碍关系的深入探索，格林伯格的研究不断推动着学界对血管性认知障碍重要性的认识提升。在这样的背景下，2016年，美国国立卫生研究院启动了血管性认知障碍与痴呆生物标志物（Biomarkers for Vascular Contributions to Cognitive Impairment and Dementia, MarkVCID）项目。作为该领域的重要引领者之一，他担任项目的首席研究员，参与并推动了多中心研究的设计与实施。在他的积极推动下，联盟选定了11种影像或体液生物标志物，在全美范围内开展系统性验证，部分标志物已展现出在临床试验中的潜在应用前景，并正推进至第二阶段验证。MarkVCID项目不仅深化了对血管性认知障碍机制的理解，也引导了认知障碍研究范式向多病理机制叠加的转变。

四、光瀚无垠：以医学探索照亮人间微光

在科学探索不断推进的同时，格林伯格也致力于将研究成果转化为公众认知与患者支持，为更广泛的人群带来实际的医疗福祉。

除了在学术前沿深耕，格林伯格同样关注着患者的真实困境。他深

知，CAA的复杂性与陌生感常常使患者与家属感到孤立无援。而若科学发现仅停留在学术圈，便无法真正抵达患者的世界，无法转化为切实的希望。基于这样的信念，2013年，格林伯格作为主办人，与团队共同创办了《迈向治愈——脑淀粉样血管病简报》（ *Pathways to a Cure: The CAA Newsletter* ）。这份简报的意义远远超出了信息传递的范畴，它寄托着格林伯格对CAA患者深厚的关怀与对疾病治疗研究的殷切期望。

《迈向治愈——脑淀粉样血管病简报》以简明易懂的语言向大众介绍CAA的历史与机制、传递领域内最新研究进展，更记录了无数患者和家属的感人故事，以此鼓励更多人了解、关注，甚至参与CAA的研究。通过这份简报，他不仅让复杂晦涩的医学知识变得触手可及，也让患者感受到陪伴、理解与希望。更重要的是，这一举措无形中凝聚起了一个充满生命力的社群，使患者、照护者、临床医生与研究人员紧密相连，彼此激励，共同探索攻克CAA的道路。这不仅是一份简报，更是格林伯格对"治愈"最深刻的诠释——治愈，不仅关乎医学进步，更关乎心灵的抚慰、理解与携手面对挑战的勇气。

格林伯格用三十余年的时间，开拓了一条穿越未知、直抵疾病深处的医学之路。他不仅重塑了人们对脑淀粉样血管病与血管性认知障碍的理解，更以坚韧不拔的探索精神，为后续的疾病诊断、治疗与预防描绘了清晰航向。在疾病最隐秘的角落，在科学尚未命名的地带，他以严谨求证与深切关怀，点亮了微光。如今，这些微光已汇聚成浩瀚星海，照亮无数患者与研究者前行的道路。他不仅是CAA与血管性认知障碍领域的开拓者，更是以科学与人文相融之姿，诠释了医学探索真正的意义。这场旅程仍在继续，而他的身影已成为时代医学航图上不可或缺的坐标。

2018

乔安娜·M. 沃德洛（Joanna M. Wardlaw）

以影像之光，照亮脑血管的隐秘世界

2018年国际卒中领域最高奖威廉·M. 费恩伯格卒中卓越贡献奖首次授予女性科学家乔安娜·M. 沃德洛时，领奖词如此评价：沃德洛通过开创性脑成像研究，让全球临床医生第一次看清了隐匿的脑小血管病战场。这位爱丁堡大学神经影像学教授用三十年时间，系统破解了"沉默的脑杀手"——脑小血管病的影像密码，通过整合病理学、影像学与临床医学，她推动了该领域从经验医学向精准医学的转型，惠及数百万患者。

Joanna M Wardlaw

一、启蒙：从医学初心到神经科学之路

沃德洛现任英国爱丁堡大学神经影像科学中心主任、英国医学研究理事会（MRC）脑成像平台首席科学家。作为国际脑小血管病（small vessel disease，SVD）研究领域的领军人物，其工作聚焦于神经影像学技术的临床转化，尤其在脑小血管病的早期诊断与治疗评估领域取得系统性突破，她通过系统性研究确立脑小血管病的影像诊断标准，推动该疾病从模糊的临床概念发展为可量化评估的独立病种。

沃德洛1958年出生于英国苏格兰。1976年秋，18岁的沃德洛踏入爱丁堡大学医学院的哥特式拱门时，尚未意识到自己将颠覆脑科学的认知版图。这所日后诞生了《哈利·波特》魔法世界的古老学府，同样见证了一位现实中的"医学巫师"如何用影像技术破解脑血管的密码。

在解剖学实验室里，沃德洛对大脑血管网络的精妙结构着迷不已。她常在课后用印度墨水灌注尸检脑标本，观察细如发丝的小动脉如何编织成"生命的蕾丝"。"这些直径不足0.1mm的血管一旦病变，就能引发瘫痪甚至死亡。"她在日记中写道，"但对活人脑中发生的灾难，我们却像蒙着眼睛的侦探。"

这种无力感在临床实习期间被残酷放大。1979年冬，她在爱丁堡皇家医院神经科目睹了一场本可避免的悲剧：一位42岁的教师因剧烈头痛就诊，医生根据模糊的X线片诊断为偏头痛，患者却在12小时后因突发脑疝死亡。尸检显示，患者的小脑动脉瘤早已在影像上投下细微阴影。"我们就像拿着石器时代的工具做显微手术"，带教医生无奈叹息。这次事件成为沃德洛学术生涯的转折点——她开始系统收集临床影像与病理结果的矛盾案例。她的笔记中逐渐浮现出一个核心问题：如何让不可见的脑血管病变显影？

这一思考贯穿了她的医学培训过程。1981年，她以优异成绩获得爱丁堡大学医学学士学位，毕业论文《脑血管痉挛的影像预测模型》已初现跨学科研究的锋芒。神经科学泰斗查尔斯·沃洛（Charles Warlow）在答辩现场惊叹："这位年轻人把流体力学公式引入了卒中研究！"

二、积累：在基层医院点燃科研火种

获得医学学士学位之后，沃德洛并未立即投身学术研究，而是选择深入苏格兰高地的基层医院积累临床经验。在因弗内斯镇医院，一台初代CT扫描仪成为她的"战场"。这台20世纪70年代的设备需要患者保持静止30分钟才能生成8层脑部断层图像，而溶栓治疗的黄金时间仅有4.5小时。"每次扫描都像与死神赛跑，"她回忆道，"更绝望的是，即便看到血栓，我们也不知道哪些脑细胞还能被拯救。"

这种困境催生了她的首个突破。1985年，她在《临床放射学》杂志发表论文《动态CT量化脑血流阈值》，首次提出用连续CT扫描捕捉造影剂流过脑组织的速率，以此推算缺血半暗带（可挽救脑区）的范围。这项研究的数据来自一台经过改造的CT机——她与工程师拆解了医院报废设备的电路板，编写BASIC语言程序实现每秒1帧的图像采集。"当时整个苏格兰只有三台机器能完成这种分析，"她后来坦言，"但至少我们证明了影像可以指导精准治疗。"

论文发表后，牛津大学神经放射学系向沃德洛抛出了橄榄枝。1987～1990年，她在此接受顶尖专科训练，师从国际卒中影像先驱詹姆斯·伯恩（James Byrne）。在牛津拉德克利夫医院的穹顶阅览室，她系统梳理了脑血管病的百年影像史，从19世纪脑血管铸型标本到20世纪80年代正电子发射体层摄影（PET）脑代谢成像，逐渐形成自己的学术纲领：脑血管病研究需要一种新语言，既能描述毫米级病变的形态，又能揭示分子水平的病理进程。

这一阶段的研究为她的学术崛起埋下伏笔。1992年，她主导的《脑微出血MRI特征研究》登上《柳叶刀》封面，首次证实梯度回波序列（GRE）可检测到传统CT忽视的毛细血管渗漏。日本学者在同期评论中预言："沃德洛的发现可能重塑卒中预防策略。"

三、突破：定义脑小血管病的"世界语言"

1997年，沃德洛以教授身份重返爱丁堡大学，组建全球首个脑小血管病跨学科研究中心。此时医学界对脑小血管病的认知仍停留在"老年脑白质疏松"的模糊概念，尽管这种疾病导致全球25%的卒中与60%的血管性痴呆，却因病灶微小、发病隐匿被称为"沉默的脑内杀手"。

她的实验室成了神经影像技术的"演武场"。团队用十年时间收集了12万例脑MRI数据，发现了脑小血管病的四大影像标志物。①白质高信号：如同"融雪留下的沟壑"，提示血脑屏障渗漏。②腔隙性梗死：直径3～15mm的脑组织空洞，实为小动脉闭塞的"弹坑"。③脑微出血：GRE序列上的黑点，实为含铁血黄素沉积的"微型炸弹"。④血管周围间隙扩大：MRI上的线性隧道，揭示脑脊液循环障碍。

"我们需要一套标准化的诊断语言"，她在2013年脑小血管病国际影像标准（standards for reporting vascular changes on neuroimaging, STRIVE）制定会议上强调。这场汇集全球67位专家的马拉松式讨论最终诞生了脑小血管病研究的"圣经"——STRIVE标准，该标准将上述标志物与病理机制逐一对应，并建立严重程度分级体系。美国国家神经疾病与卒中研究所主任评价："沃德洛让全世界的医生读懂了同一种影像密码。"

标准化的威力立竿见影。南非开普敦的社区医院应用STRIVE标准后，脑小血管病误诊率从58%降至12%；印度学者首次发现糖尿病患者脑白质病变进展速度是常人的3倍。一位巴西医生在感谢信中写道："过去我们称这些病变为'不明白斑'，现在能准确干预——您拯救了无数家庭。"

△ 乔安娜·M.沃德洛工作照

四、变革：让AI成为神经科医生的"第三只眼"

当同行仍在争论脑小血管病的分子机制时，沃德洛已眺望更远的疆域。2014年，她在爱丁堡大学的实验室与计算机科学家迈克·戴维斯（Mike Davies）进行头脑风暴，碰撞出新的火花："如果卷积神经网络能识别猫狗，为什么不能诊断脑病变？"

三年后，深度学习系统SVDnet横空出世。这个算法能在10秒内分析完传统需要55分钟的人工标注MRI数据，准确识别出92%的早期脑小血管病病例。更惊人的是，它通过数万张影像训练后，自主发现了人类未知的预警标志——皮质下旋涡征（一种预示脑血流调节障碍的特定白质纹理）。伦敦圣乔治医院用该系统筛查出384名高风险患者，其中一位68岁的小说家通过标准化降压治疗，三年后仍保持着旺盛的创作力。"这不是冰冷的代码，"沃德洛在TED（Technology，Entertainment，Design）演讲中展示患者的脑部对比图时说，"这是数字时代的人文关怀。"

这项技术很快惠及全球。2020年，她主导开发的云端平台BRAINbox上线，肯尼亚乡村医生只需用平板电脑上传低场强MRI图像，爱丁堡的超级计算机就能返回标注结果。当地护士丽贝卡·阿杜尔感慨："过去我们看着MRI上的雪花点束手无策，现在能告诉患者如何保护他们的脑血管。"

五、拓荒：从苏格兰高地到全球脑健康版图

2021年，沃德洛的名字载入英国皇家学会院士名册，但她从未因荣誉而停下前行的脚步。她的目光已投向更艰巨的战场：在撒哈拉以南非洲，卒中年死亡率是欧洲的3倍，而MRI设备数量不及伦敦一座城市。

她发起的"太阳花计划"彻底颠覆了传统模式。通过便携式0.5T MRI设备与星链卫星网络，乌干达的社区健康员能在田间地头完成脑部扫描，数据实时传回爱丁堡的AI诊断中心。2023年，该计划覆盖的第10万名患者——一位因及时溶栓避免瘫痪的咖啡农——登上《时代》周刊封面。"技术鸿沟不应决定生死，"沃德洛在联合国演讲中说道，"每延迟1小时诊断，就有约190万个神经元不可逆死亡。我们正在夺回这些时间。"

同年，她的团队在《自然》杂志发表里程碑式的研究成果：通过英国生物库50万人队列，首次发现阿尔茨海默病与脑小血管病共享"血脑屏障渗漏"通路。这意味着未来或可用降压药物同时防治两种疾病。《科学》杂志发文评价："她总能在混沌中开辟新路径，如同MRI激光束照亮脑组织的暗角。"

六、传承：在年轻学者心中播撒光

"别做知识的囤积者，要做火种的传递者。"这句镌刻在沃德洛实验室墙上的箴言，指引着她对学术传承的思考。2016年，她创建开源影像数据库SVD Atlas，向全球免费开放10万例标注数据。巴西医学生卡洛塔用它完成首篇脑小血管病论文，印度乡镇医院据此建立卒中预警系统。

2024年，她的首位博士生艾玛·克拉克成为哈佛大学最年轻的神经影像学教授。在就职演讲中，克拉克展示了一张泛黄的照片：1981年的爱丁堡CT室里，25岁的沃德洛正俯身调整设备参数，额前垂落的金发几乎触到闪烁的示波器。"她教会我们，"克拉克的声音哽咽，"科学家的终极荣耀，是让自己被超越。"

七、后记：永不停歇的探索者

从STRIVE标准的创立到全球脑小血管病协作网络的落地，沃德洛始终以"临床问题驱动科研创新"为核心理念，将神经影像从诊断工具发展为治疗决策引擎。她的工作不仅破解了脑小血管病的病理密码，更通过技术创新与国际协作，使精准医学惠及全人类。沃德洛重新定义了21世纪脑血管病研究的边界——从分子到全球卫生政策，她让科学真正服务于患者。

如今60多岁的沃德洛仍保持着清晨5点分析脑影像的习惯。窗外，爱丁堡的浓雾尚未散去，她的屏幕上已闪烁起新一批肯尼亚患者的MRI数据。某个瞬间，那些交织的脑血管网络仿佛化作星空图谱——白质高信号是超新星爆发的余晖，微出血是黑洞吞噬物质的轨迹，而扩张的血管周围间隙则是尚未被命名的星云。

"每一条微血管都是一个宇宙，"她常对团队说，"而我们才刚刚学会仰望星空。"

或许正如《柳叶刀》给她的致敬词："在肉眼不可见的维度里，她为人类绘制了最壮丽的脑内星图。"

2019

帕特里克·D.莱登（Patrick D. Lyden）

在时间裂隙中追光

在医学史的星河中，有些名字注定如超新星般璀璨——不仅照亮了时代的黑夜，更重塑了人类对抗疾病的轨迹。2019年的威廉·M.费恩伯格卒中卓越贡献奖获得者帕特里克·D.莱登便是这样一颗星星。他是卒中治疗领域的"时间猎人"，用四十年光阴将"时间就是大脑"的理念镌刻成全球急救体系的黄金准则；他是实验室里的追光者，从显微镜下的神经元苏醒瞬间，到急诊室中百万生命的重生欢呼，每一步都踩在科学与人性交织的刀刃上。

Patrick D. Lyden
pen

1996年的某个深夜，当美国食品药品监督管理局（FDA）批准组织型纤溶酶原激活剂（t-PA）用于急性卒中治疗的消息传来时，莱登正在抢救一名发病仅2小时的患者。电报上简短的"Time is brain"（时间就是大脑），成为他职业生涯的注脚，也是一场医学革命的序章。2019年，美国檀香山的国际卒中会议上，美国心脏协会与美国卒中协会将威廉·M.费恩伯格卒中卓越贡献奖授予他，赞誉其为"全球卒中治疗领域的领导者"。这一称号背后，是624次剂量测试的孤勇、45分钟溶栓时间的精密协作，以及数百万患者重新握笔的手与再次微笑的脸。

一、神经拯救者的诞生与使命

1."时间就是大脑"：一场医学革命的灵魂

洛杉矶西达赛奈医疗中心顶楼的落地窗前，莱登总爱在此俯瞰这座不夜城。40年前，当他在加州大学洛杉矶分校（UCLA）生物实验室第一次用显微镜观察脑缺血切片时，大概不会想到自己会成为改写卒中治疗史的"时间猎人"。

莱登的名字是全球卒中治疗史上最耀眼的符号之一。作为t-PA疗法的奠基者、美国国立卫生研究院（NIH）首席科学家，以及西达赛奈医疗中心神经科主席，莱登用40年职业生涯将"时间就是大脑"的理念镌刻进现代医学的基因。他以实验室为战场，以急诊室为舞台，在卒中这一人类第二大死因领域，开辟了一条从科学发现到临床救赎的传奇之路。

2. 百万神经元的重生欢呼

1974年的一个深夜，还是医学生的莱登在贝勒医学院解剖室发现，缺血后的神经元并非完全死亡，而是处于"可逆的沉默状态"，那些看似死亡的神经元竟会在特定条件下"苏醒"。这一观察点燃了他对卒中机制的探索热情。多年后，在导师贾斯汀·A.齐文（Justin A. Zivin）的卒中实验室里，年轻的他亲历了溶栓药物t-PA的首次动物实验。当他在显微镜下目睹t-PA溶解血栓、恢复脑血流时，他形容："当看到栓塞的脑血管在显微镜下重新流动时，我仿佛听见了百万神经元重获新生的欢呼。"这个瞬间开启了他对卒中机制的终身探索，这种对生命微观世界的敬畏，成为他科研生涯的永恒驱动力。

莱登的办公室墙上，挂着一幅特殊的脑血流图——那是1985年他主导的首例t-PA动物实验的记录。图中血管的重新流动，象征着他职业生涯的起点：一场关于时间与生命的赛跑。莱登的同事形容他"既是显微镜前的沉思者，也是急诊室里的行动派"。

这种震撼推动着莱登在加州大学圣迭戈分校（UCSD）卒中中心开启职业生涯。1990年春天的凌晨3点，他的实验室仍亮着灯。桌上摊开的实验记录本密密麻麻记载着624次剂量测试——这是后来改写卒中治疗史的美国国家神经疾病与卒中研究所（NINDS）t-PA临床试验雏形。当1996年FDA正式批准t-PA用于卒中治疗时，正在急诊室抢救患者的莱登收到同事传来的电报，上面只有简短的"Time is brain"（时间就是大脑）。这句话后来成为全球卒中救治的黄金准则。

在UCLA的生物实验室，他观察神经元在缺血后的"苏醒"瞬间；在西达赛奈的卒中病房，他见证患者从瘫痪到行走的奇迹。这种从实验室到病床的无缝衔接，正是转化医学的终极诠释。

二、从实验室学徒到学术领袖

1. 学术根基的锻造（1970～1984年）

莱登的学术生涯始于UCLA的生物学实验室。本科期间，他在脑血管研究中首次接触到脑缺血的病理机制，这段经历为他日后对卒中治疗的执着埋下伏笔。1978年，他以贝勒医学院医学博士的身份毕业，毕业论文聚焦脑缺血模型的动态变化，揭示了神经元在缺氧环境中的生存潜力。

在UCSD的住院医师培训期间，莱登师从卒中研究先驱齐文。这段经历让他深入溶栓治疗的动物实验，并参与了首批t-PA临床试验设计。齐文的箴言——"科学家的荣耀不在奖杯，而在病房里重新握笔的患者"——成为莱登毕生的信条。

2. 黄金时代的开拓（1984～2009年）

1984年，莱登以UCSD神经科学系助理教授的身份建立首个卒中转化医学实验室。他的团队在1985年完成t-PA的首次动物实验，并设计出"10%弹丸式推注"给药方案，这一创新将溶栓治疗的时间窗精确到秒级。1992年，他作为核心成员进行NINDS t-PA临床试验。1996年，FDA批准t-PA用于临床，标志着卒中治疗进入溶栓时代。

在UCSD担任卒中中心主任期间，莱登将年接诊量提升至1500例，溶栓治疗率全美领先。他主导的美国国立卫生研究院卒中量表（NIHSS）修订项目，使这一工具成为全球卒中评估的"通用语言"。为推广卒中急救体系，他带领团队在全美23个州路演，用3D血栓模型演示"每分钟约190万个神经元死亡"的紧迫性。

3. 西达赛奈的革新纪元（2009年至今）

2009年，莱登受邀执掌西达赛奈医疗中心神经科。他引入"卒中急救代码"（Code Stroke）系统，将患者入院至溶栓时间缩短至45分钟以内，这一纪录被称为"钻石45分钟"。2012年，西达赛奈成为洛杉矶首个综合卒中中心，并获得美国心脏协会"跟着指南走——卒中"（Get With the Guidelines—Stroke）项目钻石奖。

2015年，他启动全球首个卒中低温疗法多中心试验（CHILL-MSD），探索低温对大面积脑梗死的保护作用。首例患者核心体温降至33.5℃后，竟在3个月后独立行走，相关成果登上《柳叶刀·神经病学》杂志封面。编辑评价："莱登团队让寒冬绽放出生命的温度。"

三、改写卒中治疗史的四大里程碑

1. t-PA疗法的临床转化：解锁"时间窗"的生命密钥

1985年，在齐文实验室，莱登在NIH资助下开展t-PA动物实验。通过对比t-PA与链激酶的安全性，他发现t-PA在0.9mg/kg剂量下出血风险可控，并设计出"10%快速推注＋剩余剂量持续输注"的给药方案。1992年，他作为核心成员参与NINDS t-PA卒中试验，纳入624例患者，证实发病3小时内接受t-PA治疗的患者3个月功能独立率提高31%。1995年，NINDS试验结果发表于《新英格兰医学杂志》（*NEJM*），直接推动FDA于1996年批准t-PA用于临床，并推动了全球卒中中心建设。如今，全球每2.4分钟就有一位患者因此获益，仅美国每年减少残疾人数超5万。

案例见证：1990年首例t-PA受益者凯特，一位35岁的新娘，在发病后2小时47分钟接受治疗，3个月后重返婚礼现场。2019年威廉·M.费恩伯格卒中卓越贡献奖颁奖礼上，大屏幕播放着这位35岁新娘凯特的康复视频，成为"医学拯救生活"的最佳注脚。

2. NIHSS的标准化：神经评估的"世界语"

1997年的培训视频拍摄现场发生过有趣插曲：为演示视野缺损评估，莱登亲自上阵扮演患者，却因过度投入撞翻摄像机。这种执着催生了20种语言版本的培训体系，使卒中识别准确率提升40%。他与NINDS合作修订NIHSS，增加对意识水平、视野缺损等项目的精准评分，并亲自执导培训视频。该视频获CINE金鹰奖，并被译为20种语言，全球超过200万医护人员通过其掌握评估技术。在蒙古国巡回培训时，当地医生用改良NIHSS抢救了首例溶栓患者，特地寄来绣着"神经可塑性"字样的传统挂毯。

3. 神经保护机制的发现

2010年的那个圣诞节，实验室的低温离心机仍在运转。当团队首次捕捉到蛋白酶激活受体（PAR-1）激活的分子影像时，助理研究员激动得打翻了咖啡杯。2010年，莱登团队在《自然·神经科学》发表突破性研究：卒中损伤神经元会释放凝血酶，通过激活PAR-1受体触发邻近细胞的凋亡信号。这一发现不仅解释了"缺血半暗带"的扩展机制，更推动了阿加曲班等凝血酶抑制剂的临床试验。2018年，其团队进一步发现低温可通过抑制线粒体通透性转换孔（mPTP）减少神经元死亡，为低温疗法提供了理论基础。

4. 卒中救治体系的制度性革新

"时间猎人"最骄傲的战绩是西达赛奈的"钻石45分钟"——从患者入院到溶栓治疗的中位时间。这得益于他设计的"卒中急救代码"系统：当警报响起，包括保安、药剂师在内的22人团队会像精密钟表般协同运作。在RapidAI系统的辅助下，有位发病22小时的患者通过侧支循环评估获得取栓机会，术后神经功能完全恢复。

每当夜幕降临，莱登仍会巡视卒中病房。那些重新握笔的手、再次微笑的脸，都是对"时间就是大脑"的最佳诠释。

四、结语：永不停歇的追光者

"我们不是在抢救CT影像上的阴影，而是在守护婚礼上的誓言、画布上的色彩、孩童眼中等待父亲归家的星光。"——莱登在2019年威廉·M. 费恩伯格卒中卓越贡献奖颁奖典礼上的这句演讲词，道尽了他对医学使命的理解。

如今，年逾七旬的莱登仍领导着下一代溶栓药物替奈普酶的全球试验。从显微镜前的青年学者到卒中革命的建构师，他始终是那位在时间裂隙中追逐光芒的神经拯救者。正如《柳叶刀》对他的评价："莱登让'时间就是大脑'从口号变为数百万患者的重生希望——这是对医者仁心最崇高的致敬。"

颈动脉斑块成像技术开启卒中预防精准评估的新纪元

J. 大卫·斯宾斯（J. David Spence）

J. 大卫·斯宾斯是脑血管病防治战略变革的重要推动者，他提出了"治疗动脉，而非仅控制危险因素"的前瞻理念，推动了颈动脉斑块成像技术发展，并构建了以个体化风险评估为核心的卒中预防体系，促使科研成果向临床实践转化，成为"从实验室到病床"的典范。因其在卒中预防领域的杰出贡献，斯宾斯于2020年获威廉·M. 费恩伯格卒中卓越贡献奖。

J. David Spence
Rw.l.

一、医学启蒙与科学探索：斯宾斯的卒中防治探索之始

斯宾斯是国际卒中预防领域的泰斗级学者，其学术生涯的每一个关键阶段都镌刻着开拓与创新的印记。早在加拿大麦吉尔大学的求学岁月里，这位年轻的医学生便展现出对心血管与神经系统疾病的非凡洞察力——他以优异的成绩完成医学博士学位学习，其间培养的临床思维为其日后在卒中领域的卓越建树奠定了坚实的基础。怀着对脑血管病研究的满腔热忱，斯宾斯进入哈佛大学深造。在麻省总医院和布莱根妇女医院的临床实践中，他不仅系统掌握了神经病学与血管病学的精髓，更在博士后研究期间开创性地探索动脉粥样硬化与卒中预防的深层机制。这段在医学圣殿的历程，既锻造了他严谨的科研素养，也孕育了其革命性的

"个体化卒中预防"理念——就像一位技艺精湛的匠人获得传世工具，他将分子生物学前沿技术与临床实践完美结合，最终在卒中预防领域开辟了新天地。

从蒙特利尔的医学院到波士顿的顶级实验室，斯宾斯始终以开拓者的姿态推动着卒中防治事业的发展。这种兼具国际视野与临床智慧的独特气质，使他不仅成为学界公认的权威专家，更成就了其作为"转化医学典范"的学术传奇——既能洞悉疾病本质，又能将科研成果转化为拯救生命的临床实践。

二、从临床到科研：斯宾斯的医学探索与卒中预防创新之路

1944年，斯宾斯出生于秘鲁塔拉拉，很早就展现出对科学和医学的浓厚兴趣。1970年获得医学博士学位后，斯宾斯正式开启了行医生涯。彼时，他在病房一线细致观察、勤奋学习，逐步积累了扎实的临床知识。

斯宾斯早期参加了内科和神经科的住院医师培训，长期坚持门诊工作，与患者面对面交流病情，经过多年一线磨砺，他将目光转向更深层次的医学机制探索。1974年，他远赴美国加州大学旧金山分校心血管研究所，接受临床药理学方向的研究培训。正是在那里，他的科研思维与系统研究能力得到了飞跃式提升，也为他日后在卒中预防领域的创新奠定了基础。

1976年，他带着满腔热情回到母校西安大略大学，开启了他的学术旅程。在接下来的数十年里，斯宾斯不仅在神经学和临床药理学领域深耕，还在临床实践中逐步形成了"预防为本"的独特医学理念。

三、学术任职与全球影响：从卒中预防与动脉粥样硬化研究 中心主任到国际卒中领域的权威

斯宾斯是一位在卒中预防领域享有国际声誉的加拿大专家，现任韦仕敦大学卒中预防与动脉粥样硬化研究中心主任，并担任该校医学院教授。斯宾斯是美国国立卫生研究院（NIH）资助的多项大型临床试验执行委员会或操作委员会成员，包括NASCET（北美症状性颈动脉内膜切除术试

验）、ACE试验（动脉粥样硬化与心血管事件试验）、VISP试验（维生素干预预防卒中试验），同时是NIH资助的IRIS（卒中胰岛素抵抗研究）的指导委员会成员。斯宾斯在多个国际学术组织中担任重要职务：他曾是美国心脏协会（AHA）外周血管疾病委员会领导小组成员，以及加拿大高血压学会董事会成员；此外，他还曾是AHA卒中委员会领导小组成员，现为国际卒中学会、国际高血压学会和国际动脉粥样硬化学会的会员。斯宾斯目前是AHA三大期刊——《卒中》、《高血压》（*Hypertension*）、《动脉硬化、血栓形成与血管生物学》（*Arteriosclerosis，Thrombosis & Vascular Biology*）的编辑委员会成员。他创建了卒中预防与动脉粥样硬化研究中心，并把研究重心从单纯治疗风险因素转向直接干预动脉本身——提出了开创性的"治疗动脉"模式。

四、开创动脉粥样硬化和卒中预防的新时代：从颈动脉斑块成像技术到个体化治疗策略

颈动脉内膜中层厚度测量自20世纪80年代中期开始用于评估动脉疾病，但其在风险分层和治疗效果评估中的价值有限。斯宾斯在颈动脉斑块测量技术方面做出了开创性的贡献，特别是在二维和三维颈动脉斑块测量技术的开发与应用方面。斯宾斯研究团队率先提出并应用了颈动脉总斑块面积作为评估动脉粥样硬化病变程度的重要指标，开启了通过高分辨率超声量化动脉病变的新时代。这一创新为早期卒中风险评估提供了更精准的工具，并在全球范围内深刻影响了动脉粥样硬化的临床管理。斯宾斯的贡献并未停留在理论创新上，他还开创了颈动脉斑块成像技术，这一技术的应用推动了个体化卒中预防的进步。1990年斯宾斯提出了二维颈动脉总斑块面积的测量方法，该方法成为评估颈动脉斑块和动脉粥样硬化的关键方法之一。

1994年，斯宾斯与罗巴茨研究所的亚伦·芬斯特（Aaron Fenster）和格蕾丝·帕拉加（Grace Parraga）携手，进一步开发了三维颈动脉斑块体积的测量技术。通过这一技术，他们能够利用高分辨率超声成像精确评估斑块负荷及其动态变化，突破了传统技术的局限。这一技术为后续的卒中预防与动脉粥样硬化研究、颈动脉斑块MRI与卒中风险研究等提供了关键

技术支持。这项技术不仅能帮助医生更加精准地进行患者管理，还广泛应用于遗传学研究及新疗法效果的评估，极大地推动了动脉粥样硬化的研究进展。

斯宾斯的另一项突出贡献是提出了"治疗动脉，而非治疗风险因素"的理念，强调通过直接评估动脉粥样硬化斑块的负荷和特征来指导个体化治疗，而不仅仅依赖于传统的血压、血脂等风险因素。这一理念显著降低了高危颈动脉狭窄患者的卒中风险，并对个体化卒中预防策略的发展产生了重要影响。

在精准医学的临床应用方面，斯宾斯提出的"斑块指导治疗"（plaque-guided therapy，PGT）策略，通过精确监测颈动脉斑块体积的变化，为无症状颈动脉狭窄患者提供了个体化治疗方案。该策略将患者根据斑块体积划分为高、中、低风险组，并根据不同的风险等级提供针对性的治疗方案。斯宾斯的这一创新方法经过PROSPECT试验验证，结果显示PGT组患者在5年的随访期内，卒中发生率显著低于传统治疗组。斯宾斯指出，在现代强化药物治疗的背景下，无症状颈动脉狭窄患者的年卒中风险已降至约0.5%，远低于传统手术方法的风险。因此，他提倡强化药物治疗而避免不必要的手术干预，并通过影像学方法进一步筛查高风险患者。

一系列开创性的技术和理念，使斯宾斯在卒中预防领域成为公认的领军人物，并为全球医学界提供了新的思路和方向。

五、卒中预防与同型半胱氨酸：B族维生素的临床应用与个体化干预

斯宾斯在同型半胱氨酸（homocysteine，Hcy）领域的研究，为卒中预防提供了全新的视角，并为B族维生素的临床应用提供了切实的指导。他早期的研究揭示了Hcy作为一种含硫氨基酸，其代谢过程依赖于叶酸（维生素B_9）、维生素B_6和维生素B_{12}等B族维生素。斯宾斯指出，高同型半胱氨酸血症（即血浆Hcy浓度$\geq 15\mu mol/L$）是卒中的一个独立危险因素，而通过补充B族维生素降低血浆Hcy水平，具有显著的卒中预防效果。这一发现成为卒中风险管理中的重要突破，为早期干预提供了理

论依据。

　　两项重要的临床试验——维生素预防脑卒中试验（VISP）和大型维生素预防卒中研究（VITATOPS）进一步验证了这一理论。这些研究的结果显示，B族维生素的补充对卒中复发的预防具有明显的异质性，特别是患者的肾功能状态和基线Hcy水平在疗效中扮演了关键角色。在肾功能正常的患者中，B族维生素的补充显著降低了血浆Hcy水平，进而有效降低了卒中复发的风险。然而，在肾功能不全患者中，B族维生素的补充却可能带来不良反应，包括加速肾功能恶化或诱发其他代谢紊乱。斯宾斯提出，传统的氰钴胺素可能通过释放氰化物加剧氧化应激，特别是在慢性肾病（CKD）患者中，这一反应更为明显。因此，他建议在CKD患者中优先使用甲基钴胺素，因为甲基钴胺素能通过直接参与甲硫氨酸合成酶反应，更有效地降低Hcy水平。

　　基于这些发现，斯宾斯强调卒中二级预防中的个体化干预，特别是考虑到患者的肾功能状态和Hcy水平。通过精准的个体化治疗，结合B族维生素的补充，卒中高危人群的预防效果可以得到显著提升。这一研究不仅深化了我们对Hcy在卒中中作用机制的理解，也为临床治疗提供了更为明确的指导方针。

六、卒中预防与营养干预：地中海饮食与肠道微生态的双重机制

　　斯宾斯在卒中预防领域的贡献，不仅表现在他对传统饮食模式和肠道微生态的研究上，还在于他通过多维度的研究揭示了营养学干预对降低卒中风险的关键作用。作为研究的核心之一，斯宾斯深入探讨了地中海饮食对卒中预防的潜力，地中海饮食作为一种强调植物性食物和健康脂肪的饮食模式，已被证明可以显著降低心脑血管疾病风险。斯宾斯建议卒中高危人群避免食用蛋黄，限制红肉的摄入，并采用类似地中海饮食的方式，进一步建议减少盐分摄入，使用天然调味料如淡酱油、柠檬汁和草药来增强食物风味。这些饮食干预不仅帮助高危人群降低了40%以上的卒中发病率，还有效地减轻了体重，减少了颈动脉粥样硬化的血管壁体积。

同时，斯宾斯还率先提出了肠道微生物代谢产物与卒中风险之间的关联，发现红肉中的左旋肉碱和蛋黄中的磷脂酰胆碱经过肠道菌群代谢生成三甲胺，后者在肝脏中转化为三甲基胺-N-氧化物（trimethylamine N-oxide，TMAO），这一物质已被证明能够促进动脉粥样硬化并增强血小板活性，从而增加卒中风险。特别是，肾功能受损的患者通常具有更高的TMAO水平，进一步加剧了血管损伤。因此，斯宾斯提议卒中高危群体尤其是肾功能受损的患者，通过减少红肉和蛋黄的摄入，并增加膳食纤维如菊粉和抗性淀粉的摄入，来调节肠道菌群，从而降低TMAO水平，进一步降低卒中风险。

斯宾斯的研究不仅限于基础学科的探讨，还将这些研究成果成功转化为临床实践，推动了植物基替代食品的应用。他提出的"卒中预防膳食指南"也已被纳入美国心脏协会的临床推荐方案；强调每日钠摄入量应低于2～3g；建议每周红肉摄入不超过一次。这些临床转化措施为卒中预防提供了切实可行的方案，具有深远的影响。

七、卒中预防与高血压管理：个体化治疗与生活方式干预的综合策略

斯宾斯在卒中危险因素管理方面，尤其是在高血压的治疗与管理上，做出了开创性的贡献。高血压作为卒中的主要危险因素之一，能够通过加速动脉粥样硬化的形成与进展，显著增加卒中发生的风险。斯宾斯提出的基于肾素/醛固酮表型的个体化治疗方案，不仅为高血压患者提供了精准的治疗策略，也为全球高血压的临床管理与卒中预防提供了重要的科学依据。他强调，个体化治疗方案的核心在于通过测量刺激后的肾素活性和醛固酮水平，将患者分为不同的表型，从而选择最合适的药物进行治疗。在肾性高血压患者中，使用血管紧张素受体拮抗剂可更有效控制血压；对于原发性醛固酮增多症患者，则建议使用醛固酮拮抗剂（如螺内酯或依普利酮）；而对于Liddle表型患者，阿米洛利是最有效的治疗选择。特别是在难治性高血压的临床管理中，这一方案在非洲国家的研究中得到了验证，显示个体化治疗显著提高了血压控制率，尤其在黑种人患者中，低肾素高

血压更常见，且个体化治疗效果尤为突出，传统治疗方案往往无法有效控制这类患者的血压。

斯宾斯进一步强调，高血压的临床管理不仅需要依赖药物治疗，还应充分考虑生活方式的干预，尤其是饮食调整在高血压治疗中的关键作用。他建议采用地中海饮食或 DASH（dietary approaches to stop hypertension）饮食模式，强调增加水果、蔬菜、低脂乳制品的摄入，减少饱和脂肪和胆固醇的摄入。此外，减少盐分摄入对于血压控制尤为重要。在高血压管理中，斯宾斯还提到，克服治疗惯性和诊断惯性是至关重要的，医生在患者血压未达标时应及时调整治疗方案，并鼓励患者参与自我管理和公共教育项目，提高他们对高血压的认识和治疗依从性。通过这些综合干预措施，斯宾斯不仅为高血压的临床管理提供了更为精准的策略，也为卒中的预防打下了坚实的基础。

八、卓越贡献与学术荣誉：从理论创新到全球影响

斯宾斯不仅在卒中预防领域做出了开创性贡献，还积极投身于医学教育，为医学界培养了大量兼具临床能力和科研素养的医学人才。作为一位倡导"知行合一"的学者型医生，斯宾斯在全球卒中预防领域具有广泛的影响力。他至今已发表超过 600 篇科研论文，并在全球 42 个国家进行过600 多场学术演讲，成为国际卒中预防领域的领军人物之一。斯宾斯主导编写的《卒中预防临床实践指南》（2020 版）被全球 30 多个国家采纳，成为临床实践的重要参考标准。凭借卓越的学术成就，斯宾斯于 2008 年当选为加拿大健康科学学会院士，并于 2020 年荣获威廉·M. 费恩伯格卒中卓越贡献奖。

斯宾斯在卒中预防、营养学、动脉粥样硬化机制及卒中高危人群风险管理领域的研究，跨越了营养学、分子生物学和影像学等多个学科，体现了学术深度与跨学科整合的特点。他的工作将基础科学与临床实践紧密结合，不仅推动了卒中预防理论的创新，还促进了这些理论在临床应用中的全面转化。

八、展望与结语：科研与临床交会的辉煌之路

斯宾斯的实践充分证明，医学的进步不仅仅依赖于尖端设备与复杂技术，更源于一位医生对患者的深切关怀与对科学探索的执着信念。他的职业经历，不仅是加拿大临床、科研融合道路上的标志性坐标，更为全球医生提供了一个追求"医学理想与现实结合"的范本。通过技术创新、临床研究和全球协作，斯宾斯重塑了现代卒中预防的实践标准，既突破了科学研究的边界，又具有极高的临床实用性。他的研究不仅显著推动了卒中预防临床路径的转变，从单纯的风险因素控制到血管结构干预，还为全球动脉粥样硬化性疾病的诊疗指南修订提供了宝贵依据。斯宾斯将床旁观察转化为科研问题，再通过科研成果重塑临床实践路径，践行了一种真正闭环的"科研—临床"双向转化模式。在他的推动下，卒中预防从以往依赖危险因素控制的"粗放式管理"转向基于血管影像和动脉生物学机制的"精细化干预"，为卒中防控策略的新时代奠定了基础。正如2020年威廉·M.费恩伯格卒中卓越贡献奖的授奖词所言："斯宾斯用科学精准重塑预防理念，让早期干预真正成为守护脑血管健康的第一道防线。"

2021

布鲁斯 · 奥比亚盖尔（Bruce Ovbiagele）

世界卒中事业的引擎与守望者

由于布鲁斯·奥比亚盖尔在解决卒中健康不公平方面的卓越成就与持续贡献，尤其是在多元群体中致力于减少卒中发病与结局差异的努力，于2021年荣获威廉·M.费恩伯格卒中卓越贡献奖。

Bruce Ovbiagele
RvL.

2021年3月17日，奥比亚盖尔荣获威廉·M.费恩伯格卒中卓越贡献奖并发表题为"脑血管健康不公平：探索全球＋本地（Glocal）解决方案"的获奖演讲时开门见山地指出，"卒中在全球和地方层面的发病率、患病率、护理和死亡率的差异是持续存在的、普遍的且呈进行性发展的"。他特别强调了非洲裔人群与世界上其他种族/民族群体相比在卒中负担方面所面临的长期不公平。"这种情况预计将会恶化，到目前为止仍未找到解决方案，主要是因为传统的风险因素可能仅解释了黑种人与白种人之间卒中结局差异的不到一半。"演讲中，奥比亚盖尔提出了一系列创新性的解决方案，主张需要从不断研究问题转向开发解决方案。奥比亚盖尔娓娓道来的演讲让听众看到了一个年幼的男孩如何成长为站上国际舞台的杰出学者。

一、走出拉各斯：童年的记忆与成长

在炎炎的西非艳阳下，奥比亚盖尔出生于尼日利亚最大的都市——

拉各斯——一个多元、充满文艺气息的城市。父亲是一位资深的媒体播音员，母亲则以小说家和新闻记者的身份活跃于文坛。这种多元而深厚的文化滋养，成为奥比亚盖尔生命底色中不可磨灭的一抹色彩。

儿时的奥比亚盖尔在科罗纳学校打下了最初的知识根基，随后步入伊博比学院、联邦政府中学及尼日利亚国王学院。这些经历不仅锻炼了他的思想，更让他在交错的语言、观点与梦想中，悄然孕育着改变他人命运的志向。

二、求知之路：跨越大洋的学术足迹

奥比亚盖尔自小便对社会边缘群体充满了同情心，这也成为导引他投身医学的灯塔。怀揣着对脑科学的浓厚兴趣，他顺利考入尼日利亚拉各斯大学攻读医学学位，开启了职业生涯的第一步。在大学期间，他不仅沉浸于临床技能训练，也逐渐体会到科研对临床实践的推动意义。

拉各斯大学医学之门的开启只是奥比亚盖尔踏上知识旅途的起点。随后奥比亚盖尔在美国名校攻读硕士，并接连获得加州大学洛杉矶分校（UCLA）临床研究理学硕士、加州大学圣迭戈分校（UCSD）医疗领导力高等研究硕士、马萨诸塞大学阿默斯特分校工商管理学硕士、圣路易斯华盛顿大学法律硕士等学位，还获得了哈佛大学肯尼迪学院与耶鲁管理学院的高管证书。这几乎令人目不暇接的教育背景，将医学、管理、法律、领导力熔于一炉，打通了他跨界探讨健康、公平与社会改革的专业脉络。

他的专业培训同样令人叹为观止——先是在加州大学欧文分校完成一般神经内科住院医师规范化培训，继而前往UCLA血管神经专科深造，聚焦于卒中与脑血管疾病的精准诊疗。

三、职业舞台：从临床到全球健康的跃迁

怀抱着"用所学改写他人命运"的初心，奥比亚盖尔的职业生涯始于加州大学，在那里他不断提升自我，从临床医生、研究者到学术管理者，最终成为加州大学旧金山分校（UCSF）神经病学教授与医学院副院长，并于2018年起兼任旧金山退伍军人医疗中心首席医疗官。

他曾担任南卡罗来纳医科大学（MUSC）阿德米拉·皮尔神经科学讲席教授和神经病学系主任，带领该系在研究与医疗服务上取得了诸多突破。作为世界卒中组织董事、《美国心脏协会杂志》（*JAHA*）主编及公平神经科学学会（SEQUINS）的创会主席，他将临床经验与全球卫生产业的管理智慧融为一体，一步步拓展事业的边界。

他的影响力不仅局限于美国，还在阿根廷法瓦洛罗大学（Favaloro University）、加纳恩克鲁玛科技大学（KNUST）、尼日利亚伊巴丹大学和中国首都医科大学担任客座教授，推动多国神经与卒中医疗能力建设。

四、研究志业：为看不见的群体发声

奥比亚盖尔的研究历程是一条与健康公平命题紧密相关的科学探索之路。他始终关注卒中在不同群体中的发生机制、诊疗转化与健康结局，用实践回应童年目睹的歧视与资源不均。

在美国期间，他敏锐察觉到卒中疾病呈现出明显的种族、性别及地域差异，遂主导了一系列美国国立卫生研究院资助的项目——他发起的Stroke PROTECT项目成为后来"跟着指南走——卒中"（Get With the Guidelines—Stroke）项目的蓝本，用标准化流程大范围提升医院内卒中照护质量。而在非洲，他领导的卒中调查研究与教育网络（Stroke Investigative Research and Educational Network，SIREN）研究则揭示了非洲原住民基因型与卒中易感性的关系，为尼日利亚首部"卒中防治法"提供了科学依据——这部法律的出台，以其基于情境的风险因子识别与公众健康科普为基础，有效提升了社区卒中防控意识。他带队的研究进一步揭示，中年女性卒中发病率是同期男性的三倍，且主要与糖尿病和肥胖的高发相关。这项结果引发大众关注后，他针对性地强调生活方式干预在卒中一级预防中的价值，后续随访显示该性别差距正逐步缩小。在南卡罗来纳与非洲，资源匮乏、人力短缺始终是基层医疗的短板。为此，他尝试将"移动健康"（mHealth）应用于卒中康复流程中，比如利用手机短信定期推送健康提醒、监测血压，这一创新极大提高了患者随访依从率，强化了风险因素的管理。此外，他还倡导"任务转移"与"复方制剂"的应用，用低成本、高可及性的解决方案改善基层卒中二级预防状况。

五、科研现场的感动与全球卒中的影响

如果你曾走进被烈日炙烤的加纳乡村，也许会见到奥比亚盖尔和同伴们手把手教会村民们用手机记录血压数据。在美国南方，他走进医院和家庭，耐心讲解如何让现代技术成为生命的守护者。每一次讲座、每一项倡议，他都在为那些因经济、地域、性别、肤色差异而遭受健康不公平待遇的个体而奔走呼号。

奥比亚盖尔不仅是临床医生、科学家，更是一位科研导师和健康公平的传播者。TRANSCENDS等多项种族多样性培训项目在他的指导下，不断推动不同背景青年神经学家成为下一个科学突破的创造者。奥比亚盖尔的成果和影响赢得了世界各地顶级学会、学院及政策机构的高度认可，他荣获了美国心脏协会、世界卒中组织、美国神经病学会等机构颁发的杰出科学家奖、卒中服务奖、科学突破奖及健康公平奖等奖项，是全球卒中防治领域无可争议的引路人。他用6部重量级学术专著、650余篇高影响力同行评议论文、数十项创新政策建议，将自己的信念播撒在全球临床一线与学术前沿。在世界卒中科学研究领域，他终生学术影响力名列前茅，成为全球卒中健康领域的里程碑级人物。

卡伦·C. 约翰斯顿（Karen C. Johnston）

跨越大脑里的甜蜜陷阱

由于卡伦·C. 约翰斯顿在急性缺血性卒中治疗与结局研究方面的卓越成就，尤其是在推动临床试验规范化、创新方法学及促进健康公平等多个层面的持续性贡献，于2021年荣获威廉·M. 费恩伯格卒中卓越贡献奖。

Karen C. Johnston
MD.

倘若你有机会走进弗吉尼亚大学的医学教学楼，会看到这样一幕：一间会议室里，一个谦和而干练的女教授正与一群学生围坐并热烈讨论，玻璃窗外阳光明媚，空气里满是希望和思索的味道。她清晰的嗓音里既有科学家的冷静，又有母亲般的温柔——这就是约翰斯顿，多年来始终以科学、创新、同理心和责任感引领团队前行。正如她所言：科学与医学带来的最大力量，不只是解决眼前的问题，更是用证据和同理心，把公平与希望带给更多原本被忽视的人。她是科学的追光者，是世界卒中事业的守望者，是无数医学青年和患者心中足以铭刻的灯塔。

一、从医学梦想到专业信仰的选择

故事的开头，我们不得而知，也许是一个冬天的清晨，一个年幼的女孩坐在父母温暖的厨房里，手里攥着一本旧医学杂志，神情专注，目光里有着和年龄不相称的坚定，医学的梦想种子也许在那时已经悄然萌芽。

但可以确定的是，进入青春期时，这个小女孩的好奇心依旧旺盛，而且愈加明确自己人生的方向：她要成为一名治"脑"救人的医生。其他人还在纠结未来要不要上大学时，约翰斯顿已下定决心，把最大的热情全部注入神经科学。

约翰斯顿顺利考入了享誉全美的罗切斯特大学医学院，在这里，她接触到了尖端医学知识与临床诊疗的新理念。医学院的每一个清晨都充满了紧张节奏：查房、课堂问答、模拟患者推演……但约翰斯顿并没有退缩，反而以一种近乎执拗的专注和热情，反复钻研着神经系统的每一个细节。她常常深夜独自一人在图书馆的角落借着柔和的灯光研读神经解剖、分子机制、药理干预等前沿文献。那一行行文字，那些密密麻麻的数据，在她眼里仿佛构成了理解世界的整块拼图。在同龄人还在为考核和论文头痛时，她却因一次成功诊断罕见神经疾病而激动得难以入眠，这种强烈的临床满足感让她进一步确认了职业道路。在罗切斯特大学斯特朗纪念医院完成神经内科住院医师培训后，约翰斯顿进入弗吉尼亚大学，专攻血管神经病学，投身于卒中这一具有极高挑战性的专业领域。她相信，只有解决最复杂棘手的问题，才能为这个领域带来实质性的进步。她在弗吉尼亚大学获得了临床研究硕士学位。那段时光，校园里的景色四季更迭，而她的书架上只见一摞又一摞的学术杂志和研究论文。她用最理性的逻辑武装自己，又用最柔软的心去体会患者的苦痛。

二、卒中引领者的崛起之路

1997年，约翰斯顿正式加入弗吉尼亚大学医学院担任神经内科讲师。她踏着青涩却坚定的脚步，第一次走上讲台，面前是一群迷茫而又渴望成长的年轻医学生。她用亲身经历讲述卒中的危险与希望，用亲切、权威、科学的语言，激励着教室里的每一位学生。医学科研和一线诊疗成了她生活的主旋律。清晨天未亮她就奔赴病房，细致把控每一位急性卒中患者的救治流程；夜里灯火通明的办公室里，她和团队成员反复推演研究设计，将患者数据、症状、风险因素都一一拆解建模，只为让下一位急性卒中患者能获得更好的生存机会。

2004年，她因卓越的科研组织和学科推动能力被任命为神经内科副主任兼研究主管。从那时起，她不再是"一个人在路上"，而是带领着一支富有激情和创造力的团队，一步步拓展卒中的诊疗边界。2007年，约翰斯顿成为弗吉尼亚大学医学院神经内科第三任主任，同时被授予哈里森讲席教授称号。她也是院内最年轻的学科带头人之一。新的角色，也意味着新的压力。面对庞大的科室管理、学科方向的前瞻选择和全美领先的临床业务，约翰斯顿用一贯的冷静、智慧与信心迎接挑战。她既强调临床业务技术创新、诊疗路径优化，又高度重视基础研究与转化落地。她相信，医学的终极使命就是"用科学方法把研究发现带回床边，最终惠及每一位患者"。她管理着全科室数百名教职和研究人员、复杂的多学科合作项目，始终奔波在学术会议与临床培训之间。她带领团队攻克了多个公认的行业难题；作为美国神经内科教材的编委和课程的重要指导者，她编写教材、设计课程，为美国乃至世界各地数以万计的医学生铺设清晰而坚实的毕业与职业路径。

三、科研攻坚战——卒中高血糖管理难题的历史性突破

真正让约翰斯顿站上世界卒中舞台中央的是一项横跨全美、打破科学瓶颈的临床研究——SHINE（Stroke Hyperglycemia Insulin Network Effort）试验。卒中患者中有30%～40%合并急性高血糖，而高血糖与不良预后密切相关，但究竟如何管理卒中后的高血糖——是"强化降糖"还是"稳定控糖"，医学界争论了几十年。无数患者因实践差异面临不确定的命运，也让临床医生屡屡徘徊在救治选择与风险之间。

约翰斯顿担任SHINE试验首席研究员，牵头搭建涵盖美国70余家顶级医疗中心的卒中研究协作网络。从标准化操作流程、智能分级管理系统、数据实时共享到安全传输机制，她都亲自过问。她组织了一支跨越专业、背景、地域的多学科团队，科学严谨地把控每一步的操作安全。在美国各大急诊科、卒中中心，成千上万的医护人员共同参与到这场史无前例的临床试验中。凌晨四点的监护室，住院医师守在昏暗的床头，等待定时采血；午后的研究办公室，数据伦理人员和项目助理紧急核对入组细节，每一例数据都事关后续研究的严谨性。约翰斯顿带领主导团队日夜追踪、随访，将1100余例卒中合并高血糖患者分成激进胰岛素降糖与标准控糖

两组，长期随访功能结局和低血糖不良事件。她既要不断安抚参与者和研究者的焦虑情绪，又要紧急处置无数"意外状况"。从设定入组标准到分层分析，每一组参数都凝聚着她的智慧与责任心。

四、培养未来的主要研究者，惠及大众

在事业顶峰之际，约翰斯顿并未止步于个人成就。她一直坚信"人才梯队建设才是卒中救治事业可持续发展的真正核心"。作为弗吉尼亚大学临床转化研究副校长，她主持UVA K12学者项目——帮助青年医学博士走向独立科研道路，从研究设计到项目申报、团队协作再到论文发表，每一个细节都能得到她的谆谆教导。学术会议上，她常常用充满激情的演讲鼓励所有学生和青年医生："最有意义的课题，往往诞生于洞察力与勇气的交融。只有关心患者的多元需求，才能做出真正改变世界的研究。"

约翰斯顿作为美国卒中、神经病学领域最有成就的女性领军人物之一，多次提出"医学研究样本代表性不足、结构性不公平"，并以此为题做了重要报告。在所有多中心注册临床试验中，她坚持纳入不同种族、社会阶层、性别和地域患者，反对让临床决策在单一人群背景下生效。她不遗余力地推动社区参与式研究，发起健康教育讲座、基层医疗协作、"卒中日"社区筛查等公益项目。她坚信："只有让现实世界的每一位潜在患者都成为临床研究的受益者，医学才能最终成为社会共识。"

伴随着日益取得的成就，约翰斯顿也成为美国国立卫生研究院、美国国家神经疾病与卒中研究所临床研究指导委员会主席，领导全国卒中领域多项重点课题和安全监管委员会工作。她曾出任《神经病学》杂志副主编、住院医师培训专栏创刊主编，主导全国神经内科教材、临床路径标准化工作，为学科制定新规划。

2022年，她成为首位获得威廉·M.费恩伯格卒中卓越贡献奖的美国女性。她的获奖演讲——"临床研究的严谨性：关于有意为之的变革机会"——深刻表达了对健康不公平抗争和临床研究者社会责任的反思，强调"每一次科学进步都不该以牺牲任何人群的利益为前提"。

2023

何塞·比勒（José Biller）

脑力盛宴上的传奇

何塞·比勒因在卒中临床研究与管理领域所做出的重大贡献和卓越领导力，于2023年获得威廉·M.费恩伯格卒中卓越贡献奖。

José Biller

2023年2月10日，达拉斯国际卒中会议的主会场灯光明亮，座无虚席。威廉·M.费恩伯格卒中卓越贡献奖获得者何塞·比勒把萌发于蒙得维的亚的医学梦想带到了国际舞台，把卒中防控的科学标准带给了全世界。接过主持人话筒的比勒开始了题为"识别卒中模拟症状、伪装病症及其他：视觉概览"的精彩演讲。他通过一系列引人入胜的临床案例和清晰的影像资料，系统介绍了卒中"模拟症状"——那些症状与卒中相似但病因不同的疾病。接着，比勒深入讲解了卒中"伪装者"——那些以非典型方式表现的卒中案例，常常导致误诊或延迟诊断。他通过丰富的临床经验和最新的研究数据，分享了识别这些复杂病例的关键线索和诊断策略。演讲中，比勒特别强调了神经影像学技术在卒中诊断中的关键作用，展示了多种先进成像技术如何帮助临床医生更准确地区分卒中及其模拟症状。他还分享了自己数十年临床实践中遇到的挑战性病例，以及从中获得的宝贵经验。

讲台上温暖的聚光灯勾勒出他坚定的轮廓，他那充满热情的演讲似乎穿越时空，与远方蒙得维的亚湾上升起的晨曦交织在一起。每个专业而富有洞见的词句，都仿佛承载着那座南美滨海城市的海风和阳光，把听众的思绪轻轻带到这位脑血管病大师成长的街道与海岸。在他描述卒中"伪装者"时流露的智慧，宛如蒙得维的亚清晨的光线，温柔而锐利地照亮了医学的暗角，展现了从南半球的黎明到北美学术殿堂的不凡旅程。

一、蒙得维的亚晨曦中的少年

清晨的乌拉圭蒙得维的亚，大西洋的海风漫过静谧的老城区，天边灰白色的薄雾尚未散去。就是这样一个南美沿海城市的某个清晨，比勒的故事悄然启幕。蒙得维的亚是一个学术氤氲的都市，既能见到港湾渔人的粗犷，也能在大街小巷窥见讲究逻辑和理性的欧洲传统。正是在这种文化与现实交织的环境熏陶下，比勒养成了敏锐的观察力和对生命的敬畏。

青年时期的比勒在蒙得维的亚共和国大学就读，这是一座拥有百年历史、见证过国家动荡和医学变革的南美顶尖学府。校门口葡萄牙榉树随风轻轻摇曳，厚重的校史述说着这一片学术热土。正是这片热土激发了比勒对脑神经和人类健康的求知欲。在这里，比勒完成了严格而系统的基础医学教育，随即进入了蒙得维的亚著名的马西埃尔医院和乌拉圭公共卫生部参加内科实习。那是南美洲医学逐渐向世界舞台靠拢的年代，从最基层的内科轮转，到深入了解当地脑血管病治疗困境，比勒的耐心、细致与责任感，在"解剖—诊断—治疗—安慰"循环中慢慢凝结成了坚不可摧的职业态度。同龄人在毕业季畅谈人生时，比勒却已在研究脑卒中病例和阅读最新的脑血管影像技术文献。青年比勒常想：如果能有机会走出南美，去世界医学最前沿的学府深造，就能为同胞带回更多先进的经验，造福更多的患者。

二、异国求学的挑战与突破

时值20世纪七八十年代，南美洲风云变幻，比勒带着对世界的好奇和对前沿医学知识的渴望，只身赴美寻找更广阔的学术天地。芝加哥的异国冬夜，他推开哥伦比亚医院的大门，冻得通红的双手握着厚厚的病历——在美国的第二次内科实习无疑考验着这位乌拉圭年轻医生。美国医院的高负荷、高标准和严谨分工，给比勒带来了意想不到的冲击，并让他快速成长。他迅速适应美式英语环境、复杂多元的医疗团队合作模式，以及更加精确、循证的医学理念。

随后，他前往底特律顶尖的亨利福特医院递交神经内科住院医师申请。在那栋摩天大厦式的医院大楼里，无数危重症患者徘徊于生死边缘。比勒第一次亲历卒中的抢救现场，见到了家属焦急、医生果断、护士飞驰的医疗情景。他从深入参与疑难脑血管病诊疗，到最终站在洛约拉大学（Loyola University）医学中心和海因斯退伍军人事务部医院的住院医师讲台，向青年医生讲解神经系统的精妙与脆弱。每一次急性卒中患者的抢救、每一场午夜后的病例讨论，比勒都以冷静、精准的思维投入。那种近乎苛刻的自省与精益求精的态度，是他自蒙得维的亚启航、历经两洲三国医疗体系磨砺后水到渠成的成长特质。

在洛约拉大学的成长和临床磨砺之后，比勒决意投身于脑血管与卒中领域的科研探索。他带着对患者深切的关怀与对生命科学的敬畏，加入了美国顶尖的维克森林大学鲍曼格雷医学院，参与神经血管疾病的研究型专科医师培训。在这里，他遇到了一批志同道合的全球神经学精英。他们一起熬夜研究动物模型，一起在茶歇后激烈讨论卒中分型、卒中遗传学、影像新技术的临床前应用。比勒对急性脑血管病事件分型、少见病因卒中的特征、青年卒中流行病学等方向表现出了敏锐的洞察力。他以严密的数据、精准的病例分析、国际化的学术视野，对卒中的流行病学、基础机制、诊断方法和综合管理进行全方位探索。这一阶段的科研积淀，不仅融入他的后续临床工作和教育实践，还奠定了他日后成为卒中领域世界级学术领袖的基础。

三、从临床一线到学术权威的蜕变

经过数年苦学和专业训练，比勒逐渐成为美国神经内科和脑血管病领域的佼佼者。他加入印第安纳大学担任神经内科主任近十年，创新了当地急诊卒中救治流程，一度成为美国卒中预防宣教的带头人。他所领导的多学科团队每年接诊数百例卒中患者，制定出一套行之有效的快速诊断与溶栓、机械取栓、康复早介入的循证救治模式。

之后，比勒回归洛约拉大学医学中心，成为神经内科学带头人、教授和神经外科兼职教授，带领一支来自全球的多元化学术团队。他注重实践与理论结合，强调年轻医生必须"既能在深夜的急诊现场果断决策，又要在学术沙龙上巧思辩证"。作为学科带头人，比勒始终坚持国际视野下的诊疗技术革新，引进最前沿的神经影像、卒中早期管理和因病施治的精准医学。

比勒在临床工作中提出"脑卒中决策的黄金时间理念"，强调"时间就是大脑"；在危重症患者急救、疑难复杂病例讨论、卒中后康复衔接等环节制定了一系列制度化标准操作规程（SOP）。他倡导神经内科—神经外科—影像科—急救科—康复科一体化流程，推进溶栓、血管内治疗和卒中预防新模式优化。他亲自走访社区，组织卒中预防健康宣讲，带队为脑卒中高发社区进行科普筛查，为卒中早期识别、溶栓治疗普及贡献了巨大力量。他呼吁关注非白种人、女性、低收入人群卒中的特殊防控，倡导"健康公平就是卒中防控的下一战场"，推动多中心、跨国标准的制定与应用。

最令人敬佩之处是，他将严谨的临床实践转化为世界神经科学的学术财富。多年来，他陆续发表了600余篇高水平学术论文，主编和合著35部权威著作，内容涵盖急性缺血性卒中管理、短暂性脑缺血发作诊治、青年卒中机制、脑血管壁疾病、少见病因卒中等所有前沿焦点。他主编的《卒中少见病因》，系统综述了77类卒中少见病因，涵盖了感染、遗传代谢性疾病、系统性疾病、血管壁异常、凝血障碍等几大类。此书以丰富的图片、表格和典型临床病例，成为全球神经内科住院医师、老年科专家、病理医生的重要案头工具书。此外，比勒还主导美国心脏协会与美国卒中协会（AHA/ASA）急性卒中诊治指南及急诊/重症卒中救治标准的制定及修订。这些标准成为全球医院卒中一线临床决策的重要依据，为数千万卒中患者带来福音。

四、脑力盛宴，舞台中央的比勒

舞台灯光亮起，数千名神经科医生席地而坐，空气中弥漫着学术与竞技交错的紧张气息。NeuroBowl——这场被誉为"神经学奥林匹克"的赛事，每年都会在美国神经病学会的年会上按时登场。比勒——洛约拉大学神经内科的掌门人，沉稳地步入舞台中央，他的神情专注却又带着幽默，仿佛一位久经沙场的老将，既准备好迎接激烈对决，也愿与对手共品医学的趣味。

竞技开始，主持人提问如急雨般倾泻而下——复杂的神经疑难病、晦涩的影像、模糊的临床征象无一不考验着选手的反应极限。比勒坐镇"全明星"队（All-Stars）阵营，目光如炬。他最擅长的是卒中，却对神经病学全领域的知识信手拈来。问题一出，其他队员或仍在辨析线索，而比勒已在心中抽丝剥茧，瞬间准确诊断便脱口而出——这种接近本能的反应，正是他多年来临床沉淀和医学直觉的结晶。主持人有时会追问："比勒，您是如何这么快做出判断的？"他总是微微一笑，坦言有些决断来自经验积累、微妙的细节捕捉，也有来自医学思维深处潜藏的直觉火花。有人说，NeuroBowl的台上不仅有将军般的激烈厮杀，更有同道间的惺惺相惜，而比勒正是这种"拼脑大会"人情温度的最佳代表。比勒常常说："NeuroBowl不仅仅是竞赛，更是一场医疗直觉、知识和团队默契的庆典。"在这个舞台上，他用自己的迅捷与从容展现了属于诊断艺术的巅峰时刻，也启发了无数医学青年在科学与人文之间寻求平衡，敢于面对未知、善于合作。这些点点滴滴汇成了NeuroBowl最值得铭记的集体回忆，也成为比勒在全球神经学历史上的独特印记。

从蒙得维的亚的晨曦走向世界舞台，比勒不但成为了顶尖医生与学术领袖，更是全球健康公平和卒中科普的积极推动者。他积极参与中南美洲、亚洲、非洲等脑血管病高发地区的卒中防控和教育项目，支持国际卒中数据网的建设与推广。他始终以一名医学工作者的大爱和一名科学家的理性，推动卒中行业向更远的未来迈进。

James F. Meschia
M.D.

2024

詹姆斯·F. 梅希亚（James F. Meschia）

卒中遗传学拓荒者

詹姆斯·F. 梅希亚因在卒中临床研究、管理和国际合作方面的卓越贡献，于2024年获得威廉·M. 费恩伯格卒中卓越贡献奖。

2024年2月8日，美国凤凰城空气清新、阳光明媚。在国际卒中会议的主会场，数百名来自世界各地的卒中领域顶尖研究者和临床医生济济一堂。上午11点03分，会场灯光稍暗，主持人宣布威廉·M. 费恩伯格卒中卓越贡献奖颁奖仪式正式开始。随着简短的介绍视频播放完毕，梅希亚迈着稳健的步伐走向讲台，他身着正装，表情庄重而谦和。台下响起热烈的掌声，许多与他共事过或熟悉他研究成果的同行们向他报以由衷的敬意。

一、从约翰斯·霍普金斯到科罗拉多大学的洗礼

在安静的美国中西部小镇，梅希亚的人生之路悄然打开。梅希亚的医学之路起步于全美最负盛名的约翰斯·霍普金斯大学医学院。当年迈入那座象征医学巅峰的红砖建筑时，他怀着敬畏走进大礼堂，看着台上诺贝尔奖得主分享生命科学的重大突破，脑海中反复浮现着"为什么人会卒中""什么让小血管突然闭塞"这样的问题。在这里，每天都要面对艰难

的病例分析、严苛的理论问答与密集的基础医学实验；但更重要的是，导师们"以患者为中心"的理念深深影响了他。正是约翰斯·霍普金斯大学所倡导的批判性思维和严谨求证精神，为他日后成为全球神经科学领域公认领军人物打下坚实的基础。实习期间，他曾见证一位年仅40岁的女性，毫无预兆地因卒中陷入半身偏瘫。那一夜，重症监护病房白色灯光下医护团队忙碌的身影和家属面对未知命运的无助，深深触动了他。他发现医生的努力有时仍显无力，而卒中对个人、家庭乃至社会的打击无法单纯用数据量化。这种无力感反而成了他未来投身卒中预防、卒中管理和卒中研究的动力之一。

带着成为脑血管病专家的梦想，梅希亚进入了美国顶尖的神经内科住院医师培训机构——华盛顿大学及其B-JH/SLCH医联体。1993～1996年，他在这里完成了极其严苛、系统的神经科学训练，每天穿梭于神经重症监护病房和科研实验室之间。和导师们一起，他不仅磨炼了脑血管急症处理、影像诊断等技术，更深刻理解"以患者为中心"的人文理念——医疗不是冰冷的数据，而是生命的接力。在那段日复一日的临床守夜里，梅希亚经常为深夜新入院的卒中患者查体，他思考的不仅仅是"如何救治"，更是"为何如此""如何才能避免"。他逐渐意识到，卒中的防治绝不只是末端抢救，更关乎病因分析、家族遗传、生物标志物检测、长程随访，甚至是政策、教育和社会系统支持。

1996年，梅希亚推开了科罗拉多大学神经内科卒中专科训练中心的大门。在雪山环抱的医学研究中心，年轻的他开始把目光投向"分子层面的卒中发病机制"这一全新领域。他参与课题组的动物实验、小鼠脑血管病模型建立、分子靶点的筛选和临床生物标志物的初步鉴别研究。这种结合基因学、流行病学与临床一线的交融体验，成为他后来布局大型多中心脑卒中项目的最大底气。分子的微弱信号、群体的庞杂数据、影像的细微变化……梅希亚在科研中锻炼出的科学敏锐性和多学科整合力，正是他日后走上世界顶级卒中学术舞台的"敲门砖"。

二、从临床前线到全球舞台：梅奥诊所与国际视野的拓展

1997年，梅希亚加入美国著名的梅奥诊所，成为神经内科的重要一

员，并最终成长为神经科学系主任。这是一个集临床、科研与教育于一身的岗位，每天既要为最复杂的脑血管病患者制定诊疗方案，又需带领科研团队把最新发现转化为实践。他也积极参与住院医师和博士后的人才培养，将科研创新与临床服务紧密结合。

在梅奥诊所，他率领神经遗传学团队，主导国际卒中遗传学联盟（International Stroke Genetics Consortium，ISGC），组织大规模多中心卒中基因组全关联研究（Genome-Wide Association Study，GWAS），成为全球卒中遗传学领域的奠基人之一。梅希亚多次主持美国国立卫生研究院（NIH）项目，紧扣"卒中的发生是否隐藏着难以觉察的遗传风险""如何更早发现和干预卒中高危群体"这些时代前沿课题展开攻关。他身边的团队成员从临床神经学家到分子生物学家、遗传流行病学家乃至生物信息学工程师，跨学科、国际化的合作架构映射出现代精准医学的活力。他所在的梅奥诊所神经团队，也被业界奉为全球卒中诊疗和研究的"风向标"。

梅希亚最具划时代意义的贡献是推动卒中基因组学与精准医学的结合。他不仅率先主持了第一项多中心卒中基因组全关联研究，还联合国际各大队列数据，首次揭示了缺血性卒中的多基因易感特征。在他的推动下，国际卒中遗传学联盟建立了超过30万例样本和数万例卒中事件的数据库，为世界范围内卒中预防和精确诊治奠定了遗传学基础。他撰写的卒中生物标志物、家族遗传易感性研究论文，多次发表于《柳叶刀·神经病学》《新英格兰医学杂志》《美国医学会杂志》等世界权威医学期刊，并成为卒中领域引用量最高的科研成果之一。这些成果不只是理论突破，更直接推动了卒中家族筛查、精准风险评估、防治指南的升级。梅希亚反复强调："每一位高危患者都值得用'定制'的方式守护，而这正是基因组时代医学可以达成的承诺。"

梅希亚并不满足于基因组学研究的突破，他积极投身大规模临床研究和实际指南的创建。作为无症状颈动脉狭窄颈动脉内膜切除术和药物管理（Carotid Revascularization and Medical Management for Asymptomatic Carotid Stenosis Trial-2，CREST-2）等里程碑式临床试验的核心负责人，他联合全球同道，回答了"无症状颈动脉狭窄患者究竟应选择药物保守治疗还是介入重建"的国际难题。这一随机对照试验极大影响了国际诊疗路径，使卒中二级预防更趋科学精准。他的研究团队不只关注急性期卒中，更对卒中后认知障碍、慢性功能恢复、生活质量等问题展开细致调查。例如，在DISCOVERY课题中，梅希亚携手神经心理、影像学、社会流行病学专家，系统梳理卒中后认知损害的生物和社会决定因子，为全球卒中康复提供精准干预范式。

更值得一提的是，梅希亚多次参与美国心脏协会卒中指南、抗栓及急性期治疗规范的撰写与审定，推动全球卒中诊疗标准的更新。他时常在美国心脏协会、美国卒中学会等的国际学术会议上担任主题报告专家，从最前沿细胞的机制到最落地的康复措施、从基因组筛查到人工智能辅助诊疗。在长达二十余年的学术生涯中，梅希亚以广博的知识和科学的追求感染着青年学者。他重视团队合作、跨学科整合，倡导"勇于创新、严谨求证、服务临床"的学术理念。许多曾在他团队从事研究的青年才俊，现已成为国际一流卒中中心的学术骨干。他鼓励青年医生以全球视野、开放格局关注人类健康最棘手的问题——不仅仅是攻克一个病例，更要推动整个疾病谱的管理模式变革。

梅希亚用丰富的真实数据、国际合作、高质量论文和学术报告，为全球卒中患者带来希望和治疗进步。他揭示了遗传风险与卒中预防的关联性，让精准医学从愿景变为现实；他推动了神经影像、生物标志物对卒中机制与结局的全面解析，为未来基于群体遗传背景的卒中管理开启了大门。他的研究成果不仅出现在世界权威期刊，也被各国卫生政策和指南采纳，成为临床医生日常操作的依据。更重要的是，梅希亚在国际合作和资源共享中搭建桥梁——无论种族、国籍、经济水平如何，每个大脑都应该得到同等细致的守护。

王拥军（Yongjun Wang）

中国临床研究的开拓者：从病历本上的泪水到国际领奖台上的光芒

2025年2月5日，一位中国医生登上了国际卒中研究领域的最高领奖台，成为34年来首位荣膺威廉·M.费恩伯格卒中卓越贡献奖的亚洲科学家。那一刻，会场掌声雷动，而他却百感交集——这条通往世界之巅的路，他走了四十年。

从病床前第一份脑血管病病历的书写者，到引领世界卒中诊疗标准的变革者：建立中国临床研究体系，从零的突破到全球第一；氯吡格雷联合阿司匹林治疗急性轻度卒中或短暂性脑缺血发作（Clopidogrel With Aspirin in Acute Minor Stroke or Transient Ischemic Attack，CHANCE）研究开启了缺血性卒中双抗时代；CHANCE-2研究引领了脑血管病精准医学的新纪元；急性缺血性卒中静脉溶栓的多药选择和晚时间溶栓开启了新再灌注治疗时代，大数据和多组学驱动的逆向转化医学翻开脑血管病药物研发的新篇章……

再回首，那是无数个夜晚的沉思，是一页页病历背后的生命重托，是一篇篇论文、一项项突破背后从未熄灭的信念与热爱。

一、横看成岭侧成峰：基础研究不只是基础

1. 一份被扔出的病历，一生刻骨铭心的起点

1982年，刚从医学院毕业的王拥军，带着对医学的憧憬走进了唐山工人医院，成为一名神经科住院医师。他年轻、努力，却也稚嫩无措。第一次查房，他写下的病历因为解剖知识不够扎实、查体记录不清，被神经科主任当众拎起，狠狠地从窗户扔了出去。纸张在风中翻飞，落在病房后面的草丛中。全科室鸦雀无声，20岁出头的他脸颊滚烫，默默地走出门外，把那份皱巴巴的病历一页一页捡起。查房结束，主任走到他面前，语气已不再严厉："你不要以为我扔你的病历是为了让你难堪，你也不要以为上面写错几个字就是几个字而已。你要知道，你的几个错字对应的是一个生命的重托。"

简单的几句话，成为王拥军此后行医路上反复回响的警示。因为深知神经科最重要的基本功就是对疾病的定位和定性，于是从那时起整整一年的时间，王拥军每天都在办公室临摹神经系统解剖图谱，写学习日记，重新学习神经生理学，一点一点构筑起属于自己的医学知识体系。一年后，他整理发表了人生的第一本著作《神经病学基础》。这本书，写满了他对临床基本功的敬畏，也标记下他日后所有科研成果的起点。

2. 一个女孩的病，一夜的火车，一次命运的逆转

某次门诊，一位15岁的花季女孩被母亲推入诊室。她已瘫痪数月，辗转多家医院依然无法确诊。王拥军蹲下身为她检查肌力、肌张力和肌容积，神情凝重。他怀疑女孩患的是罕见的肌肉组织疾病，决定进行活检。但常规显微镜下，切片上的图像模糊不清，王拥军又带着病理切片去旁边的医学院借用电子显微镜。镜下每一个肌肉细胞都和常人的不同，可是也不知道这种细胞叫什么。他想到了当时的中国神经病理学权威——北京301医院的黄克维教授。没有迟疑，结束了一天的门诊后王拥军带着切片连夜登上了去往北京的火车。那时的他心里只有一个念头：一定要弄清楚是什么疾病，一定要帮助女孩重新站起来。

黄教授看完切片标本，确认了王拥军的判断：该疾病属于全新类型，

在我国尚属首例。随后，黄教授立刻复印了厚厚的一摞英文文献给王拥军。通过仔细查阅这份英文资料，王拥军锁定了诊断：线粒体糖原脂质贮积性肌病。找到了病因，医生们就有办法去对症治疗。3个月后女孩重新站了起来，回到了学校。而这一病例，也成了中国第一例线粒体糖原脂质贮积性肌病的公开报告。

3. 一位患者，一次临床探索，一粒萌芽的科研种子

王拥军常说，医生看病，如同侦探破案，对疾病的正确判断应建立在疾病完整、可溯源病因且逻辑清晰的基础上。在首都医科大学读研究生时，王拥军遇到了一位被诊断为弥散性硬化的患者。查体时，他注意到患者皮肤黝黑，有希恩综合征的表现，同时还有痴呆和肾上腺功能异常：这或许不是单一的神经系统问题，而是另一种几乎不为人知的遗传病——肾上腺脑白质营养不良（adrenoleukodystrophy，ALD）。ALD是脂肪酸代谢障碍性疾病，是极长链脂肪酸沉积所致。为了确诊，王拥军想到了军事医学科学院从事脂肪酸代谢研究的实验室，于是他将患者的血液样本送了过去。血液检测发现患者二十六碳脂肪酸的比例比二十二碳脂肪酸高出许多。最终，结合文献与实验室检测，他将这名患者确诊为中国第一例过氧化物酶体病，即ALD。

那一年，王拥军没有先进的设备，也没有国际一流的数据库。他有的只是对患者状态的仔细观察，对医学文献的反复咀嚼，以及那份"不放过任何一个细节"的执着研究。他知道，那些藏在病历角落中的"例外"，或许正是推动医学前进的"意外"。他常说："临床的细节，就是科研的种子，你看得越仔细，就种得越深，种得越深，收获就越大。"

4. 基础研究，一份原动力

如果说临床研究是一方沃土，那么基础研究便是深藏其下的根系。在唐山工人医院担任住院医师期间，王拥军便已开始了基础科研。白天他奔波在病房，晚上则埋头于显微镜下的神经病理切片。那台老旧的显微镜是他学习组织胚胎学与神经病理学的"窗口"。这种"白+黑"的日子，让他的基础研究能力不断提升。

1986年，王拥军开启研究生阶段的求学生涯。他并未选择热门临床

课题，而是毅然投身到血液中血管性血友病因子（von Willebrand，vWF）的基础研究中。他远赴苏州，加入阮长耿院士的实验室，掌握了从血浆采样、凝血因子分析到单克隆抗体制备的一整套基础实验技能，并参与了中国第一株刺激性抗血小板单克隆抗体的制作过程。这些看似偏离神经科主线的基础积累，成为几年后他搭建神经免疫实验室的坚实储备。1989年研究生毕业分配到宣武医院后，他建立了当时中国北方首家神经免疫实验室。在他担任负责人的十年间，实验室发现了多项自身免疫性疾病和感染性疾病的诊断方法，并进一步夯实了神经免疫基础。他常说："科研的路径从不白走，每一个看似无用的知识点，未来都会在你意想不到的地方闪闪发光。"

20世纪90年代末，王拥军远赴美国阿肯色医学中心（University of Arkansas for Medical Sciences，UAMS），在生物化学系从事博士后研究，主修分子生物学。在那里，他接触到了当时最前沿的基因调控与分子生物学技术。这段经历让他在日后的临床研究设计中能从实验室视角读懂临床，也让他具备了对跨领域科研的驾驭力。基础研究是一种原动力，能推动发现科学问题的隐秘之门。多年之后，正是凭借着这样的原动力，王拥军打开了精准医学、再灌注治疗乃至逆向转化医学的大门——而这一切，皆始于实验室中那盏常亮的灯。

二、为将之道，先当治心：医学领军者的另一种修行

临床研究，从来都不是一个人的独奏，而是一个团队的合鸣。在美国留学期间，一位同事教给他一句古老的谚语："If you want to go fast, go alone; if you want to go far, go together."（你想走得快，一个人走；你想走得远，大家一起走。）而对临床研究的领导者来说，如何构建一个高效协作的团队？如何在庞杂的流程中找到最优解？如何让每个人的潜力在团队中被激发？这些问题，比设计一个实验更难，而且更关键。

为了找到答案，他决定反向修炼，率先提升自己——从医生成长为具有领导力的带头人。回国后，他先后报名参加了两个高强度的EMBA课程，一个由北京大学医学部与美国Northwell Health联合创办，聚焦

于人际沟通、医疗管理和组织行为学；另一个则是由中欧工商学院开设、有多位欧洲教授授课的国际管理课程，注重领导力塑造和战略思维训练。

课堂上，他与企业家同桌、与医院管理者并肩，从"床边诊疗"走进"组织决策"的维度。他开始思考一个团队的灵魂如何建立，一项研究的推进应当如何像一场战役那样分阶段、配资源、设目标、统全局。

这两段系统化的学习经历，彻底改变了他对科研团队的理解。他不再仅仅以发表文章这类的指标评判人才，而更看重责任心、协作力与团队精神。在他带领下的科研团队中，从不唯头衔论。年轻医生被鼓励大胆表达观点，基层研究者也能参与核心方案的制定。他以身作则，从不居高临下，而是站在"搭桥者"的位置，用制度、信任与文化，搭起一座座连接每位研究者理想与现实的"金桥"。

临床研究是一场长跑，而非短暂冲刺。在这场持久的比赛中，王拥军不仅是一名优秀的领跑者，更是一位引路人。他用医生的敏锐洞察人心，用学者的严谨打造体系，用管理者的格局构建未来。

三、位卑未敢忘忧国：建立中国的临床研究体系

2002 年的一个清晨，美国圣安东尼奥，王拥军独自走进国际卒中大会（International Stroke Congress，ISC）"Late Breaking"的主会场。这里会聚了世界上最前沿的卒中研究者，一项项临床试验、一个个重大突破，轮番呈现。坐在台下的王拥军内心五味杂陈，虽然英文基本能听懂，但演讲者所讲的临床研究设计和方法他却一知半解。一整天下来，看着其他国家医生侃侃而谈各项临床研究成果，而自己连门外汉都称不上，他不禁涌起阵阵失落感。那天，他沉默离场。回到酒店，翻开随身携带的笔记本，他写下一行字："什么时候，中国也能有这样的研究？什么时候，我们的研究成果能在这个舞台响亮发声？"从那一刻起，他下定决心，要在中国建立自己的临床研究体系，让世界听到中国医生的声音。

但在当时的中国，王拥军面对的却是临床研究的一片荒地。没有成熟的团队，没有可以借鉴的范式，甚至连"怎么做临床试验"这件事，在当时都还是问号。但他没有急于"出成果"，而是选择先学习、先积累。当

时，来自美国的斯蒂芬·A. 迈耶（Stephan A. Mayer）教授主持的FAST研究［重组活化7因子（rFⅧa）治疗脑出血］正在全球招募研究中心。王拥军带领团队主动申请加入。他知道，哪怕没有署名权，也要先看懂世界一流研究是怎么做的。

2006年，他开始真正"从0到1"搭建属于中国自己的临床研究平台。他主导建立了中国国家卒中登记（China National Stroke Registry，CNSR），不仅通过研究收集患者数据，更组建起一支拥有临床流行病学、统计学、项目管理、数据管理和随访中心的研究队伍。在这项工作基础上，他进一步推动天坛脑血管病临床研究中心（Tiantan Clinical Trial and Research Center for Stroke，CTRC）的成立，建立了与国际接轨的研究流程。而后，国家神经系统疾病临床医学研究中心（National Clinical Research Center for Neurological Diseases，NCRC-ND）正式落地。NCRC-ND设有临床研究、基础研究、交叉研究及真实世界研究等四大创新平台，同时拥有流行病学部、大数据人工智能中心、统计部、项目管理部、伦理和受试者保护部等15个中心部门。中国脑血管病临床研究体系自此基本确立。

王拥军深知，只有"体系"才能承载"能力"，只有"平台"才能支撑"未来"。从2015年至今，NCRC-ND累计发表在国际期刊的论文超过1200篇，影响因子10以上的高水平论文超过百篇。《新英格兰医学杂志》（NEJM）、《美国医学会杂志》（JAMA）、《柳叶刀》、《英国医学杂志》（BMJ）……这些曾经遥不可及的国际权威期刊，如今频频出现中国团队的名字。而王拥军本人，也成为近五年全球卒中研究发文量和引用数排名第一的科学家。

从"能做"到"会做"，再到"做到最好"，王拥军探索了一条中国临床研究体系的成长之路。他说："支撑一个国家科研水平的，不是一两个顶尖专家，而是一整套能自我生长、不断孕育成果的新生态。"

四、创造时代、改造时代

1. 双抗时代：CHANCE研究崭露头角

"十二五"期间，国家启动"重大新药创制"科技专项。当时的项目领导者桑国卫委员长对他说："中国的药物研发卡在一个'瓶颈'上——我们的临床评价国际上看不懂，不能被承认。如果我把这项任务给你，你得用实力证明中国的临床研究不会拖重大新药创制的后腿，中国的临床研究能够走向世界。"这就是后来被称为"CHANCE"的研究项目。

2013年2月，美国夏威夷，ISC如期召开。在那座阳光灿烂的海岛上，一项来自中国的临床研究成果震惊了世界，这就是CHANCE研究。王拥军代表中国研究团队站上曾让他沉默离席的讲台，向世界展示这项改变卒中诊疗指南的研究成果。研究清晰地指出，在急性轻型卒中或短暂性脑缺血发作（TIA）后的24小时内启动短期阿司匹林叠加氯吡格雷的双抗治疗（21天），可显著降低90天内卒中复发率，且不会显著增加出血风险。CHANCE研究是在国际上三个大型联合抗血小板试验［MATCH（Management of Atherothrombosis with Clopidogrel in High-Risk Patients）、PRoFESS（PReventiOn regimen For Effectively avoiding Second Strokes）和SPS-3（Secondary Prevention of Small Subcortical Strokes）］全部失败的逆境中崛起的，当时的国际指南把脑血管病联合抗血小板治疗列为禁区。为了突破禁区，王拥军及其团队采用了数据驱动的设计方法，用大量数据模拟出抗血小板治疗的最佳平衡点，创造性提出21天短程联合抗血小板的治疗方案。

那一刻，掌声雷动，同样震动的还有王拥军的内心，他守住了桑委员长对他的信任，更实现了让中国科研走上世界舞台的承诺。同年6月，CHANCE研究成果刊登于*NEJM*。这一方案被*NEJM*杂志评选为2013年度国际医学研究的17项重大突破之一，不仅改写了国内外临床指南，更推动国际卒中治疗迈入"双抗时代"。那一刻，中国不再仅仅是研究的参与者，而是能提出"新方案"的引领者。

2. 精准时代：CHANCE-2研究再显身手

王拥军没有止步于"治疗方案"的创新，他敏锐察觉到，药物效果的不确定性是下一场卒中防控革命的关键。他将目光转向了被忽视的"基因差异"。在CHANCE研究中，他和团队收集了5170名脑梗死患者的基因样本，逐一绘制出与抗血小板药物反应相关的"基因地图"。他们发现，*ABCB1*、*CYP2C19*、*F2R*、*CBY2B6*这四个基因就像药效的"钥匙"，影响着患者对氯吡格雷的反应。研究显示，*CYP2C19*基因如同药物代谢的"加工车间"：携带 *1/*1 基因型的患者，其肝脏能高效转化氯吡格雷为活性成分，联合治疗使复发风险直接"腰斩"，降幅达49%。这一发现被《自然评论·神经病学》列为"2016年全球脑血管病五大进展"之一。当影响氯吡格雷代谢的另一基因*F2R*在基因型为 AT 或 TT 时，联合治疗同样使复发风险显著下降。马里兰大学神经病学家约翰·W. 科尔（John W. Cole）评价称，该发现"推动精准医学迈向新阶段"。更惊人的是，*CYP2C19*突变会导致药物效果如"漏气轮胎"般逐级衰减，呈明显的反向"暴露－反应关系"——携带1个缺陷基因药效打七折，携带2个则近乎失效。这些发现不仅解开了临床疗效差异的基因密码，更让欧洲临床药理学会主席西蒙（Simon）教授感叹："这一研究证实了*CYP2C19*基因多态性在氯吡格雷预防脑血管病复发中的关键性作用。"更重要的是，这项研究促使美国食品药品监督管理局（FDA）于2022年修订氯吡格雷药品说明书，首次要求医生在开药前必须考虑基因检测结果。

值得注意的是，超过58%的亚洲人存在*CYP2C19*基因缺陷，这意味着传统"千人一药"的治疗方式，实际存在巨大的无效风险。为此，王拥军团队构建全球首个卒中精准用药模型，提出"绕行基因"策略——采用不受*CYP2C19*影响的替格瑞洛进行替代治疗，使这一类患者的复发风险降低23%，疗效提升60%，成为全球卒中治疗史上基因指导用药的"破冰之举"。

3. 再灌注时代：破解世界性难题

王拥军深知，仅靠一个方案、一种治疗手段还无法支撑中国这个卒中大国的治疗体系。他认为，要找到一条中国人自己的路，"药品要自立，证据要自立"。因此，自主研发新型溶栓药物对于改善我国居民健康、降低缺血性脑血管病的致死致残风险显得至关重要。

"阿替普酶上市以来，脑血管病溶栓药物研究的证据基本来自西方，亚洲人群的临床证据几乎空白。然而不同人种之间存在代谢情况及用药反应等方面的明显差异，亚洲人直接套用西方人的数据，则药物的安全性和疗效存在很大的不确定性。"王拥军一语中的。在他看来，要想打破这一"药物垄断"的格局，必须走出一条属于中国自己的道路，建立起独立可控的药物研发体系。

2023年，《柳叶刀》杂志刊登了我国自主研发的新一代基因工程改良特异性溶栓药——替奈普酶的临床研究，替奈普酶再灌注治疗急性缺血性脑血管事件（Tenecteplase Reperfusion Therapy in Acute Ischaemic Cerebrovascular Events，TRACE）的临床试验，研究表明在安全性相当的前提下，其疗效不劣于传统溶栓药阿替普酶。紧接着，2024年9月，JAMA在线发表了由王拥军团队主持的多中心、随机对照、开放标签、盲法终点、非劣效性Ⅲ期临床试验结果。研究显示，对于发病在4.5小时溶栓时间窗内的急性缺血性卒中患者，替奈普酶在90天良好功能结局方面与阿替普酶相当，且安全性一致。该研究纳入了更广泛的中国卒中患者群体，包括轻型卒中患者和接受血管内血栓切除术的患者，是继多项替奈普酶相关随机对照试验后的又一关键证据，进一步巩固了其在中国人群中的临床应用基础。此项成果如同在全球溶栓治疗的基因图谱中嵌入"中国芯片"，构建起覆盖缺血性卒中全谱系的证据矩阵，标志着替奈普酶在我国临床实践中的广阔前景，也为未来更多可选溶栓药物的出现奠定了基础。

王拥军团队找到的"路"不只替耐普酶一条。随后，他又将目光投向了一款1996年在国外获批用于急性心肌梗死的老药——瑞替普酶。尽管从药理机制上看，该药对急性缺血性脑血管病同样有潜力，但由于阿替普酶长期以来的"主导地位"，这一潜在价值一直被忽视。2017年，他率领团队与北京的药企合作，决定唤醒这个"沉睡"了20多年的药物。团队发起了由全国62家医院、1412名患者参与的大型Ⅲ期临床试验，结果显示：瑞替普酶在疗效上优于阿替普酶。瑞替普酶的使用方式更为便捷：无须按体重计算剂量，无须长时间滴注，仅需间隔30分钟注射两次18mg即可完成治疗。加之生产工艺经过优化，成本大幅降低，减轻了患者的经济负担。瑞替普酶解决了卒中治疗"最后一公里"的难题。2024年，该研究成果再次发表于NEJM，成为中国制造药物凭借临床证据登上国际舞台的典型范例。谈及未来，王拥军语气坚定而温和："这款药物或许将撬动世界溶栓药物产业格局，在更多患者受益的同时，让'中国制造'领跑世界。"

尿激酶原是一种单链尿激酶型纤溶酶原激活剂，已在急性缺血性脑血管病的治疗中应用。重组人尿激酶原则是通过基因工程手段改造的特异性溶栓药物，能够靶向识别引发血流变化和缺氧的闭塞性血栓，几乎不作用于止血性血栓，这一优势有望降低出血风险，且使用更为便捷，无须按体重计算，给药速度快。王拥军团队于2024年完成的一项多中心临床研究，首次证实这款由我国自主研发的特异性溶栓药物在急性缺血性脑血管病患者中具有良好的安全性与有效性。该研究纳入中国61家研究中心的1552名发病4.5小时内的患者，结果显示：重组人尿激酶原与传统溶栓药阿替普酶相比疗效相当，而其90天内症状性颅内出血发生率更低。这项成果于2024年11月发表在国际权威期刊《柳叶刀·神经病学》，是继替奈普酶和瑞替普酶之后，王拥军团队在国产溶栓药物临床研究上的又一重大突破。重组人尿激酶原此前已获批用于治疗急性心肌梗死，如今凭借其靶向特性和出色的安全性，有望获批脑血管病适应证，成为脑血管病治疗中的重要药物选择。

中国科研团队正在破解溶栓药的"达·芬奇密码"，掀起神经病学界治疗范式的变革。如今，这三款更便捷、成本更低的国产溶栓药正陆续获得中外药物监管机构的认可，并进入临床实践。这些创新性突破，不仅打破了中国长期以来在脑血管病治疗领域受制于人的"卡脖子"局面，更意味着中国制造正在成为全球溶栓药产业的中坚力量。当治疗不再受限于进口药的稀缺与高价，当"时间就是大脑"的黄金救治窗口真正拥有了更多选择，千千万万脑血管病患者的命运也因此被悄然改写。

有了多种药物的自由选择，还需争分夺秒地赢得时间。对于急性缺血性脑血管病患者而言，"时间就是大脑"，时间不是抽象的数字，而是一个个正飞速凋零的神经元，是"1秒钟"里能否延续生命与尊严的博弈。然而，多年以来，传统静脉溶栓的时间窗被牢牢锁定在发病4.5小时以内。狭窄的时间窗使得67%～75%的患者终究未能在这扇窗关闭前赶到医院。对于像中国这样幅员辽阔、地域差异显著、医疗资源分布不均的国家而言，这条时间红线成了横亘在患者与治疗之间的"无形围墙"。

王拥军及其团队迎难而上，挑战"不可能"。他聚焦于那些到院时间已经超过发病4.5小时时间窗的患者，开发了基于人工智能的影像学识别新技术，从众多患者中探寻尚存救治希望的患者，结果发现经过人工智能技术的加持，这一类患者的影像能够清晰显示出是否还有可挽救的濒死脑组织，即缺血半暗带。基于这一科学判断，他设计并实施了以半暗带为靶向目标的扩时间窗静脉溶栓临床试验。研究结果令人振奋：对于发病4.5～24小时经影像学检查证实存在半暗带的急性缺血性脑血管病患者，使用替奈普酶静脉溶栓治疗可显著降低残疾率，且并未显著增加死亡风险和症状性颅内出血发生率。这是国际上首次将静脉溶栓时间窗从4.5小时成功扩大至24小时，为千千万万错过4.5小时时间窗的患者重新点燃了生命希望。这项研究成果于2024年发表在 *NEJM*，并被高度评价为"将对全球临床实践产生深远影响"。中国科学家再一次在世界脑血管病发展史上写下了关于时间与生命的新篇章。

正是上述系列研究成果的"井喷式"涌现，推动急性缺血性脑血管病的再灌注治疗从"单一药物"的固定时间窗进入"多药选择"和扩大时间窗的新时代，也让中国人在这一领域拥有了实实在在的国际话语权。

4. 医疗质量改进时代："金桥"架起生命之路

很多时候，一项新治疗方案的诞生，会被视为"终点"；可在王拥军眼中，这恰恰只是"开始"。"真正的挑战，不是写进指南，而是走进病房。"在我国，尽管已有完善的标准化卒中治疗指南，但王拥军团队的全国调查却发现：只有约20%的患者能真正获得指南推荐的核心治疗。这意味着，哪怕救命药就在医院仓库，却有可能因流程不畅无法送到患者手中。

为揭开"医疗断层"之谜，王拥军带领团队开展了覆盖全国31个省份的大规模调查。调查发现，造成指南"落地难"的真正症结有三：医生培训不足、治疗流程碎片化及缺乏实时质量监测系统。他意识到，仅靠写在纸上的标准远远不够，必须构建一套"让医疗质量看得见、管得住、改得快"的系统工程。于是，一项名为"金桥"的全新策略应运而生。

这座"金桥"并非实体建筑，而是一套质量提升体系，它集"标准化临床诊疗路径、持续质量改进、实时数据监测和即时反馈"于一体。它像一张"导航图"，让医院从患者入院那一刻起，就按照最优路径推进诊疗，并通过后台系统对每一个病例、每一项操作进行实时数据监测，确保指南真正落地。

这一策略并非理想主义空谈。在全国114家医院开展的对照试验中，实施"金桥"策略的医院，患者血管事件复发率相对下降28%。这项成果发表于 *JAMA*，来自加拿大的迈克尔·D. 希尔（Michael D. Hill）同期专题述评，认为该策略"是基于循证证据的医疗质量改进的最佳代表"。

5. 逆向转化医学时代：用真实世界重塑未来药物研发方向

在全球医药研发体系中，有一条被写入教科书的经典路径：从实验室出发，走向临床应用。这一路径被称为"从实验台到病床"（bench to bedside）模式。

王拥军反问："实验室设想的靶点，真的契合患者最迫切的需求吗？是否可能从真实世界出发，逆向挖掘更具价值的靶点？"他提出的答案是全新科研范式：从病床出发，回到实验室，再回到病床（bedside to bench to bedside）。这是一次从假说驱动转向问题驱动的革命。这一思想的灵感部分源于美国分子遗传学家海伦·霍布斯（Hellen Hobbs）的"极端表型"研究：她从人群表型出发，筛选极端个体（如胆固醇异常低且无心脏病的人），再通过基因测序反向发现其调控机制。

王拥军将这套逻辑引入脑血管病领域，其创新背后是对大数据与多组学整合应用的深度理解与掌控。从全国201家医院构建的CNSR-Ⅲ队列到覆盖超万例患者的卒中组学图谱（Stroke Omics Atlas，STROMICS）全基因组测序平台，从表型、影像、生物标志物到转录组、甲基化、单细胞与空间组学，王拥军团队搭建了系统化数据生态与算法模型，全球首次提出并证实多个新药靶点：*FPR1*基因——控制炎症反应的"总开关"，有望成为脑水肿干预新靶点；*PDE3A*、*LP*（a）、*IL6R*等高潜力靶点已进入药物筛选与验证阶段。这是一场科学的远征。团队摒弃从小鼠模型虚构假设的传统路径，转而从真实世界的庞大患者数据中寻找"证据"，再通过实验室验证机制，最终设计精准干预方案。

王拥军强调："我们不为发文章而研究，只为治病而探索。""逆向转化"模式不仅提升了新药研发的精准度，更极大提高了效率。如今，STROMICS平台作为全球脑血管病领域首个超大规模高深度全基因组数据平台，其多组学数据将以"人类遗传资源管理"形式共享给各科研团队，助力从中国人群中挖掘创新药物靶点。

从创新写进方案，到方案落地流程，再到流程连接患者；从宏观治理，到分子靶点，每一层深入的背后，都是王拥军"从床旁出发再回床旁"的科研闭环。这些努力，已让我国脑血管病防治水平和医疗质量在十年间跃升27个位次，被世界卫生组织列为"发展中国家医疗体系改革模板"。2020年，王拥军因此荣获国家科技进步奖二等奖。

五、薪火相传，继往开来：培养未来研究领军者

2025年2月，威廉·M.费恩伯格卒中卓越贡献奖颁奖典礼后，一封来自澳大利亚的邮件悄然发送至王拥军的邮箱。来信者是澳大利亚的格雷姆·汉基（Graeme Hankey），信不长，却字字动人："你不仅在引领中国卒中研究走向世界，更在用每一项大型临床试验的机会，去带一批新人。"是的，王拥军的名字，早已不只是出现在论文作者列表上，也刻在与他一起打拼的临床研究者的成长历程里。

有些人以为，科研竞争要争高下、拼第一。但王拥军始终坚信：真正值得敬重的科研人，愿意把自己走过的路，铺成后来者脚下的路。从CHANCE、CHANCE-2到CHANCE-3，从TRACE、TRACE-2、TRACE-3，每一项国际多中心研究里，几乎都能看到一群年轻人的身影。他们有的在医院病房间奔波入组患者，有的第一次登上国际舞台独立发布研究成果，有的终于以第一作者或者通信作者的身份在权威期刊发表论文……

这不是偶然，而是王拥军深思熟虑后的科研布局。他从不将科研领域视为自己的功绩田，而是将它看成接力场。他看重的不是头衔，而是成长的路径；不是一时的亮点，而是持续的沉淀。他给年轻人空间、信任和资源，也给他们压力、目标和标准。在项目管理中，他从来都不是全包大揽，而是手把手带着年轻人摸透每一个流程，从研究设计、伦理申报、患者招募，到数据分析、结果发布——他要求他们探索从零到一的创新，而不是从现成中复制。

今天，那些曾经在CHANCE研究中"试水"的年轻人，已成长为研究团队的核心骨干：

王伊龙，起步于CHANCE研究，如今已能独立承担多个多中心研究；

赵性泉，从临床协调员走上"北京学者"平台；

李子孝，从"金桥工程"一线走入"长江学者"行列；

刘丽萍、孟霞、熊云云、李姝雅、荆京、黎洁洁……一批批名字从"署名表"中脱颖而出，如今都已成为中国临床研究领域的新主角。

王拥军不止一次说过："我最大的成就，不是一项研究做得多成功，而是我走过的这条路，有很多人愿意继续走下去。"

缩 略 词 表

缩略词	英文全称	中文全称
AHA	American Heart Association	美国心脏协会
AIS	acute ischemic stroke	急性缺血性卒中
ALD	adrenoleukodystrophy	肾上腺脑白质营养不良
ASA	American Stroke Association	美国卒中协会
BHI	Brain Health Index	脑健康指数
BMJ	the British Medicine Journal	英国医学会杂志
CAA	cerebral amyloid angiopathy	脑淀粉样血管病
CAS	carotid artery stenting	颈动脉支架
CEA	carotid endarterectomy	颈动脉内膜切除术
CISS	Chinese Ischemic Stroke Subclassification	中国缺血性卒中分型
CMB	cerebral microbleed	脑微出血
CNSR	China National Stroke Registry	中国国家卒中登记
CT	computed tomography	计算机断层扫描
CTA	CT angiography	CT血管造影
CTP	CT perfusion imaging	CT灌注成像
EFNS	European Federation of Neurological Societies	欧洲神经学会联合会
EMS	emergency medical system	急救医疗系统
ENS	European Neurological Society	欧洲神经学会
ESC	European Stroke Council	欧洲卒中委员会
ESO	European Stroke Organization	欧洲卒中组织

续表

缩略词	英文全称	中文全称
EUSI	European Stroke Initiative	欧洲卒中促进会
FDA	Food and Drug Administration	食品药品监督管理局
FHS	Framingham Heart Study	弗莱明翰心脏研究
HR-NICE	high-risk non-disabling ischemic cerebrovascular event	高危非致残性缺血性脑血管病
INR	international normalized ratio	国际标准化比值
ISC	International Stroke Congress	国际卒中大会
ISS	International Stroke Society	国际卒中协会
JAMA	The Journal of the American Medical Association	美国医学会杂志
LVO	large vessel occlusion	大血管闭塞
MMP-9	matrix metalloproteinase-9	基质金属蛋白酶-9
MRA	magnetic resonance angiography	磁共振血管造影
MRI	magnetic resonance imaging	磁共振成像
MSU	mobile stroke unit	移动卒中单元
MUSC	Medical University of South Carolina	南卡罗来纳医科大学
NCRC-ND	National Clinical Research Center for Neurological Diseases	国家神经系统疾病临床研究中心
NEJM	The New England Journal of Medicine	新英格兰医学杂志
NHLBI	National Heart，Lung and Blood Institute	国家心肺血液研究所
NIA	National Institute on Aging	国家老龄化研究所
NIH	National Institutes of Health	国立卫生研究院
NIHSS	National Institute of Health Stroke Scale	国立卫生研究院卒中量表
NINDS	National Institute of Neurological Disorders and Stroke	国家神经疾病与卒中研究所

续表

缩略词	英文全称	中文全称
PFO	patent foramen ovale	卵圆孔未闭
PGT	plaque-guided therapy	斑块指导治疗
PWI-DWI	perfusion weighted imaging-diffusion weighted imaging	灌注加权成像－弥散加权成像
rt-PA	recombinant tissue plasminogen activator	重组组织型纤溶酶原激活剂
SVD	small vessel disease	小血管病
SWI	susceptibility weighted imaging	磁敏感加权成像
TCD	transcranial Doppler ultrasound	经颅多普勒超声
TIA	transient ischemic attack	短暂性脑缺血发作
TMAO	trimethylamine N-oxide	三甲基胺-N-氧化物
t-PA	tissue type plasminogen activator	组织型纤溶酶原激活剂
UCLA	University of California，Los Angeles	加州大学洛杉矶分校
USPHS	U.S. Public Health Service	美国公共卫生署
vWF	von Willebrand factor	血管性血友病因子
WHO	World Health Organization	世界卫生组织
WSO	World Stroke Organization	世界卒中组织